微课版

工业和信息化普通高等教育
"十三五"规划教材立项项目

用友ERP官方推荐教材

用友 U8 V10.1

财务业务一体化应用

第3版

王新玲 ◎ 主编

人民邮电出版社

北京

图书在版编目（CIP）数据

用友U8（V10.1）财务业务一体化应用：微课版 / 王新玲主编. -- 3版. -- 北京：人民邮电出版社, 2022.8
ISBN 978-7-115-59089-3

Ⅰ. ①用… Ⅱ. ①王… Ⅲ. ①企业管理－财务管理－计算机管理系统 Ⅳ. ①F275-39

中国版本图书馆CIP数据核字(2022)第055590号

内 容 提 要

本书以用友 U8（V10.1）为蓝本，以掌握企业财务业务一体化管理为目标，以一个完整的企业案例为引领，深入浅出地介绍了财务业务一体化主要构成模块的基本原理和实践应用。

本书共 11 章，具体包括会计信息化应用基础、企业建账、基础设置、总账管理、UFO 报表、薪资管理、固定资产管理、供应链管理初始化、采购管理与应付款管理、销售管理与应收款管理、库存管理与存货核算。全书涵盖了 U8 财务业务一体化应用的主要内容，每一章均按照工作情景、总体认知、实务操作和单元测试展开。

本书可作为本科、高职院校"会计信息系统""会计电算化"课程的教材，也可作为在职人员学习用友 U8 的参考读物。

◆ 主　编　王新玲
　　责任编辑　刘向荣
　　责任印制　李　东　胡　南
◆ 人民邮电出版社出版发行　　北京市丰台区成寿寺路 11 号
　　邮编　100164　　电子邮件　315@ptpress.com.cn
　　网址　https://www.ptpress.com.cn
　　北京天宇星印刷厂印刷
◆ 开本：787×1092　1/16
　　印张：15.25　　　　　　　　2022 年 8 月第 3 版
　　字数：450 千字　　　　　　2025 年 9 月北京第 5 次印刷

定价：56.00 元

读者服务热线：(010)81055256　印装质量热线：(010)81055316
反盗版热线：(010)81055315

前 言 FOREWORD

国家信息化发展战略明确提出了要推进国民经济和社会信息化，加强信息资源开发利用等。全面推进会计信息化是贯彻落实国家信息化发展战略的重要举措，对于全面提高我国会计工作水平具有十分重要的意义。目前，我国会计改革已经取得显著成效和长足发展，会计信息化建设本身也属于会计改革的重要内容。

财政部《关于全面推进我国会计信息化工作的指导意见》（财会 2009 年 6 号）中提出要推进会计信息化人才建设。一方面要求完善会计审计相关人员的能力框架，在知识结构、能力培养中重视信息技术方面的内容与技能，提高利用信息技术从事会计审计和监管工作的能力；另一方面要求加强会计审计信息化人才的培养，着力打造熟悉会计审计准则制度、内部控制规范制度和会计信息化三位一体的复合型人才队伍。

本书以企业财务业务一体化应用为背景，以一个贯穿全书的企业案例为导引，对构成财务业务一体化应用的主要模块进行了全方位介绍。通过这些内容的学习，读者可以适应信息化环境下企业财务、业务部门的岗位工作。

本书逻辑结构如下。

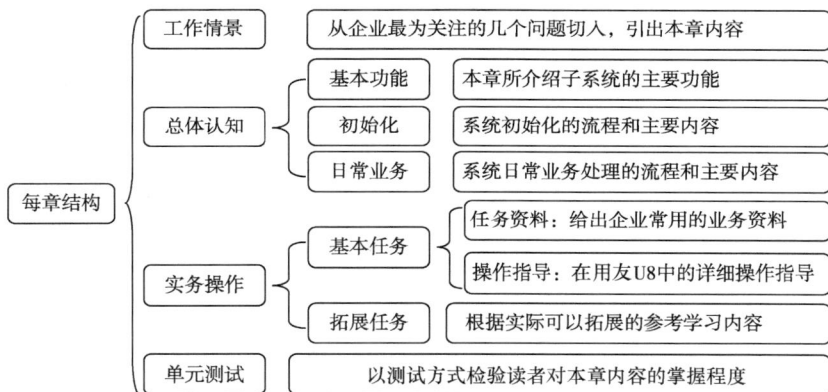

每章结构			
工作情景		从企业最为关注的几个问题切入，引出本章内容	
总体认知	基本功能	本章所介绍子系统的主要功能	
	初始化	系统初始化的流程和主要内容	
	日常业务	系统日常业务处理的流程和主要内容	
实务操作	基本任务	任务资料：给出企业常用的业务资料	
		操作指导：在用友U8中的详细操作指导	
	拓展任务	根据实际可以拓展的参考学习内容	
单元测试		以测试方式检验读者对本章内容的掌握程度	

从以上逻辑框架中可以看出，本书由工作情景、总体认知、实务操作和单元测试几部分内容构成一个完整的闭环，从多个层面支持读者对原理的基本把握、对整体流程的掌控和实务能力的提高。另外每章中还设有难点解析，帮助读者理解信息系统的设计原理。

本书附赠用友 U8（V10.1）教学版安装程序和实验账套。用友 U8（V10.1）教学版安装程序可供读者安装学习之用；实验账套为读者阶段性学习准备了基础数据。读者可登录"人邮教育社区（www.ryjiaoyu.com）"进行下载。

本书由王新玲担任主编。王新玲负责大纲的制定、全书的审核和统稿工作。编写具体分工如下：王新玲编写了第 1 章、第 8 章、第 11 章；殷云飞编写了第 3 章、第 9 章、第 10 章；李春骅编写了第 2 章、第 5 章；高晓明编写了第 4 章；赵艳涛编写了第 6 章；曹南编写了第 7 章，周宏参与了教学资源的制作。

本书在编写过程中得到了用友新道科技有限公司的大力支持，在此表示衷心的感谢！

编 者

目 录 CONTENTS

第 1 章　会计信息化应用基础

1.1　工作情景

北京中诚通讯有限责任公司（以下简称"中诚通讯"）是一家从事手机及相关通信产品生产及销售的高科技企业，主要产品有智能手机和对讲机两大系列。在激烈的市场竞争环境中，企业意识到，通过信息化手段加强企业管理、提高市场响应速度是提升企业竞争力的重要举措。因此，董事会决定由总经理马国华亲自挂帅，与财务部经理王莉、销售一部经理高文庆组建了信息化小组，负责企业信息化的推动工作。

信息化小组首先面临以下几个问题。

　❓ 企业会计信息化是一个系统工程，需要从何处入手呢？

无论企业规模大小、业务复杂程度如何，企业信息化的建设过程大致相同。首先要确定企业信息化建设的总体目标，其次根据建设目标的要求和企业实际管理需求将企业信息化建设进程划分为几个阶段，确定每个阶段的阶段目标。最后根据阶段目标，参照企业资金预算进行管理软件选型、实施，并逐步建立与信息化管理相适配的企业内部管理体系。

经过企业业务的需求分析、论证及讨论后，中诚通讯确定了企业信息化第一阶段的目标是先实现会计信息化。

　❓ 会计信息化和企业信息化是一回事吗？

企业信息化是指企业利用计算机技术、网络通信等一系列现代技术，通过对信息资源的深度开发和广泛利用，不断提高生产、经营、管理、决策的效率和水平，从而提高企业经济效益和企业竞争力的过程。从内容上看，企业信息化主要包括产品设计的信息化、生产过程的信息化、产品销售的信息化、财务及经营管理的信息化、决策信息化以及信息化人才队伍的培养等多个方面。

按照《企业会计信息化工作规范》中的释义，会计信息化是指企业利用计算机、网络通信等现代信息技术手段开展会计核算，以及利用上述手段将会计核算与其他经营管理活动有机结合的过程。会计信息化不仅包括与会计核算相关的信息化，同时，也将会计核算与其他经营管理活动结合的情况纳入会计信息化范围。

从以上阐释中不难看出，会计信息化是企业信息化的重要组成部分。

　❓ 如何做好企业信息化资金预算？

天下没有免费的午餐。企业信息化建设需要资金，这一点企业需要有足够的准备。企业信息化资金投入主要用于 4 个方面：购置管理软件、配置相关硬件及网络设备、管理软件实施及人员培训，以及后期的运行维护。

1.2　会计信息化基本认知

1.2.1　会计信息化相关概念

1. 会计电算化

我国最早将计算机用于会计工作的尝试是从 1979 年中华人民共和国财政部（以下简称"财政部"）给长春第一汽车制造厂拨款 500 万元试点开始的。1981 年，在长春召开的"财务、会计、成本应用电子计算机专题研讨会"上正式把电子计算机在会计工作中的应用简称为"会计电算化"。

会计电算化是以电子计算机为主的当代电子和信息技术应用到会计工作中的简称。它主要是应用电子计算机代替人工记账、算账、报账，以及代替部分由大脑完成的对会计信息的处理、分析和判断的过程。

会计电算化是会计发展史上的一次革命，对会计工作的各个方面都产生了深刻的影响。会计电算化的普及应用，有利于促进会计工作的规范化，提高会计工作质量；减轻会计人员的劳动强度，提高会计工作的效率，更好地发挥会计的职能作用，为实现会计工作现代化奠定良好的基础。

2．会计信息化

2000 年，在深圳召开的"会计信息化理论专家座谈会"上首次提出从会计电算化走向会计信息化的观点，之后逐渐形成会计信息化的概念。

会计信息化是指企业利用计算机、网络通信等现代信息技术手段开展会计核算，以及利用上述手段将会计核算与其他经营管理活动有机结合的过程。会计信息化不仅包括与会计核算相关的信息化；同时，考虑到企业其他经营管理职能与会计职能可能存在交叉重叠，其他信息系统可能是会计信息系统重要数据来源的情况，也将会计核算与其他经营管理活动相结合的内容纳入会计信息化范围。这样定义，有利于企业正确认识会计信息化与其他领域信息化的密切关系，有利于企业财务会计部门适当地参与企业全领域的信息化工作。

总的来看，会计信息化是会计电算化在两个方向上发展的结果。一是在横向上与企业管理信息系统相结合，形成融物流、资金流、信息流和业务流为一体的开放性会计系统；二是在纵向上为了满足企业决策层和管理层对信息的需求，由会计核算信息化逐步拓展到财务管理信息化和决策支持信息化，进而形成完整的会计信息化体系。因此，会计信息化是会计电算化的高级阶段，是会计观念上的重大突破，它要求人们站在整个企业的新视角来认识信息化工作，它体现了会计的全面创新、变革和发展。

3．会计信息系统

会计信息系统（Accounting Information System，AIS）是指利用信息技术，对会计信息进行采集、存储、处理及传送，完成会计核算、监督、管理和辅助决策任务的信息系统。

1.2.2　新技术对会计信息化发展提出挑战

技术日新月异助推了会计信息化的产生与发展，目前"大智移云物区"已成为影响未来会计信息化发展的重要推动力。

1．大数据

大数据是一种对数量巨大、来源分散、格式多样的数据进行采集、存储和关联分析，从中发现新知识、创造新价值、提升新能力的新一代信息技术和服务业态。

2．人工智能

人工智能是研究、开发用于模拟、延伸和扩展人的智能的理论、方法、技术及应用系统的一门新的技术科学。

3．移动互联

移动互联是将移动通信和互联网二者结合起来成为一体。即将互联网的技术、平台、商业模式和应用与移动通信技术结合并实践的活动的总称。

4．云计算

云计算提供可用的、便捷的、按需的网络访问，使企业进入可配置的网络、服务器、存储、应用软件、服务计算等资源共享池后，只需投入很少的管理工作，或与服务供应商进行很少的交互，就能够快速获得所需的资源。

5．物联网

互联网通过信息传感设备，按照约定的协议，把任何物品与互联网连接起来，进行信息交换和通信，以实现智能化识别、定位、跟踪、监控和管理。

6．区块链

区块链是一种不依赖于第三方，通过自身的分布式节点进行网络数据的存储、验证、传递和交流的一种技术方案。

伴随着"大智移云物区"技术在社会生活领域的广泛应用，其对竞争环境、商业模式和企业管理产生深刻的影响，将使财务工作更加自动化、数字化和智能化。会计信息化如何助力企业财务转型升级成为新课题。

1.2.3　企业会计信息化的建设过程

无论企业规模大小、结构及业务复杂程度如何，会计信息化的建设过程都大致相同，如图 1-1 所示。

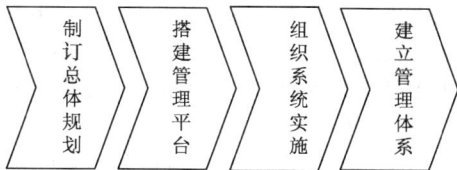
图 1-1　企业会计信息化建设过程

1．制订总体规划

企业会计信息化总体规划是对企业会计信息化所要达到的目标及如何有效地、分步骤地实现这个目标所做的规划。它是企业会计信息化建设的指南，是开展具体工作的依据。

企业会计信息化总体规划应立足本单位实际，主要包括以下内容。

（1）企业会计信息化建设的目标。会计信息化建设的目标应与企业总体战略目标相适应，应指明企业会计信息化建设的基本方向，明确建设的规模和业务处理范围。按时间划分，会计信息化建设的目标可以分为近期目标和中长期目标。

（2）企业会计信息化建设的工作步骤。会计信息化建设的工作步骤是按照建设目标的要求和企业实际情况对会计信息化建设过程的任务分解，主要规定系统的建设分哪几步进行、每一步的阶段目标和任务、各阶段资源配置情况等。

（3）企业会计信息化建设的组织机构。会计信息化建设过程不仅会改变会计工作的操作方式，还会引起会计业务处理流程、岗位设置，甚至单位整个管理模式的一系列重大变革。因此，企业在系统建设过程中，需要投入大量的时间，组织专门的人员根据本企业的具体情况建设适应新系统的工作流程、管理制度、组织形式及绩效考核标准等。因此，企业会计信息化建设是一项复杂的系统工程，是一项长期的、艰苦的工作。规划中应明确规定会计信息化建设过程中的管理体制及组织机构，以利于统一领导、专人负责，以及高效率地完成系统建设的任务。

（4）资金预算。会计信息化建设需要较多的资金投入，因此企业要对资金统筹安排，合理使用。会计信息化建设过程中的资金主要用于购买商品化软件、系统硬件配置、软件实施与人员培训、咨询和后期的运行维护等方面。

难点　　　　　　　　软件实施

企业管理软件的功能涉及营销、生产、物流、人力资源、财务等多个方面，需要在多个职能部门进行部署。在信息系统中，由于数出一源，因此企业需要定义各类业务的数据流程，以便多部门协同应用。大部分企业管理软件都是通用软件，适用于各类企业管理，但不同的企业有各自的特性和个性化需求。如何将通用的管理软件与企业个性化管理需求相融合，为用户定制适合的解决方案，帮助用户成功实现管理水平的提高正是软件实施所承载的工作内容，因此软件实施是一项高价值的专业服务。从软件营销完成到企业成功上线应用这段时间即为实施周期。受管理软件应用范围、企业业务复杂度、实施人员的经验及能力等多种因素影响，实施周期短则三个月，长则两年。

2．搭建管理平台

企业会计信息化需要借助信息化的管理手段，管理平台包括硬件和软件两大部分。硬件部分包括计算机、服务器等硬件设备和网络设备；软件部分包括系统软件和应用软件。其中应用软件选型是最核心的。

（1）主流软件认知。按照不同的分类方法，会计信息化软件可以分为不同的类型。按软件适用范围可分为通用会计软件和定点开发会计软件；按软件来源可分为国内软件和国外软件；按软件网络技术架构可分为基于 C/S（即客户端/服务器）架构的软件和基于 B/S（即浏览器/服务器）架构的软件。

目前，市场上常见的软件有 SAP、ORACLE、用友、金蝶、新中大、浪潮、神州数码等。不同软件公司的规模不同、发展历史及背景不同，其所提供的产品及服务也必然存在差异。

① 用友网络（前身为用友软件）。用友网络科技股份有限公司成立于 1988 年，于 2001 年在 A 股上市，是亚太地区知名的财务软件和企业管理软件提供商，提供面向不同行业、不同规模企业的全面信息化解决方案。其主流产品包括三大系列：面向企业集团应用的基于 B/S 架构的 NC、面向大中型成长企业的 U8 和面向中小型企业应用的 T 系列。T 系列产品由用友集团成员企业畅捷通信息技术股份有限公司运营。

② 金蝶国际。金蝶国际软件集团有限公司是在香港主板上市的公司，是亚太地区管理软件龙头企业，全球领先的中间件软件、在线管理及全程电子商务服务商。金蝶目前有 3 种 ERP 产品，分别为面向中小型企业的 K/3 和 KIS，以及面向中大型企业的 EAS，涵盖企业财务管理、供应链管理、客户关系管理、人力资源管理、知识管理、商业智能等，并能实现企业间的商务协作和电子商务的应用集成。

③ SAP。SAP 是德国 SAP 公司的产品，是一款企业管理软件，是目前世界排名第一位的 ERP 软件。针对大中型企业，SAP 提供完整的系列业务解决方案 SAP ERP，能够快速响应行业需求，跟随用户需求的提高，使用附加业务功能，降低成本并推动变革。同时，SAP ERP 采用的 SAP NetWeaver 驱动，可以通过将 SAP 和非 SAP 解决方案无缝集成的方式保护并充分利用企业现有的 IT 投资。针对中小型企业，SAP 提供了 3 款不同类型的解决方案，应对企业成长的不同需求，包括 SAP Business One、SAP Business By Design 和 SAP Business All-in-One。

（2）软件选型原则。

① 软件的合法性与适用性。合法性是指软件的功能必须满足国家有关政策法规的明文要求。《企业会计信息化工作规范》中的会计软件与服务一章提到了对会计软件的基本要求。适用性是指软件功能是否满足本单位业务处理的要求。明确企业业务处理要求并了解软件功能能否满足这些要求，是企业选择会计软件时首先需要考虑的问题。

② 软件的灵活性、开放性与可扩展性。会计信息化是一个动态的发展过程，必须考虑由于信息技术的飞速发展所引起的商业活动方式的变化对企业经营管理方式提出的要求，包括机构变革和业务流程重组。同时，随着经营活动范围的扩大和方式的多样化，许多新的市场机会会产生，而企业抓住这些机会的必要条件之一就是要进一步调整、增强和完善信息管理系统的功能。这就要求软件系统的设置具有一定的灵活性，以便调整软件操作规程和适应新的业务处理流程的变化。同时，软件在与其他信息系统进行数据交换以及进行二次开发方面的功能对于适应企业不断变化中的管理工作也是非常重要的。

③ 选择稳定的开发商和服务商。软件开发商的技术实力和发展前景也是企业在选择会计软件时应该考虑的一个重要方面。如果软件开发商的技术实力有限或者根本没有稳定的开发队伍，则今后软件版本的升级和软件功能的改进都将存在问题，用户后续服务支持将无从保证。

此外，某一软件的售后服务体系是否健全、服务水平高低及服务态度如何，也会影响软件能否顺利投入使用，以及软件在运行过程中出现问题能否得到及时解决。需要特别注意的是，最好选用在企业所在城市或地区设立售后服务部门的软件开发商的产品，这是软件长期稳定运行的一个重要保障。

3．组织系统实施

管理软件功能强大，模块齐全，几乎涉及企业的各个部门和所有的功能节点。系统参数多且设置灵活，业务流程控制复杂；系统内不仅要实现数据共享，还要对数据一致性与安全性进行严格控制，整个系统内的数据关联关系复杂；对应用人员的素质和协作能力要求高；通用软件系统的功能要与企业具体的管理需求相对接。因此，软件系统实施是一项非常专业的工作。

从企业购置软件到软件能正常运转起来，期间有大量的工作要做。实施就是在企业信息化建设过程中，由相关人员组成特定项目组，通过企业调研—业务分析—流程梳理—数据准备—人员培训—系统配置与测试—试运行—方案调整等一系列工作，将通用管理软件与企业具体业务及管理需求相对接，完成管理软件的客户化工作，帮助企业实现科学管理，降低成本，提高效率。在双方组成的实施团队中，实施顾问的作用是指导、辅导和培训，实施的主体是企业自身的财务及业务人员。实施过程也是知识转移的过程。

4. 建立管理体系

任何形式的管理软件，都只是企业管理水平提高的一种工具，经过艰难的项目实施实现系统上线只是第一步。企业要充分发挥信息系统的效益，还有大量的日常运行与管理工作要做。首先就是要建立一系列与之相适配的管理制度，包括会计信息化环境下的组织与岗位职责、系统运行维护管理制度、软硬件管理制度、会计档案管理制度及各种内部控制制度。

1.2.4 会计信息化应用平台

本书选择了用友 U8（V10.1）（以下简称"用友 U8"）管理软件作为实训平台。

1. 功能概述

用友 U8 是企业级解决方案，运行于局域网环境，定位于中国企业管理软件的中端应用市场，可以满足在不同的竞争环境下，不同的制造、商务模式下，以及不同的运营模式下的企业经营，以全面会计核算和企业级财务管理为基础，实现购、销、存业务处理，会计核算和财务监控的一体化管理，提供从企业日常运营、人力资源管理到办公事务处理等全方位的企业管理解决方案。

2. 总体结构

用友 U8 管理软件的总体结构如表 1-1 所示。

表 1-1 用友 U8 管理软件的总体结构

财务管理（FM）	供应链管理（SCM）	生产制造（PM）	客户关系管理（CRM）	人力资源（HR）	决策支持（DSS）	集团应用（GA）	零售管理（RM）	分销管理（DM）	系统管理集成应用	办公自动化（OA）
成本管理	GSP 管理	设备管理	客户调查	绩效管理	管理驾驶舱	专家分析	零售收款	通路管理	零售接口	网络调查
资金管理	质量管理	工程变更	统计分析	宿舍管理	专家财务评估	行业报表	零售开单	供应商自助	PDM 接口	内部论坛
项目管理	出口管理	车间管理	市场管理	培训管理		合并报表	日结管理	客户商务端	企业门户	档案管理
预算管理	库存管理	生产订单	费用管理	人事合同		结算中心	店存管理	综合管理	金税接口	信息管理
网上银行	委外管理	需求规划	活动管理	保险福利		集团账务	价格管理	业务记账	WEB 应用	车辆管理
UFO 报表	采购管理	产能管理	商机管理	经理查询		集团预算	折扣管理	分销业务	EAI 平台	物品管理
网上报销	销售管理	主生产计划	客户管理	考勤管理			VIP 管理		系统管理	会议管理
固定资产	合同管理	物料清单		薪资管理			门店业务管理			教育培训
存货核算	售前分析			招聘管理			数据交换			知识中心
应付管理				人事信息						个人办公
应收管理										事件处理
总账管理										工作流程

从表 1-1 中可知，用友 U8 管理软件提供了企业信息化全面解决方案，它对应了高等教育的多个专业方向，如企业管理、物流管理、信息管理、会计、人力资源管理等。对于教学而言，如果全

面展开上述所有内容，则无疑会面临着资源瓶颈——教学学时。因此，在综合考虑教学对象、教学内容、教学学时的基础上，我们选择了其中的财务管理和供应链管理两部分中的常用模块搭建了本书的实验体系，以支撑企业财务业务的一体化管理。在财务管理中选择了总账管理、UFO 报表、固定资产、应收管理、应付管理、存货核算等主要模块，在供应链管理中选择了采购管理、销售管理、库存管理等主要模块。另外，还包括人力资源中的薪资管理。

3．系统运行环境

用友 U8 管理软件属于应用软件范畴，需要按以下要求配置运行环境，准备系统软件。

（1）操作系统。用友 U8 V10.1 可以安装在 win7、win10 等主流操作系统上。

（2）数据库管理系统。用友 U8 管理软件的运行需要数据库管理系统的支持，U8 V10.1 支持以下 SQL Server 版本的标准版、企业版和数据中心版。

① Microsoft SQL Server Desktop Engine 2000（MSDE 2000）+SP4（推荐单机使用）；

② Microsoft SQL Server 2000 + SP4；

③ Microsoft SQL Server 2005 + SP2（及以上版本补丁）（包括 Express）；

④ Microsoft SQL Server 2008（SP1 或以上版本补丁）；

⑤ Microsoft SQL Server 2008 R2。

1.3　会计信息化教学系统安装

1.3.1　基本任务

本章的基本任务是了解用友 U8 安装过程及注意事项。

相关资料

中诚通讯信息化小组经过慎重的软件选型，选择了用友 U8 V10.1 作为会计信息化平台。为了使企业相关人员提前了解用友 U8 管理软件的功能，双方协商后，决定先行安装用友 U8 教学软件用于企业内部培训和学习。

安装指导

1．安装前准备

操作指导如下。

① 硬件。目前主流的硬件配置都可以满足安装用友 U8 的硬件需求，不再赘述。

② 操作系统。检查操作系统是否满足表 1-2 的要求。

③ 检查计算机名称。计算机名称中不能带 "-" 字符，不能为中文。

④ 检查杀毒软件是否运行。安装前关闭杀毒软件，否则有些文件无法写入。

⑤ 安装 IIS。若系统中未安装 IIS（Internet 信息服务），需要安装 IIS。可通过 "控制面板" |"添加/删除程序" | "Windows 组件" | "添加 IIS 组件" 命令来安装。

2．SQL Server 2000 数据库的安装

以安装 SQL Server 2000 个人版为例介绍安装过程。

操作指导如下。

① 执行 SQL Server 2000 安装文件 Setup 后，打开 SQL Server 2000 自动菜单，选择其中的 "安装 SQL Server 2000 组件" 命令，打开 "安装组件" 对话框。

② 选择其中的"安装数据服务器"选项，稍候，打开"安装向导—欢迎"对话框，单击【下一步】按钮，打开"计算机名"对话框。选择"本地计算机"选项，单击【下一步】按钮，打开"安装选择"对话框。

③ 选择"创建新的 SQL Server 实例，或安装客户端工具"选项，单击【下一步】按钮，打开"用户信息"对话框。输入姓名，单击【下一步】按钮，打开"软件许可证协议"对话框。阅读后，单击【是】按钮，打开"安装定义"对话框。

④ 选择"服务器和客户端工具"选项，单击【下一步】按钮，打开"实例名"对话框，采用系统默认，单击【下一步】按钮，打开"安装类型"对话框。选择"典型"选项，并选择文件安装路径，单击【下一步】按钮，打开"选择组件"对话框。采用系统默认，单击【下一步】按钮，打开"服务账户"对话框。

⑤ 选择"对每个服务使用同一账户。自动启动 SQL Server 服务"选项，将服务设置为"使用本地系统账户"，单击【下一步】按钮，打开"身份验证模式"对话框。

⑥ 为了加强系统安全性，选择"混合身份验证模式"，选中"空密码"复选框，单击【下一步】按钮，打开"开始复制文件"对话框。

⑦ 单击【下一步】按钮，打开"Microsoft Data Access Componer.ts 2.6 安装"对话框，按系统提示关闭列表中的任务，单击【下一步】按钮，打开安装"软件"对话框，单击【完成】按钮开始安装。

⑧ 稍候片刻，系统安装结束，显示"安装结束"对话框，单击【完成】按钮，结束 SQL Server 2000 安装。

⑨ 接下来，安装 SQL Server 2000 的 SP4 补丁包（可通过网上下载，先解压，再安装）。

提示 SQL Server 成功安装后，屏幕右下角任务栏中显示 SQL Server 数据服务管理器图标。

3．用友 U8 管理软件安装

以单机安装用友 U8 管理软件为例介绍安装过程。

操作指导如下。

① 以系统管理员 Administrator 身份运行安装程序 setup.exe。

② 根据提示单击【下一步】按钮进行操作，直至出现图 1-2 所示的选择安装类型界面。

③ 因为是将 SQL Server 数据库和用友 U8 安装到一台计算机上，这里选择"全产品"安装类型。

④ 单击【下一步】按钮，进入"系统环境检查"窗口，查看系统配置是否已经满足所需条件，如图 1-3 所示。

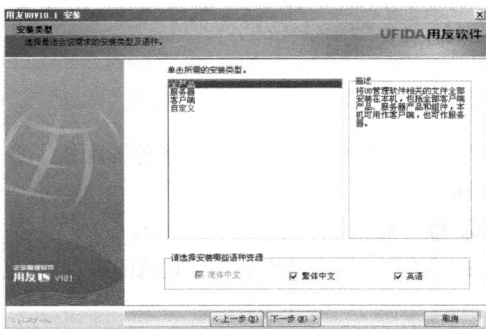

图 1-2　选择安装类型

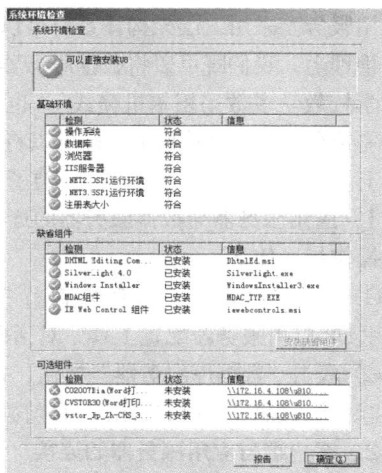

图 1-3　"系统环境检查"窗口

通过图 1-3 可知软件运行所需环境条件已被满足。若有未满足的条件，则安装不能继续进行，系统会给出未满足的项目，此时可单击未满足的项目链接，系统会自动定位到组件所在光盘位置，让用户手动安装。

⑤ 单击【确定】按钮，开始进行安装。安装过程时间较长，请耐心等待。安装完成后，单击【完成】按钮，重新启动计算机。

⑥ 系统重启后，出现"正在完成最后的配置"提示信息，如图 1-4 所示。在其中输入数据库名称（即为本地计算机名称，可通过"系统属性"中的"计算机名"查看）和 SA 口令（安装 SQL Server 时所设置的口令），单击【测试连接】按钮，测试数据库连接。若一切正常，则会出现连接成功的提示信息。

⑦ 接下来系统会提示是否初始化数据库，单击【是】按钮，提示"正在初始化数据库实例，请稍候"。数据库初始化完成后，出现图 1-5 所示的"登录"对话框。

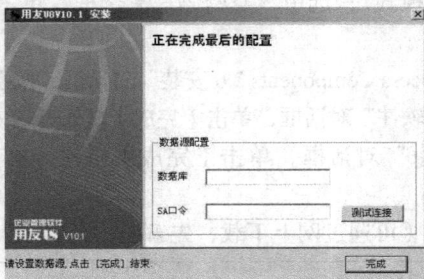

图 1-4 测试数据库连接

图 1-5 用友 U8 登录窗口

⑧ 单击【取消】按钮。至此，用友 U8 管理软件全部安装完成。用户可通过"开始"|"程序"|"用友 U8 V10.1"菜单项启动系统管理，登录企业应用平台等。

用友 U8 安装后，屏幕右下角任务栏中显示用友 U8 应用服务管理器图标 🗗。用友 U8 安装完成后系统内没有安装演示账套。

1.3.2 拓展任务

用友 U8 是运行于局域网环境下的 C/S 架构的应用软件，采用三层架构体系，即逻辑上分为数据服务器、应用服务器和客户端。数据服务器上存放用友 U8 所有的数据；应用服务器为客户端提供应用服务。采用三层架构体系，可以提高系统的效率与安全性。

物理上，我们既可以将数据服务器、应用服务器和客户端安装在一台计算机上，即单机应用模式（学校教学多数采用单机模式）；也可以将数据服务器和应用服务器安装在一台计算机上，将客户端安装在另一台计算机上；还可以将数据服务器、应用服务器和客户端分别安装在不同的 3 台计算机上。如果在服务端和客户端安装了不同的内容，需要进行三层结构的互联。

1．应用服务器与数据服务器的连接

操作指导如下。

① 执行"开始"|"所有程序"|"用友 U8 V10.1"|"系统服务"|"应用服务器配置"命令，打开"U8 应用服务器配置工具"对话框，如图 1-6 所示。

② 双击"数据库服务器"按钮，打开"数据源配置"对话框，如图 1-7 所示。

③ 默认数据源为（default），目前数据服务器为"PEIXUN"。可以新建数据源或修改现有数据源。

2．客户端与应用服务器的连接

在用友 U8 系统登录窗口的第 1 项"登录到"文本框中指定客户端要登录到的应用服务器的名

称或 IP 地址，实现客户端与应用服务器的连接。

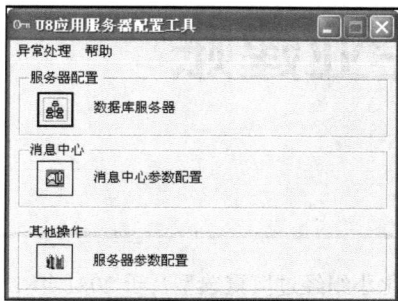

图 1-6　U8 应用服务器配置工具

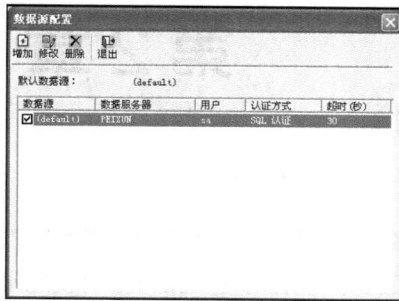

图 1-7　数据源配置

1.4　单元测试

判断题

1. 会计电算化是会计信息化的高级阶段。（　　　）
2. 会计信息化是企业信息化的重要组成部分。（　　　）
3. 会计信息化是指财务工作的信息化，不包括企业购、销、存业务信息化。（　　　）
4. 数据库管理系统是运行用友 U8 必需的系统软件。（　　　）
5. 三层架构指的是数据服务器、浏览器和客户端。（　　　）

选择题

1. 企业信息化建设的首要工作是（　　　）。
　　A．确定目标　　　　　B．购置服务器　　　C．管理软件选型　　　D．建立管理制度
2. 企业信息化资金预算包括（　　　）。
　　A．购置服务器　　　　B．购置数据库　　　C．软件实施　　　　　D．购买管理软件
3. 用友 U8 支持的语言包括（　　　）。
　　A．简体中文　　　　　B．繁体中文　　　　C．英文　　　　　　　D．韩文
4. （　　　）是支持用友 U8 运行的数据库管理系统。
　　A．IIS　　　　　　　　B．XBRL　　　　　C．SQL Server　　　　D．ERP

问答题

1. 会计电算化和会计信息化有何联系和区别？
2. 目前市场上主流的管理软件有哪些？
3. 企业会计信息化的建设过程是怎样的？
4. 用友 U8 主要包括哪些模块？
5. 如何建立数据服务器、应用服务器和客户端之间的连接？

第 2 章　企业建账

2.1　工作情景

基于企业第一阶段目标定位于会计信息化，信息化小组经过慎重选型，于 2021 年 11 月选购了用友 U8 V10.1（以下简称"用友 U8"）总账、UFO 报表、薪资管理、计件工资管理、固定资产管理、应收款管理、应付款管理、采购管理、销售管理、库存管理和存货核算 11 个子系统，并准备于 2022 年 1 月 1 日启用用友 U8，实现财务业务一体化的管理。

目前用友服务人员已经在中诚通讯的服务器和客户端中安装了用友 U8 相关内容，并做好了客户端和服务器之间的配置连接。

中诚通讯目前关心以下 3 个问题。

❓ 企业目前购买的总账等 11 个子系统，它们之间有关系吗？是必须一起集成起来使用，还是彼此独立没有关联？

这个问题涉及 3 个要点：各子系统的主要功能是什么？子系统之间的相互联系是什么？企业的应用模式是什么？

1．各子系统的主要功能是什么？

这 11 个子系统功能各不相同，先各用一句话概括各子系统的主要功能，帮助大家建立对子系统功能及联系的简单印象。子系统的详细功能将在后续章节中逐一介绍。

用友 U8 中的总账系统能够完成从凭证录入、凭证审核、记账、结账，这一完整的账务处理过程，输出各种总分类账、日记账、明细账和有关辅助账。

UFO 报表系统能够从用友 U8 总账及其他子系统中获取数据，生成对外财务报告和制作内部管理报表。

薪资管理和计件工资管理系统可以采用计时工资和计件工资两种方式，核算职工薪酬，对工资费用进行分摊，处理与职工薪酬相关的其他费用，将分摊结果形成凭证传递给总账。

固定资产管理系统主要管理企业固定资产的增减、变动、折旧计算，并将业务变动及折旧计算结果形成凭证传递给总账。

应收款管理系统主要实现企业与客户之间业务往来账款的核算与管理，形成凭证传递给总账。

应付款管理系统主要实现企业与供应商之间业务往来账款的核算与管理，形成凭证传递给总账。

采购管理系统可提供对企业采购业务中请购、订货、到货、开票、结算等环节的管理，支持按订单采购、普通采购、暂估、受托代销、退货等多种类型业务处理。

销售管理系统可提供对企业销售业务中报价、订货、发货、开票等环节的管理，支持按订单销售、普通销售、委托代销、分期收款、零售、退货等多种类型业务处理。

库存管理系统主要从数量的角度管理企业存货的出入库业务，加强库存控制，提供库存储备分析。

存货核算系统主要核算企业存货的入库成本、出库成本和结余成本，从资金的角度管理存货的出入库业务。

2．子系统之间的相互联系是什么？

用友 U8 中各个子系统服务于企业的不同层面，为不同的管理需要服务。子系统本身既具有相对独立的功能，彼此之间又具有紧密的联系。各子系统之间的数据关系如图 2-1 所示。

薪资管理
计件工资

固定资产管理

转账

凭证　　凭证

应付款管理

总账管理
UFO 报表

应收款管理

凭证　　　　　　　　　　　　　凭证

采购
发票　付款信息　直运采购发票

凭证

存货核算

直运销售发票
委托发货单发票
分期收款发货单发票

收款结
算情况

销售发票
销售调拨单
代垫费用单

采购管理

出入库单据　　出入库成本

销售管理

采购订单
到货单

库存管理

发货单
发票

采购入库单

销售出库单

可销售量

销售订单、直运销售订单、直运销售发票

直运采购发票

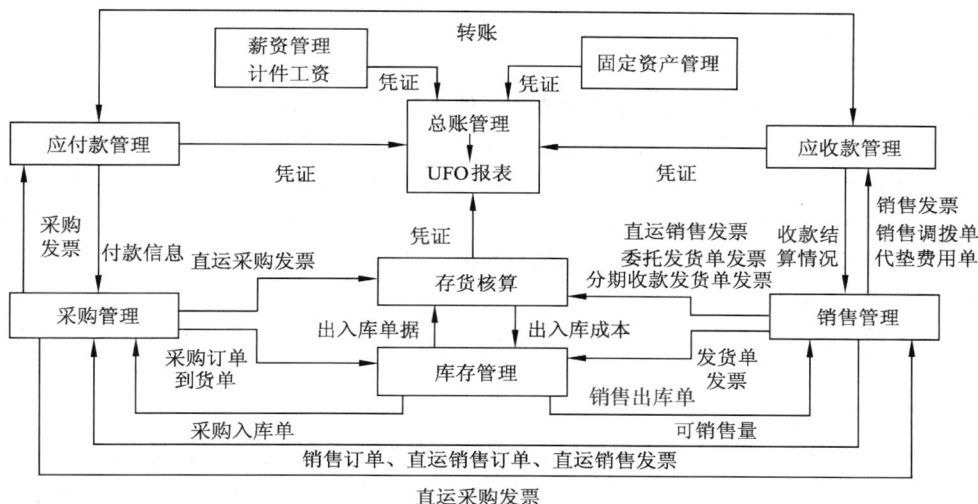

图 2-1　用友 U8 各子系统间的数据关系

应收款管理、应付款管理、薪资管理、固定资产管理、存货核算等系统会根据业务处理结果自动生成凭证传递给总账系统；UFO 报表系统可以从各个子系统中获取数据生成报表。其他联系将在后续章节的学习中进行说明。

3．企业的应用模式是什么？

各个子系统既可以独立应用，也可以与其他子系统集成使用。举例来说，如果只购买了总账子系统，那么企业可以在总账系统中通过填制凭证来处理与职工薪酬、固定资产核算、应收应付等相关的业务。如果企业既购买了总账系统，也购买了应收款管理系统，那么所有与客户相关的应收与收款业务均在应收款管理系统处理，总账不再处理这类业务，应收款管理系统会传递相应的凭证给总账。

本书各章假设企业应用模式如表 2-1 所示。

表 2-1　各章假设企业应用模式

章	假设企业应用模式
第 4 章　总账管理	总账管理
第 5 章　UFO 报表	总账管理+UFO 报表
第 6 章　薪资管理	总账管理+薪资管理+计件工资
第 7 章　固定资产管理	总账管理+固定资产管理
第 8 章　供应链管理初始化	总账管理+采购管理+销售管理+库存管理+存货核算+应收款管理+应付款管理
第 9 章　采购管理与应付款管理	总账管理+采购管理+销售管理+库存管理+存货核算+应收款管理+应付款管理
第 10 章　销售管理与应收款管理	总账管理+采购管理+销售管理+库存管理+存货核算+应收款管理+应付款管理
第 11 章　库存管理与存货核算	总账管理+采购管理+销售管理+库存管理+存货核算+应收款管理+应付款管理

　如何把企业现有的账务及业务资料转移到用友 U8 中？

用友 U8 属于应用软件，是一套可以用来管理企业业务的程序。那么用友 U8 安装完成之后，如何与企业现有的基本信息和财务数据对接，即如何把企业现有的账务资料转移到用友 U8 中呢？

以上问题在用友 U8 中涉及 3 项应用。第一，在用友 U8 中进行企业建账；第二，在用友 U8 企业应用平台中建立企业的公共基础档案；第三，在用友 U8 各个子系统中进行选项设置和期初数据录入。在 2.3 节中将介绍第一项应用，即如何在用友 U8 中进行企业建账。其他两项应用在后续章节中介绍。

　今后企业的全部财务数据都在用友 U8 系统中，如何才能确保这些数据是安全的呢？

数据安全问题是每一个信息化企业都极为关注的。在用友 U8 系统中，与数据安全相关的有 3 个方面，即数据存储安全、系统使用安全和系统运行安全。

1．数据存储安全

输入用友 U8 系统中的数据是存储在数据库管理系统中的。企业在实际运营过程中，存在很多不可预知的不安全因素，如火灾、计算机病毒、误操作、人为破坏等，任何一种情况发生对系统及数据安全的影响都是致命的。如何在意外发生时将企业损失降至最低，是每个企业极为关注的问题。因此，系统必须提供一个保存机内数据的有效方法，可以定期将机内数据备份出来存储到不同的介质上。备份数据一方面用于意外发生时恢复数据；另一方面，对于异地管理的公司，还可以解决审计和数据汇总的问题。

用友 U8 系统中提供了自动备份和手工备份两种数据备份方式，此部分内容将在 2.3 节中进行介绍。

2．系统使用安全

用友 U8 安装完成之后，是不是企业所有的职工都能登录系统查看财务资料呢？显然不是。按照企业目前的岗位分工情况，需要在用友 U8 中设置用户（即可以登录用友 U8 系统并进行操作的人），并且按照其岗位工作内容为用户赋予相应的权限。这样一方面可以防止无关人员登录用友 U8 系统造成数据泄露或丢失；另一方面也可以分清责任，确保内部控制制度发挥作用。

用友 U8 系统中还提供用户及权限设置功能，此内容将在 2.3 节中进行介绍。

3．系统运行安全

用友 U8 在使用过程中由于用户操作不当、计算机病毒侵入等原因会出现各种各样的问题，如何及时发现问题并采用有效方法解决问题，保证系统正常运行呢？

在用友 U8 系统管理界面，系统管理员可以随时监控到系统的登录及使用情况，对系统运行过程中的异常任务和单据锁定，可以轻松清除，保证系统正常使用。另外，在系统管理的上机日志中，用友 U8 对各个子系统的登录情况，具体到哪位用户、何时、进行了哪项操作等都进行了详细记录，方便维护人员及时排除故障，确保系统安全运行。

2.2　企业建账认知

2.2.1　何为企业建账

用友 U8 安装完成之后，只是在计算机中安装了一套可以用来管理企业业务的程序，其中没有任何数据。无论企业原来是用手工记账，还是使用其他软件进行财务核算，都需要把既有的数据建立或转移到新系统中。

在用友 U8 系统中建立企业的基本信息、核算方法、编码规则等，称为建账。其本质是在数据库管理系统中为企业创建一个新的数据库，用于存储和管理企业的各种业务数据。

2.2.2　谁负责企业建账

对中小企业来说，企业信息化后，其需设置专人或专岗负责以下工作。

（1）按照企业的岗位分工要求在用友 U8 中设置用户，并分配其对应权限；

（2）按已确定的企业核算特点及管理要求进行企业建账；

（3）随时监控系统运行过程中出现的问题，清除异常任务，排除运行故障；

（4）保障网络系统的安全，预防计算机病毒侵入；

（5）定期进行数据备份，保障数据安全、完整。

这个岗位我们称为系统管理员。有条件的企业可设置专人担任系统管理员，条件不具备的企业可由现有岗位人员兼任。

系统管理员的工作性质偏技术，他不能参与企业实际业务处理工作。

2.2.3 在哪里进行企业建账

在用友 U8 中有一个特殊的模块——系统管理模块。如同盖高楼大厦预先要打地基一样，系统管理模块用于对整个系统的公共任务进行统一管理，用友 U8 其他任何模块的独立运行都必须以此为基础。

系统管理模块安装在企业的数据服务器上，其具体功能包括以下几个。

1．账套管理

账套是一组相互关联的数据。每一个独立核算的企业都有一套完整的账簿体系，把这样一套完整的账簿体系建立在计算机系统中就是一个账套。每一个企业也可以为其每一个独立核算的下级单位建立一个核算账套。换句话讲，用友 U8 可以为多个企业（或企业内多个独立核算的部门）分别立账，且能实现各账套数据之间相互独立、互不影响，从而使资源得到充分的利用。系统最多允许建立 999 个企业账套。

账套管理功能一般包括建立账套、修改账套、删除账套、引入/输出账套等。

2．账套库管理

账套库和账套是两个不同的概念。账套是账套库的上一级，账套是由一个或多个账套库组成的。一个账套对应一个经营实体或核算单位，账套中的某个账套库对应这个经营实体的某年度区间内的业务数据。中诚通讯建立"123 账套"并于 2021 年启用，然后在 2022 年年初建立 2022 年的账套库，则"123 中诚通讯"账套中有两个账套库，即"123 中诚通讯 2021 年"和"123 中诚通讯 2022 年"；如果连续使用也可以不建新库，直接录入 2022 年数据，则"123 中诚通讯"账套中就只有一个账套库，即"123 中诚通讯 2021—2022 年"。

设置账套和账套库两层结构的好处是：第一，便于企业的管理，如进行账套的上报、跨年度区间的数据管理结构调整等；第二，方便数据输出和引入；第三，减少存储数据的负担，提高应用效率。

账套库管理包括账套库的建立、引入、输出、账套库初始化和清空账套库数据。

3．权限管理

为了保证系统及数据的安全，系统管理模块提供了权限管理功能。通过限定用户的权限，一方面可以避免与业务无关的人员进入系统，另一方面可以对用友 U8 系统所包含的各个模块的操作进行协调，以保证各负其责，流程顺畅。

用户及权限管理包括设置角色、用户及为用户分配功能权限。

4．系统安全管理

对企业来说，系统运行安全、数据存储安全是非常重要的，用友 U8 提供了 3 种安全保障机制。第一，在系统管理界面，可以监控整个系统运行情况，随时清除系统运行过程中的异常任务和单据锁定；第二，可以设置备份计划让系统自动进行数据备份，当然在账套管理和账套库管理中可以随时进行人工备份；第三，可以管理上机日志。上机日志对系统所有操作都进行了详细记录，为快速定位问题原因提供了线索。

2.2.4 如何进行企业建账

为了引导大家快速掌握企业建账的工作流程，我们把企业建账过程总结为"五部曲"，如图 2-2 所示。

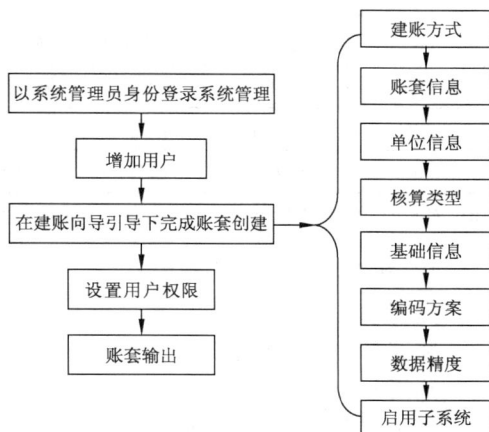

图 2-2　企业建账的工作流程示意图

2.3 企业建账实务

2.3.1 基本任务

本章的基本任务是掌握企业建账的工作流程及具体内容。

企业建账资料

根据用友 U8 系统要求，整理中诚通讯企业建账相关资料如下。

1. 用户及其权限

企业目前的岗位分工情况如表 2-2 所示。

表 2-2 企业目前岗位分工表

姓名	岗位	分管工作	所在部门
马国华	企业法人代表/总经理	全面	总经办
王莉	财务部经理	财务部全面工作	财务部
方萌	出纳	负责货币资金收付；登记现金和银行存款日记账；银行对账	财务部
白亚楠	会计	各项业务制单；应收应付确认；材料及成本核算	财务部
范文芳	采购部经理	原料及设备采购	采购部
高文庆	销售一部经理	管理一部销售工作	销售一部
沈宝平	销售二部经理	管理二部销售工作	销售二部
杜海涛	生产部经理	负责管理存货出入库	生产部

根据以上岗位分工情况，整理用友 U8 系统的用户及其权限，如表 2-3 所示。

表 2-3 用户及其权限表

操作员编号	操作员姓名	所属角色	需要给用户设置的权限
401	王莉	账套主管	账套主管默认拥有所有权限
402	方萌	普通员工	财务会计中的总账-出纳；总账中的凭证-出纳签字和查询凭证
403	白亚楠	普通员工	财务会计中的总账、应收款管理、应付款管理、固定资产；人力资源中的薪资管理、计件工资管理；供应链中的存货核算
404	范文芳	普通员工	供应链中的采购管理
405	高文庆	普通员工	供应链中的销售管理
406	沈宝平	普通员工	供应链中的销售管理
407	杜海涛	普通员工	供应链中的库存管理、基本信息中的公共单据

注：为实训方便，所有用户口令均为空；认证方式均为"用户+口令"。

2. 账套信息

账套号：123

账套名称：中诚通讯

启用会计期：2022 年 1 月

单位名称：北京中诚通讯有限责任公司

单位简称：中诚通讯

单位地址：北京市丰台区公益大街 100 号

法人代表：马国华

税号：110105473287222118

企业类型：工业

行业性质：2007 年新会计制度科目

账套主管：王莉

基础信息：对存货、客户进行分类

分类编码方案

　　科目编码级次：422

　　客户分类编码级次：12

　　存货分类编码级次：12

　　收发类别编码级次：12

　　其他保持系统默认。

　　数据精度：2

　　建账完成后不进行系统启用。

企业建账指导

以系统管理员身份登录系统管理

1. 以系统管理员身份登录用友 U8 系统管理

操作指导如下。

① 执行"开始"|"所有程序"|"用友 U8 V10.1"|"系统服务"|"系统管理"命令，进入"用友 U8[系统管理]"窗口。

② 执行"系统"|"注册"命令，打开"登录"对话框。

③ 在"登录到"文本框中需要给定用友 U8 应用服务器的名称或 IP 地址。

> **提示**　在教学环境下采用单机方式实训时，数据服务器和应用服务器一般均为本机。在企业信息化应用模式下，用友 U8 安装完成后要进行应用服务器和数据服务器、客户端和应用服务器的互联，此处应填写的是用友 U8 应用服务器的名称或 IP 地址。

④ 在"操作员"文本框中显示用友用友 U8 默认的系统管理员"admin"，系统默认管理员密码为空，如图 2-3 所示。

> **提示**　用友 U8 默认的系统管理员为"admin"，不区分大小写字母；初始密码为空，可以修改。如设置系统管理员密码为"u8star"的方法是：在"登录"对话框中，选中"修改密码"复选框，单击【登录】按钮，打开"设置操作员密码"对话框，在"新密码"和"确认新密码"后面的文本框中均输入"u8star"，然后单击【确定】按钮返回系统管理界面即可。

⑤ 单击【登录】按钮，进入系统管理界面，系统管理界面最下行的状态栏中显示当前操作员[admin]，如图 2-4 所示。

> **提示**　系统管理界面中显示为黑色的菜单项即为系统管理员在系统管理中可以执行的操作。请归纳一下，系统管理员在系统管理中拥有哪些权限？

图 2-3 以系统管理员身份登录系统管理

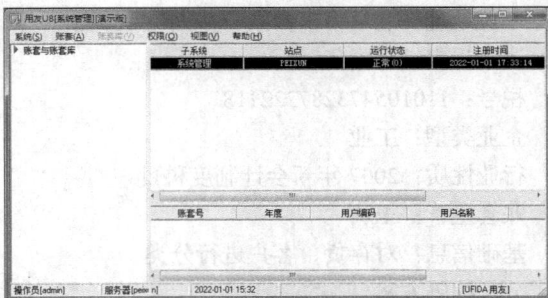

图 2-4 系统管理员登录系统管理后的界面

2．增加用户

操作指导如下。

① 以系统管理员身份注册，进入系统管理界面，执行"权限"|"用户"命令，进入"用户管理"窗口。

增加用户

提示

只有系统管理员才有权限增加角色和用户。用户管理窗口中已存在的 4 位用户是用友 U8 系统预置的。管理员用户 admin 不可删除。

② 单击【增加】按钮，打开"操作员详细情况"对话框。

提示

在对话框中，蓝色字体标注的项目为必输项，其余项目为可选项。这一规则适用于用友 U8 所有界面。

③ 按表 2-3 中所给出的资料输入操作员信息。如输入账套主管 401 王莉的相关信息，如图 2-5 所示。

主要栏目说明如下。

编号：用户编号在用友 U8 系统中必须唯一，即使是不同的账套，用户编号也不能重复。本例输入"401"。

姓名：准确输入该用户的中文全称。用户登录用友 U8 进行业务操作时，此处的姓名将会显示在业务单据上，以明确经济责任。本例输入"王莉"。

用户类型：有普通用户和管理员用户两种。普通用户指登录系统进行各种业务操作的人；管理员用户的性质与 admin 相同，他们只能登录系统管理进行操作，不能接触企业业务。本例选择"普通用户"。

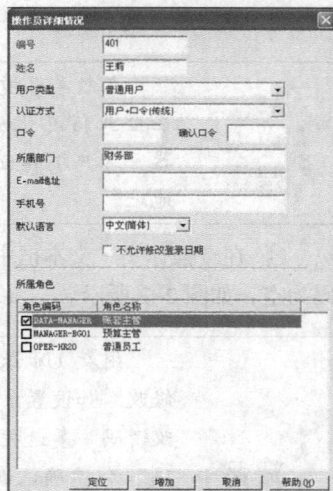

图 2-5 增加用户

认证方式：系统提供用户+口令(传统)、动态密码、CA 认证、域身份验证 4 种认证方式。用户+口令（传统）是用友 U8 默认的用户身份认证方式，即通过系统管理中的用户管理来设置用户的安全信息。本例采取系统默认。

口令：在设置操作员口令时，为保密起见，系统对输入的口令在屏幕上以"*"号显示。本例不设置口令。

所属角色：系统预置了账套主管、预算主管、普通员工 3 种角色。可以执行"权限"|"角色"增加新的角色。本例选择所属角色"账套主管"。

增加完成一个用户后，单击【增加】按钮增加下一位用户，全部完成后，单击【取消】按钮返回。

如果定义了用户所属角色，则不能删除，必须在取消用户角色后才能删除。

所设置的用户一旦被引用，便不能被删除。

如果操作员调离企业，可以通过"修改"功能"注销当前用户"。

3．建立账套

操作指导如下。

① 以系统管理员的身份登录"系统管理"，执行"账套"|"建立"命令，打开"创建账套—建账方式"对话框。选中"新建空白账套"选项，单击【下一步】按钮，进行账套信息设置。

建立账套

系统提供"新建空白账套"和"参照已有账套"两种建账方式。如果企业是第一次使用用友 U8，可以选择"新建空白账套"方式建账。如果企业已经在用友 U8，但由于扩展分支机构等原因，需要建立一个与已有账套相似的账套，包含相同的基础档案和初始数据，可以选择"参照已有账套"方式建账。

② 账套信息设置。在账套信息设置中，主要有以下栏目。

已存账套：系统将已存在的账套以下拉列表框的形式显示，用户只能查看，不能输入或修改，目的是避免重复建账。

账套号：账套号是该企业账套的唯一标识，必须输入，且不得与机内已经存在的账套号重复。可以输入 001～999 中任何一个整数，本例输入账套号 123。

账套名称：账套名称可以输入核算单位的简称，且必须输入，进入系统后它将显示在正在运行的软件的界面上。本例输入"中诚通讯"。

账套语言：系统默认选中"简体中文"选项。从系统提供的选项中可以看出，用友 U8 还支持繁体中文和英文作为账套语言，但简体中文为必选。

账套路径：用来确定新建账套将要被放置的位置，系统默认的路径为"C:\U8SOFT\Admin"，用户可以人工更改，也可以单击"…"按钮进行选择输入。

启用会计期：指开始使用用友 U8 系统进行业务处理的初始日期且必须输入。系统默认为计算机的系统日期，更改为"2022 年 1 月"。系统自动将自然月份作为会计核算期间。

如果企业的实际会计核算期间与自然日期不一致，如企业以每月 25 日为结账日，25 日以后的业务记入下个月，那么可以单击【会计期间设置】按钮，打开"会计月历——建账"对话框。系统根据前面"启用会计期"的设置，自动将启用月份以前的日期标识为不可修改的部分；而将启用月份以后的日期（仅限于各月的结束日期，至于各月的起始日期则随上月结束日期的变动而变动）标识为可以修改的部分。用户可以自行设置。

是否集团账套：不选择。

建立专家财务评估数据库：不选择。

输入完成后的账套信息设置如图 2-6 所示。单击【下一步】按钮，进入"创建账套——单位信息"对话框。

③ 单位信息设置。设置单位信息时，主要栏目说明如下。

单位名称：必须输入企业的全称。企业全称在正式发票中使用，其余情况全部使用企业简称。本例输入"北京中诚通讯有限责任公司"。

单位简称：用户单位的简称，最好输入。本例输入"中诚通讯"。

其他栏目都属于任选项，参照所给资料输入即可。

输入完成后的单位信息设置如图 2-7 所示。单击【下一步】按钮，进入"账套信息——核算类型"对话框。

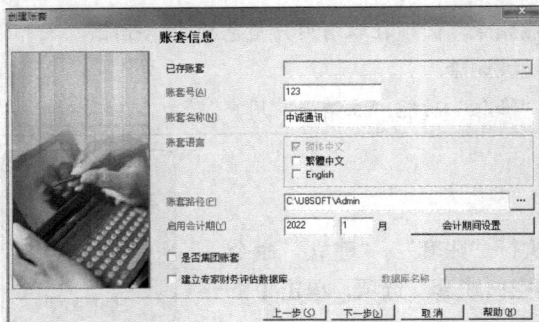

图 2-6　创建账套——账套信息

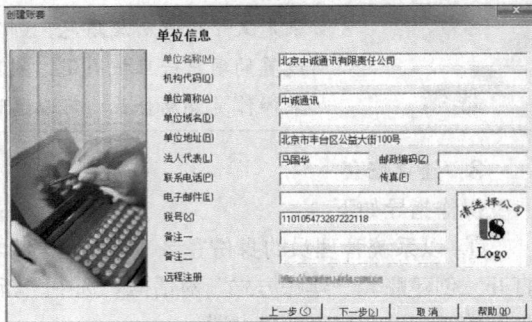

图 2-7　创建账套——单位信息

④ 核算类型设置。主要栏目说明如下。

本币代码：必须输入。本例采用系统默认值"RMB"。

本币名称：必须输入。本例采用系统默认值"人民币"。

企业类型：系统提供了工业、商业、医药流通 3 种类型。如果选择"工业"，则系统不能处理受托代销业务；如果选择"商业"，则系统不能处理产成品入库、材料领用出库业务。本例采用系统默认"工业"。

行业性质：用户必须从下拉列表框中选择输入，系统将按照所选择的行业性质预置科目。本例采用系统默认"2007 年新会计制度科目"。

账套主管：从下拉列表框中选择输入"[401] 王莉"。

按行业性质预置科目：如果希望系统预置所属行业的标准一级科目，则选中该复选框。本例选择"按行业性质预置科目"。

输入完成后，核算类型设置如图 2-8 所示。单击【下一步】按钮，进入"创建账套——基础信息"对话框。

⑤ 基础信息设置。如果企业的存货、客户、供应商相对较多，可以对它们进行分类核算。如果此时不能确定是否进行分类核算，也可以在建账完成后由账套主管在"修改账套"功能中重新设置。

按照本例要求，选中"存货是否分类""客户是否分类"两个复选框，如图 2-9 所示。单击【下一步】按钮，进入"创建账套——准备建账"对话框。

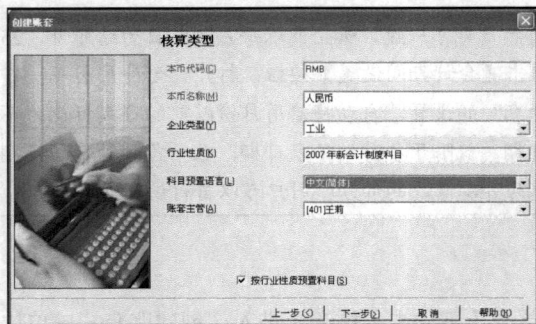

图 2-8　创建账套——核算类型

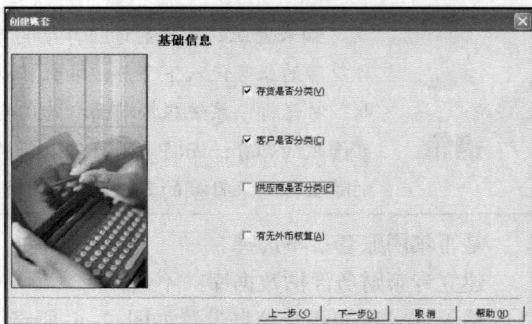

图 2-9　创建账套——基础信息

⑥ 准备建账。单击【完成】按钮，弹出系统提示"可以创建账套了么？"，如图 2-10 所示。单击【是】按钮，系统依次进行初始化环境、创建新账套库、更新账套库、配置账套信息等工作所以要持续运行一段时间，需耐心等待。完成以上工作后，打开"编码方案"对话框。

⑦ 分类编码方案设置。为了便于对经济业务数据进行分级核算、统计和管理，系统要求预先设置某些基础档案的编码规则，即规定各种编码的级次及各级的长度。

按资料所给内容修改系统默认值，如图 2-11 所示，单击【确定】按钮，再单击【取消】按钮，打开"数据精度"对话框。

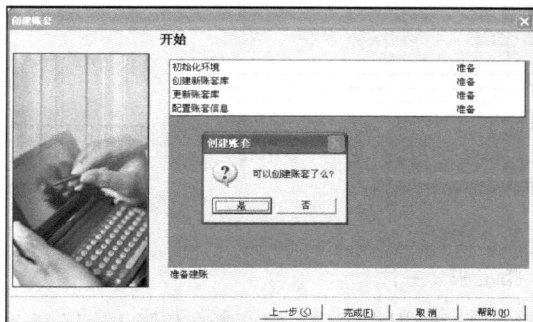

图 2-10　创建账套——准备建账

图 2-11　编码方案

科目编码级次中第 1 级科目编码长度根据建账时所选行业性质自动确定，此处显示为灰色，不能修改，用户只能设定第 1 级之后的科目编码长度。删除编码级次时从末级删除。

⑧ 数据精度定义。数据精度涉及核算精度问题。涉及购、销、存业务环节时，会输入一些原始单据，如发票，出入库单等，需要填写数量及单价，数据精度定义是确定有关数量及单价的小数位数的。本例采用系统默认。单击【确定】按钮，系统显示"正在更新单据模板，请稍等"信息提示。

⑨ 完成建账。完成单据模板更新后，系统弹出建账成功信息提示，如图 2-12 所示。单击【否】按钮，系统弹出"请进入企业应用平台进行业务操作"信息提示框；单击【确定】按钮，返回系统管理界面。

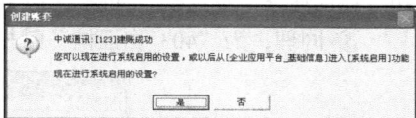

图 2-12　建账成功信息提示

建账完成后，编码方案、数据精度、系统启用项目可以由账套主管在"企业应用平台"|"基础设置"|"基本信息"中进行修改。

4．用户权限设置

（1）指定/取消账套主管。用户的账套主管身份可以在 3 个环节中确定。第一，在增加用户环节，指定用户所属角色为"账套主管"（见图 2-5）；第二，在建立账套环节，指定某用户为该账套主管（见图 2-8）；第三，在权限设置环节，赋予某用户账套主管权限，具体操作如下所述。只有系统管理员能够指定账套主管。

操作指导如下。

① 以系统管理员身份登录系统管理，执行"权限"|"权限"命令，进入"操作员权限"窗口。

② 从窗口右上角账套列表下拉框中选择"[123]中诚通讯"。

③ 在操作员列表中选择"[demo]"，选中"账套主管"复选框，系统弹出提示"设置普通用户：[demo]账套主管权限吗？"，如图 2-13 所示。

④ 单击【是】按钮，确定，用户 demo 就拥有了账套主管权限。

指定/取消账套主管

一个账套可以设定多个账套主管。账套主管用户自动拥有该账套的所有操作权限。

⑤ 取消 demo 的账套主管权限。

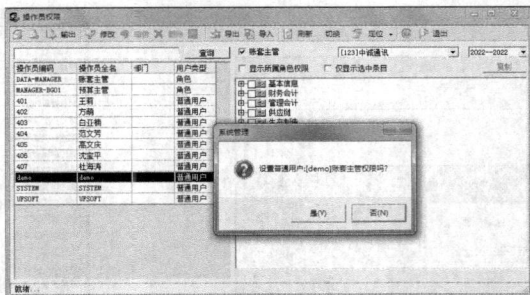

图 2-13　指定账套主管

（2）给操作员赋权。系统管理员和账套主管都可以给用户赋权，但两者在权限上有区别。系统管理员可以给系统中任何用户赋予账套主管或其他权限；账套主管只能给自己所管辖的账套的用户赋权，而且不能赋予账套主管权限。

操作指导如下。

① 在操作员权限窗口中，选择"[123]中诚通讯"账套，再从操作员列表中选择"402 方萌"，单击【修改】按钮。

② 单击"财务会计"前的"+"图标，单击"总账"前的"+"图标，展开"总账"，选中"出纳"复选框；单击"凭证"前的"+"图标，展开"凭证"，选中"出纳签字"和"查询凭证"复选框，如图 2-14 所示，单击【保存】按钮。

③ 同理，为"403 白亚楠"赋权。

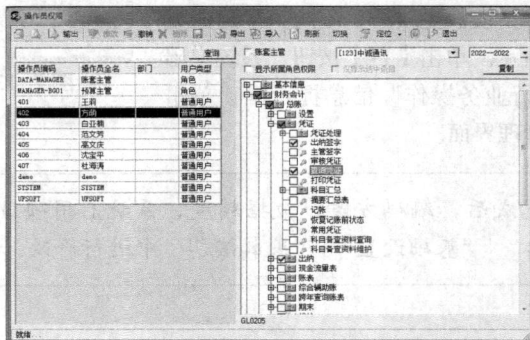

图 2-14　为出纳方萌赋权

难点　　　　　　角　色

京剧中有老生、小生、花旦等角色；财务人员有会计主管、总账会计、出纳等角色；学校有校长、系主任、教师等角色。在用友 U8 中，角色是指在企业管理中拥有某一类职能的组织。这个角色可以是实际的部门，也可以是由拥有同一类职能的人构成的虚拟组织。

【案例解析】

如果某集团公司有会计主管 10 位、总账会计 30 位、预算会计 10 位、出纳 15 位，现在让你给这 65 位人员分别赋权，应如何设置？

如果采用首先增加 65 位用户，然后再分别给 65 位用户进行赋权，虽然可以达成，但操作过于烦琐，工作量大，且容易出错。并且一旦用户角色发生变化，如小王以前担任出纳工作，现在调到总账会计岗，就需要重新修改用户的权限。下面我们利用用友 U8 中的角色设置轻松解决这类问题。

操作指导如下。

① 执行"权限"|"角色"命令，分别建立会计主管、总账会计、预算会计、出纳 4 种角色。

② 执行"权限"|"权限"命令，分别为以上角色赋予相应的权限。

③ 执行"权限"|"用户"命令，建立每一位用户时将他们指定到对应的角色。角色权限自动传递给用户，这样就不用——给用户赋权了。

以后用户角色一旦发生变化，在用友 U8 系统中只需要通过"修改"用户，重新指定用户的角色即可。这样是不是简便很多呢？

> **提示**
>
> 用户和角色设置不分先后顺序，但对于自动传递权限来说，应该首先设定角色，然后分配权限，最后进行用户的设置。这样在设置用户的时候，只要选择其归属哪一个角色，则用户就自动具有该角色的权限。
>
> 一个角色可以拥有多个用户，一个用户也可以分属于多个不同的角色。

5．修改账套

如果在建账过程中有考虑不周或误操作之处，可以由账套主管在系统管理中对账套信息进行修改。

【拓展】中诚通讯 2022 年准备拓展海外业务，因此需要设置"有外币核算"业务。

操作指导如下。

① 执行"系统"|"注册"命令，打开"登录"对话框。录入操作员"401"（或王莉），密码空，单击"账套"栏的下三角按钮，选择"[123]（default）中诚通讯"，如图 2-15 所示。

> **提示**
>
> 如果此时系统管理员已经登录了系统管理模块，则应先通过执行"系统"|"注销"命令注销当前操作员，再由账套主管重新注册。

② 单击【登录】按钮，以账套主管的身份登录，进入系统管理界面。浏览系统管理功能菜单，黑色字体功能项即为账套主管的权限范围。由此可见，账套主管有修改账套、账套库管理、为本账套用户赋权等权限。

③ 执行"账套"|"修改"命令，打开"修改账套"对话框。单击【下一步】按钮，找到"基础信息"对话框，选中"有无外币核算"复选框。依照系统提示完成账套修改。

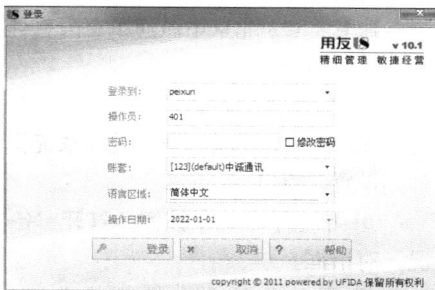

图 2-15 以账套主管身份登录系统管理

6．账套输出

为了保护机内数据安全，企业应定期进行数据备份（即账套输出）。用友 U8 提供自动备份和人工备份两种方式。此处介绍人工账套输出，设置自动备份计划在拓展任务中介绍。只有系统管理员有权限进行账套输出。

假设将本书中所有实验存储于"E：\实验账套"文件夹中，则首先需要在"E:\"中建立"实验账套"目录，再在该目录中分别建立"企业建账""基础设置"等文件夹，用于存放本书中各实验结果。下面将本账套输出至"E：\实验账套\企业建账"中。

操作指导。

① 以系统管理员身份登录系统管理，执行"账套"|"输出"命令，打开"账套输出"对话框。

② 从"账套号"下拉列表中选择要输出的账套，在"输出文件位置"输入框中选择"E：\实验账套\企业建账"，如图 2-16 所示。

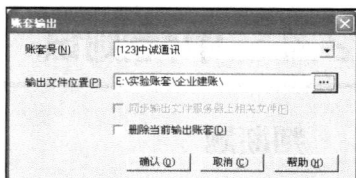

图 2-16 账套输出

③ 单击【确认】按钮，系统将企业账套数据库进行整理，稍候，系统弹出"输出成功！"提示框，单击【确定】按钮。

④ 账套输出之后在指定路径下形成两个文件：UFDATA.BAK 和 UfErpAct.Lst。这两个文件不能直接打开，只能通过系统管理中的账套引入功能引入用友 U8 中，才能正常查询。

提示　　输出账套之前，最好关闭企业应用平台。

如果将"删除当前输出账套"复选框选中，系统会先输出账套，然后进行删除或确认提示，最后删除当前账套。

2.3.2　拓展任务

设置自动备份计划是一种由系统自动备份数据的方式。利用该功能，企业可以实现定时、自动输出多个账套的目的，有效减轻了系统管理员的工作量，保障了系统数据安全。

【拓展】设置自动备份计划如下。

计划编号：2022-1

计划名称：123 账套备份

备份类型：账套备份

发生频率：每天

发生天数：1

开始时间：22:00:00

有效触发：2

保留天数：15

备份路径：D:\账套备份

账套：123 北京中诚通讯有限责任公司

操作指导如下。

① 在 D 盘中新建"账套备份"文件夹。

② 以系统管理员身份进入系统管理界面，执行"系统"|"设置备份计划"命令，进入"备份计划设置"窗口。

③ 单击【增加】按钮，打开"备份计划详细情况"对话框。

④ 录入计划编号"2022-1"、计划名称"123 账套备份"；单击"发生频率"栏的下三角按钮，选择"每天"；在"发生天数"栏默认选择"1"，在"开始时间"栏录入"22:00:00"；在"保留天数"栏输入 15；单击【增加】按钮，选择"D:\账套备份"文件夹为备份路径，选中"123 中诚通讯"作为备份账套，如图 2-17 所示。

图 2-17　增加备份计划

⑤ 单击【增加】按钮，保存备份计划设置，单击【取消】按钮退出。

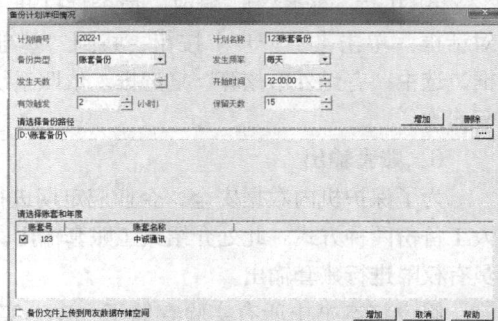

2.4　单元测试

判断题

1. 在用友 U8 中，用户不仅可以建立多个账套，还可在每个账套中存放多个年度的数据。（　　）

2. 账套主管只能在建立账套时由系统管理员指定。（　　　）

3. 只有以账套主管的身份登录系统管理才能创建账套。（　　　）

4. 从系统安全考虑，操作员应定期通过系统管理员更改自己的密码。（　　　）

5. 一个账套，可以指定多个账套主管。（　　　）

6. 系统管理员可以为系统内所有的账套指定账套主管。（　　　）

7. 必须先建立角色，再建立用户。（　　　）

8. 系统不提供删除账套的功能。（　　　）

选择题

1. 无须在建立账套过程中确定的项目是（　　　）。
   A. 会计主管　　　　　B. 企业行业类型　　C. 账套启用会计期　D. 单位名称

2. 系统管理员无权进行的操作是（　　　）。
   A. 建立账套　　　　　B. 修改账套　　　　C. 删除账套　　　　D. 引入账套

3. 如果出纳员张欣一年后调出本企业，为确保系统安全，应在系统管理中（　　　）。
   A. 将张欣的名字修改为新来的出纳　　　　B. 删除操作员
   C. 注销当前操作员　　　　　　　　　　　D. 停用当前账套

4. 引入账套时，如果系统内已存在相同账套号的数据，则（　　　）。
   A. 无法引入
   B. 覆盖系统中同账套号内的所有数据
   C. 恢复为账套号不同的另外一个账套
   D. 将引入的数据追加到系统中同账套号的账套中

5. 关于输出账套，以下说法错误的是（　　　）。
   A. 必须选择要备份的账套　　　　　　　　B. 必须由系统管理员登录系统管理
   C. 本月所有系统必须已结账　　　　　　　D. 必须选择输出的路径

6. 增加操作员时，必须输入的项目包括（　　　）。
   A. 操作员编号　　　　B. 操作员姓名　　　C. 操作员口令　　　D. 操作员所属部门

7. 关于账套主管，以下说法正确的是（　　　）。
   A. 可以增加用户　　　　　　　　　　　　B. 可以为本账套的用户设置权限
   C. 自动拥有本账套所有权限　　　　　　　D. 可以删除自己所管辖的账套

8. 如果设置王莉为账套主管，可行的方法是（　　　）。
   A. 在建立用户时由系统管理员指定王莉为账套主管角色
   B. 由王莉建立账套，则其自动成为该账套的账套主管
   C. 在建立账套时由系统管理员指定王莉为该账套的账套主管
   D. 在权限中由系统管理员指定王莉为该账套的账套主管

问答题

1. 系统管理中有哪些主要功能？
2. 能登录系统管理的人员有哪些？
3. 账套和账套库之间有何联系？
4. 角色和用户之间有何关联？
5. 用友 U8 系统提供了哪些保障系统安全的手段？
6. 系统管理员有哪些权限？账套主管有哪些权限？
7. 用友 U8 系统用户身份认证有哪几种方式？
8. 选择企业类型为"工业"或"商业"会对业务处理造成何种影响？

第3章 基础设置

3.1 工作情景

❓ 企业选购了用友 U8 中的总账、UFO 报表等 11 个子系统，其中总账、UFO 报表、应收款管理、应付款管理、薪资管理、固定资产管理、存货核算都部署在财务部门。财务部门日常工作就很忙碌了，另外学习和熟练使用新系统也需要一段时间，所以是否可以先使用总账、UFO 报表，待熟悉之后再使用其他系统呢？

用友 U8 分为财务会计、管理会计、供应链、生产制造、人力资源、集团应用、决策支持和企业应用集成等功能组，每个功能组中又包含若干子系统，它们中大多数既可以独立运行，又可以集成使用，但集成使用和独立使用在某些功能的用法上是有差异的。一方面，企业可以按照信息化整体规划及本身的管理特点选购不同的产品组；另一方面，企业也可以采取循序渐进的策略，有计划地先启用一些子系统，一段时间之后再启用另外一些子系统。

用友 U8 提供了系统启用功能。企业可以独立地设置每个子系统的启用时间，为其提供选择的便利。只有设置了系统启用的模块才可以登录。

❓ 建账完成后只是在数据库管理系统中为中诚通讯建立了一个新的数据库，里面没有任何数据，那么接下来我们需要做些什么呢？

总账是用友 U8 中最核心的一个子系统，也是中诚通讯计划第一个应用的系统。在正式开始使用总账之前，需要输入业务处理必须用到的一些基础档案，如部门、人员、客户、供应商、凭证类别、会计科目等。这些基础档案不仅总账子系统要使用，其他子系统也要使用。

所有子系统的公共基础档案均在 U8 企业应用平台中录入。

❓ 限于目前财务人员的工作强度，企业目前的财务核算比较粗放，在将手工会计核算向信息化平台迁移的过程中，是照搬照抄目前的账户设置还是需要做一些改变？信息系统有哪些优势可以用来细化核算，为管理提供更多有价值的信息？

从手工核算到信息化管理不是简单地照搬照抄，而是要将企业的管理需求和管理软件优势功能相结合。用友 U8 提供了灵活的科目辅助核算、常用摘要、常用凭证、自定义项和自由项等，可以帮助企业规范业务核算、优化账户设置、详细记录业务信息、方便管理查询，以充分发挥信息系统的优势。

3.2 基础设置认知

3.2.1 何为基础设置

建账完成后只是在数据库管理系统中为中诚通讯建立了一个新的数据库，用来存放企业即将录入的各种业务数据。当经济业务发生时，企业要进行正确的记录和计量，需要保证将要使用的子系统已经启用，因为只有启用的子系统才可以登录。此外，进行业务记录要用到很多基础信息，如收款要涉及客户，报销要涉及部门和人员，录入凭证要用到凭证类型和会计科目，等等。因此，企业必须事先将这些公共的基础信息建立到企业账套中，才能开始日常业务处理。

3.2.2 在哪里进行基础设置

用友 U8 中有一个企业应用平台。顾名思义，企业应用平台就是用友 U8 的集成应用平台，是用户、合作伙伴访问用友 U8 的唯一入口。

按照不同的用途，企业应用平台划分了 3 个功能组，即系统服务、基础设置和业务工作。这 3 个功能组中的主要功能，如图 3-1 所示。

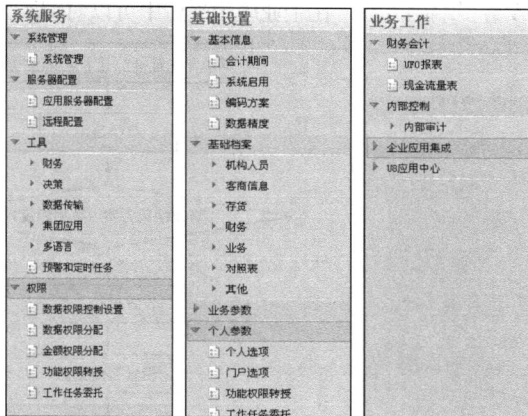

1. 系统服务

系统服务主要是为系统安全正常运行而设，主要包括系统管理、服务器配置、工具和权限。

用友 U8 提供了 3 种不同性质的权限管理，即功能权限、数据权限和金额权限。功能权限在系统管理中进行设置，主要规定了每个操作员对各模块及细分功能的操作权限。数据权限是针对业务对象进行的控制，可以选择对特定业务对象的某些项目和某些记录进行查询和录入的权限控

图 3-1 企业应用平台 3 个功能组

制。金额权限的主要作用体现在两个方面：一是设置用户在填制凭证时对特定科目允许输入的金额范围；二是设置在填制采购订单时允许输入的采购金额范围。

2. 基础设置

基础设置主要是设置用友 U8 各模块公用的基本信息、基础档案等。

（1）基本信息。在基本信息中可以对企业建账过程中设定的会计期间、编码方案和数据精度进行修改，还可以进行用友 U8 子系统启用设置。

系统启用是指设定在用友 U8 中各个子系统开始使用的日期。只有已经启用的子系统才可以登录。

（2）基础档案。每个企业选购的是用友 U8 中不同的子系统，这些子系统共享基础档案信息，基础档案是用友 U8 运行的基石。企业在启用新账套之始，应根据本单位的实际情况及业务需求，进行基础档案的整理工作，并将其正确地录入系统。

设置基础档案的前提是确定基础档案的分类编码方案。基础档案的设置必须要遵循分类编码方案中所设置的级次及各级编码长度的规定。按照基础档案的用途不同，系统将基础档案划分为机构人员、客商信息、存货、财务、收付结算信息等类。

由于企业基础数据之间存在前后承接关系（如必须在设置客户分类的基础上再设置客户档案），因此，基础档案的设置应遵从一定的顺序。

（3）单据设置。单据是企业经济业务发生的证明，如代表货物发出的销售发货单、代表材料入库的采购入库单、还有购销业务中的专用发票等。单据设置包括单据格式设置、单据编号设置和单据打印控制。

不同企业在各项业务处理过程中使用的单据可能存在细微的差别，用友 U8 中预置了常用单据模板，允许用户对各单据类型的多个显示模板和多个打印模板进行设置，以满足企业个性化的单据格式需求。单据编号是单据的标识，用友 U8 默认单据采取流水编号。如果企业根据业务需要有特定的编号规则，可以设置为手工编号方式。

3. 业务工作

业务工作中集成了登录用户拥有操作权限的所有功能模块，它们分类归属于各功能组。企业业务工作功能组为企业用户提供了进入用友 U8 各子系统的唯一入口。

> **提示** 业务工作下的财务会计中目前没有显示总账、固定资产管理、应收款管理、应付款管理等，是因为这些模块目前还没有启用，因此也就不提供登录入口。UFO 报表是不需要启用的。

3.2.3 如何进行基础设置

在用友 U8 中，每一项基础档案都要进行编码，编码要符合编码方案的规定。企业在建账环节已经设置了编码方案，在企业应用平台中可以对编码方案进行修改。基础设置的工作流程如图 3-2 所示。

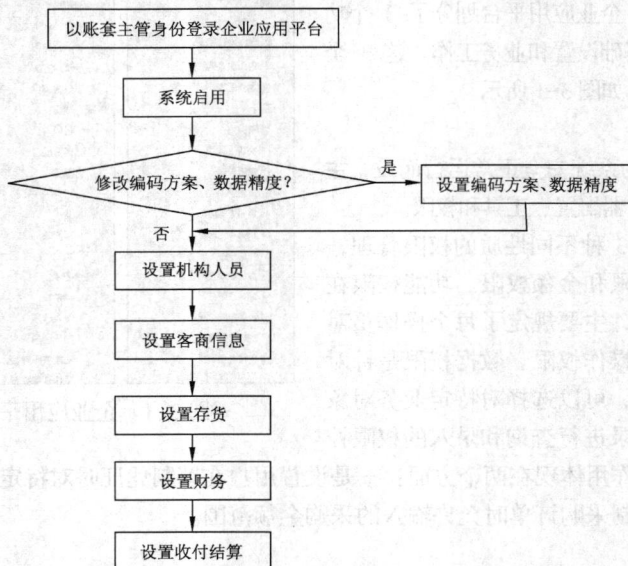

```
          ┌─────────────────────────┐
          │ 以账套主管身份登录企业应用平台 │
          └─────────────────────────┘
                       │
              ┌──────────────┐
              │   系统启用    │
              └──────────────┘
                       │
                       ▼                        是
      ◇ 修改编码方案、数据精度？ ◇ ──────────→ ┌──────────────────────┐
                       │                         │ 设置编码方案、数据精度 │
                     否│                         └──────────────────────┘
              ┌──────────────┐
              │  设置机构人员  │
              └──────────────┘
                       │
              ┌──────────────┐
              │  设置客商信息  │
              └──────────────┘
                       │
              ┌──────────────┐
              │   设置存货    │
              └──────────────┘
                       │
              ┌──────────────┐
              │   设置财务    │
              └──────────────┘
                       │
              ┌──────────────┐
              │  设置收付结算  │
              └──────────────┘
```

图 3-2　基础设置的工作流程示意图

3.3　基础设置实务

3.3.1　基本任务

本章的基本任务是掌握基础设置的主要工作内容。

基础资料设置

1. 启用总账子系统
由账套主管启用总账子系统，启用日期为 2022 年 1 月 1 日。

2. 机构人员
（1）部门档案如表 3-1 所示。

表 3-1　部门档案表

部门编码	部门名称
1	总经办
2	财务部
3	采购部
4	销售部
401	销售一部
402	销售二部
5	生产部

（2）人员类别。

对企业在职人员进行细分类，如表 3-2 所示。

表 3-2 人员类别表

人员类别编码	人员类别名称
1011	企业管理人员
1012	销售人员
1013	车间管理人员
1014	生产工人

（3）人员档案。

企业在职人员档案如表 3-3 所示。

表 3-3 人员档案表

人员编码	人员姓名	性别	人员类别	行政部门	是否业务员	是否操作员
001	马国华	男	企业管理人员	总经办	是	是
002	王莉	女	企业管理人员	财务部	是	否
003	方萌	女	企业管理人员	财务部	是	否
004	白亚楠	女	企业管理人员	财务部	是	否
005	范文芳	女	企业管理人员	采购部	是	否
006	高文庆	男	销售人员	销售一部	是	否
007	沈宝平	男	销售人员	销售二部	是	否
008	杜海涛	男	车间管理人员	生产部	是	否
009	段博	男	生产工人	生产部	否	否

注：以上人员雇佣状态均为"在职"。

3．客商信息

（1）客户分类信息如表 3-4 所示。

表 3-4 客户分类表

客户分类编码	客户分类名称
1	批发商
2	零散客户

（2）客户档案如表 3-5 所示。

表 3-5 客户档案表

客户编码	客户名称	客户简称	所属分类码	税号	开户银行	账号	分管部门	专管业务员
001	慧童养老院	慧童	2		工行北京分行	11011112222	销售一部	高文庆
002	苏华电商股份有限公司	苏华	1	598732010101890911	工行湖南分行	22100003333	销售二部	沈宝平
003	蓝享科技有限责任公司	蓝享	1	120324324234220322	工行北京分行	11010498888	销售一部	高文庆

（3）供应商档案如表 3-6 所示。

表 3-6 供应商档案表

供应商编号	供应商名称	供应商简称	所属分类码	税号	开户银行	银行账号	税率	分管部门	专管业务员
001	北京新锐科技有限公司	新锐	00	11010853487837432A	工行北京分行	10543982039	13%	采购部	范文芳
002	深圳美安电子有限公司	美安	00	075543543723435789	工行深圳分行	43828942454	13%	采购部	范文芳

4．财务

（1）外币设置。本企业采用固定汇率核算外币，外币只涉及美元一种，美元币符假定为$，假定 2022 年 1 月月初美元兑人民币汇率为 6.2。

（2）会计科目。本企业常用会计科目如表 3-7 所示。

表 3-7　常用会计科目表

科目编号及名称	币别/计量	账页格式	辅助核算	方向	备注
库存现金（1001）			日记账	借	修改
银行存款（1002）			日记账、银行账	借	修改
工行存款（100201）			日记账、银行账	借	新增
人民币户（10020101）			日记账、银行账	借	新增
美元户（10020102）	美元	外币金额式	日记账、银行账	借	新增
应收票据（1121）			客户往来	借	修改
应收账款（1122）			客户往来	借	修改
预付账款（1123）			供应商往来	借	修改
其他应收款（1221）			个人往来	借	修改
原材料（1403）				借	
高清摄像头（140301）	个		数量核算	借	新增
普通摄像头（140302）	个		数量核算	借	新增
主板（140303）	个		数量核算	借	新增
机壳（140304）	个		数量核算	借	新增
库存商品（1405）			项目核算	借	修改
应付票据（2201）			供应商往来	贷	修改
应付账款（2202）				贷	
一般应付款（220201）			供应商往来	贷	新增
暂估应付款（220202）				贷	新增
预收账款（2203）			客户往来	贷	修改
应付职工薪酬（2211）				贷	
应付工资（221101）				贷	新增
应付福利费（221102）				贷	新增
工会经费（221103）				贷	新增
职工教育经费（221104）				贷	新增
应交税费（2221）				贷	
应交增值税（222101）				贷	新增
进项税额（22210101）				贷	新增
销项税额（22210105）				贷	新增
利润分配（4104）				贷	
未分配利润（410415）				贷	新增
生产成本（5001）				借	
直接材料（500101）			项目核算	借	新增
直接人工（500102）				借	新增
制造费用（500103）				借	新增
其他（500104）				借	新增
制造费用（5101）				借	
工资（510101）				借	新增
折旧费（510102）				借	新增
其他（510103）				借	新增
主营业务收入（6001）			项目核算	贷	修改
主营业务成本（6401）			项目核算	借	修改

科目编号及名称	币别/计量	账页格式	辅助核算	方向	备注
销售费用（6601）				借	
薪资（660101）				借	复制
福利费（660102）				借	复制
办公费（660103）				借	复制
差旅费（660104）				借	复制
招待费（660105）				借	复制
折旧费（660106）				借	复制
管理费用（6602）				借	
薪资（660201）			部门核算	借	新增
福利费（660202）			部门核算	借	新增
办公费（660203）			部门核算	借	新增
差旅费（660204）			部门核算	借	新增
招待费（660205）			部门核算	借	新增
折旧费（660206）			部门核算	借	新增
财务费用（6603）				借	
利息（660301）				借	新增
手续费（660302）				借	新增

利用增加、修改、成批复制等功能完成对会计科目的编辑，最后指定现金科目、银行科目。

（3）凭证类别如表 3-8 所示。

表 3-8　凭证类别表

凭证分类	限制类型	限制科目
收款凭证	借方必有	1001，1002
付款凭证	贷方必有	1001，1002
转账凭证	凭证必无	1001，1002

（4）项目目录。

项目大类：产品

项目分类：1-手机；2-对讲机

项目目录如表 3-9 所示。

表 3-9　项目目录表

项目编号	项目名称	所属分类码
01	云米手机	1
02	云易手机	1
03	乐士对讲机	2

按产品大类核算的会计科目有 1405 库存商品、500101 生成成本 1 直接材料、6001 主营业务收入、6401 主营业务成本。

5．收付结算

结算方式如表 3-10 所示。

表 3-10　结算方式表

结算方式编码	结算方式名称	票据管理
1	现金结算	否
2	支票结算	否

结算方式编码	结算方式名称	票据管理
201	现金支票	是
202	转账支票	是
3	电汇	否
4	商业汇票	否
401	商业承兑汇票	否
402	银行承兑汇票	否

基础设置指导

由系统管理员在系统管理中引入"企业建账"账套作为基础数据。

1．启用总账子系统

系统启用方法有两种。一是由系统管理员在系统管理中创建企业账套完成时进行系统启用设置；二是如果在建立账套时未设置系统启用，则由账套主管在企业应用平台中进行系统启用的设置。

我们在第 2 章中建立企业账套"[123]中诚通讯"时没有启用任何子系统，因此需要由账套主管在企业应用平台中进行系统启用。操作指导如下。

① 执行"开始"|"所有程序"|"用友 U8 V10.1"|"企业应用平台"命令，打开"登录"对话框。输入操作员"401"或"王莉"；密码为空；在"账套"下拉列表框中选择"[123]中诚通讯"；更改"操作日期"为"2022-01-01"；如图 3-3 所示，单击【登录】按钮，进入"UFIDAU8"窗口。

引入账套

启用总账系统

难点 用户身份认证

与手工方式下通过签字盖章等明确责任人的方式不同，用友 U8 是通过登录系统时的"操作员+密码"来认定用户身份的。因此，在登录界面中的"操作员"后的文本框中需要输入在系统中已经预先建立的操作员编号或操作员姓名和对应密码。当该操作员在用友 U8 中进行业务处理时，系统会自动在业务凭据上记录其姓名，以此明确经济责任。可以说，操作员的口令是系统识别用户的关键。

通过前面的学习，大家已经了解到，只有系统管理员可以建立用户，并在建立用户时为用户设置口令。那么，此时设置的用户口令除了用户本人，还有系统管理员知晓。因此，作为用户，第一次登录用友 U8 时，就要及时修改口令，以避免他人盗用自己的身份操作系统。不仅如此，用户还应定期更改口令，加强个人身份的安全防范意识。

② 在企业应用平台"基础设置"选项卡中，执行"基本信息"|"系统启用"命令，打开"系统启用"对话框。

③ 单击"GL 总账"前的复选框，弹出"日历"对话框，选择"2022-01-01"，如图 3-4 所示。

图 3-3 以账套主管身份登录企业应用平台 图 3-4 以账套主管身份进行系统启用设置

④ 单击【确定】按钮，系统弹出"确实要启用当前系统吗"信息提示框，单击【是】按钮返回。

> **提示**
>
> 只有账套主管才有权在企业应用平台中进行系统启用。
>
> 各子系统的启用日期必须大于等于账套的启用日期。账套启用日期在"系统启用"界面的右上角显示。

2．设置机构人员

（1）设置部门档案。操作指导如下。

① 在企业应用平台"基础设置"选项卡中，执行"基础档案"|"机构人员"|"部门档案"命令，进入"部门档案"窗口，如图 3-5 所示。

② 单击【增加】按钮，输入部门编码、部门名称信息，单击【保存】按钮完成设置。

[二维码] 设置部门档案

> **提示**
>
> 部门档案窗口下方显示"* **"，表示在编码方案中设定部门编码为 2 级，第 1 级 1 位，第 2 级 2 位。输入部门编码时需要遵守该规定。
>
> 在未建立人员档案前，不能选择输入负责人信息。待人员档案建立完成后，再返回部门档案界面通过"修改"功能补充输入负责人信息。

（2）设置人员类别。操作指导如下。

① 在企业应用平台"基础设置"选项卡中，执行"基础档案"|"机构人员"|"人员类别"命令，进入"人员类别"窗口。

② 在左边窗口中选择"正式工"人员类别，单击【增加】按钮，按资料在正式工下增加人员类别，如图 3-6 所示。

[二维码] 设置人员类别

> **提示**
>
> 人员类别与工资费用的分配、分摊有关，工资费用的分配及分摊是薪资管理系统的一项重要功能。人员类别设置的目的是为工资分摊生成凭证设置相应的入账科目做准备，可以按不同的入账科目需要设置不同的人员类别。
>
> 人员类别是人员档案中的必选项目，需要在人员档案建立之前设置。
>
> 人员类别名称可以修改，但已使用的人员类别名称不能删除。

图 3-5 增加部门档案

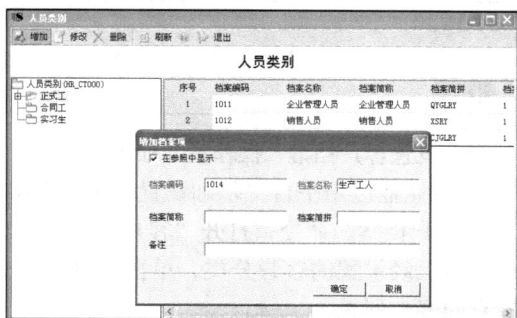

图 3-6 增加人员类别

（3）设置人员档案。企业所有的员工都需要在这里进行建档。操作指导如下。

① 在企业应用平台"基础设置"选项卡中，执行"基础档案"|"机构人员"|"人员档案"命令，进入"人员列表"窗口。

② 单击左窗口中"部门分类"下的"总经办"。

③ 单击【增加】按钮，按实验资料输入人员信息，如图 3-7 所示。
主要栏目说明如下。

[二维码] 设置人员档案

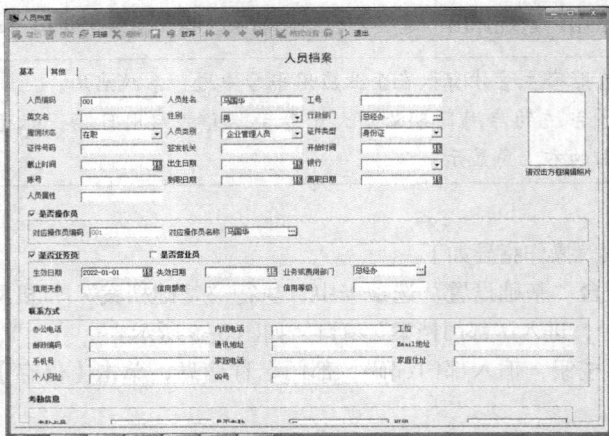

图 3-7 增加人员档案

人员编码：必须录入且必须唯一。一旦保存，不能修改。

人员姓名：必须录入，可以接受两个职工姓名相同的情况，可以随时修改。

行政部门：参照部门档案选择末级部门。

是否业务员：如果该员工需要在其他档案或业务单据中的"业务员"项目中被参照，需要选中"是否业务员"选项。

是否操作员：该人员是否可操作用友 U8，有两种可能：一种是在系统管理中已经将该人员设置为用户，此处无须再选中该选项；另一种是没有在系统管理中将该人员设置为用户，那么此处可以选中"是否操作员"复选框，之后系统会将该人员追加在用户列表中，人员编码自动作为用户编码和用户密码，所属角色为普通员工。

> **提示** 选中马国华人员档案中的"是否操作员"复选框，保存后在系统管理中查看其是否出现在用户列表中。

3．设置客商信息

（1）设置客户分类。操作指导略。

> **提示** 客户是否需要分类在建立账套时设定。

（2）设置客户档案。操作指导如下。

① 在企业应用平台"基础设置"选项卡中，执行"基础档案"｜"客商信息"｜"客户档案"命令，打开"客户档案"窗口。窗口分为左右两部分，左窗口中显示已经设置的客户分类，单击选中某一客户分类，右窗口中显示该分类下所有的客户列表。

② 单击【增加】按钮，打开"增加客户档案"对话框。对话框中共包括 4 个选项卡，即"基本""联系""信用"及"其他"，用于对客户不同的属性分别归类记录。

③ 在"基本"选项卡中，按实验资料输入"客户编码""客户名称""客户简称""所属分类""税号"等信息，如图 3-8 所示。

> **提示** 如果在此处不输入税号，之后无法向该客户开具增值税专用发票。

④ 在"联系"选项卡中，输入"分管部门"和"专管业务员"信息。

提示 之所以设置"分管部门""专管业务员"，是为了在应收款管理系统、应付款管理系统中填制发票等原始单据时能自动根据客户显示部门及业务员的信息，以便按业务员进行业绩统计与考核。

⑤ 单击【银行】按钮，打开"客户银行档案"对话框，录入相关信息，如图 3-9 所示。

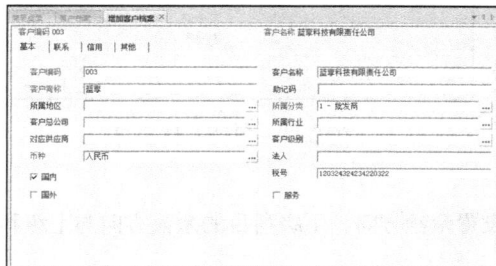

图 3-8　增加客户档案——基本　　　　图 3-9　增加客户档案——开户银行

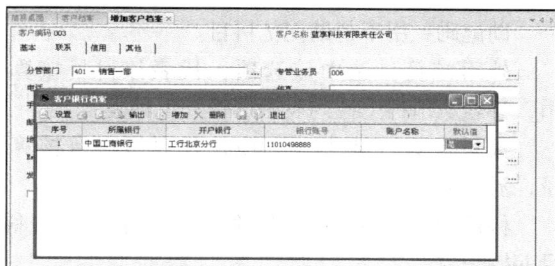

（3）设置供应商档案。操作指导略。

提示 由于该账套中并未对供应商进行分类，因此供应商所属分类为无分类。

供应商是否分类在建立账套时确定的，在此处不能修改。如果要修改，只能在未建立供应商档案的情况下，以账套主管身份登录系统管理以修改账套的方式修改。

设置供应商档案

外币设置

4. 设置财务

（1）外币设置。操作指导如下。

① 在企业应用平台"基础设置"选项卡中，执行"基础档案"|"财务"|"外币设置"命令，进入"外币设置"对话框。

② 输入币符"$"，币名"美元"，其他项目采用默认值，单击【确认】按钮。

③ 输入 2022.01 的记账汇率 6.2，如图 3-10 所示，按回车键确认。

④ 单击【退出】按钮，完成外币设置。

提示 使用固定汇率的用户，在填制每月的凭证前应预先在此录入本月的记账汇率；使用浮动汇率的用户，在填制当天的凭证前，应预先在此录入当天的记账汇率。

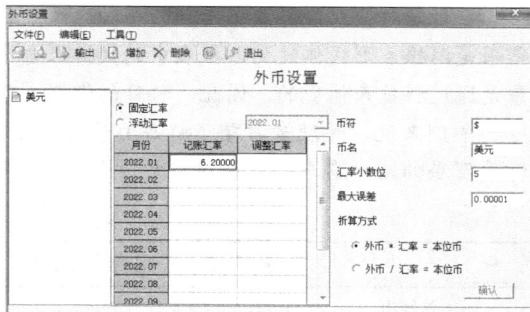

图 3-10　外币设置

（2）增加会计科目。操作指导如下。

① 在企业应用平台"基础设置"选项卡中，执行"基础档案"|"财务"|"会计科目"命令，进入"会计科目"窗口。

② 单击【增加】按钮，打开"新增会计科目"对话框，如图 3-11 所示。主要栏目说明如下。

科目编码：要符合编码方案中关于会计科目编码的设定。各级科目编码必须唯一。

增加会计科目

科目名称：科目中文名称必须录入。

科目类型：按照科目编码的第 1 位数字系统自动判断，1——资产，2——负债，3——共同，4——权益，5——成本，6——损益。

账页格式：定义科目在查询及打印时的格式。系统提供金额式、外币金额式、数量金额式、外币数量式供选择。

助记码：用于帮助记忆科目。

外币核算：选中该选项，代表该科目核算外币，必须从币种下拉列表中选择外币种类。

数量核算：选中该选项，代表该科目核算数量，需要人工输入数量计量单位。

科目性质：指科目的余额方向。只能为一级科目设置余额方向，下级科目的余额方向与上级科目保持一致。

辅助核算：是否对该科目设置部门核算、客户往来、供应商往来、个人核算和项目核算。

日记账：是否需要对该科目记日记账。对于库存现金科目，需要选中该项。其他科目若有必要，也可以设置序时登记。

银行账：是否需要对该科目进行对账管理。对于银行存款科目，需要选中日记账和银行账。

汇总打印和封存为灰色，在修改科目状态时可选。

③ 按实验资料会计科目表输入备注栏标注为"新增"的会计科目，单击【确定】按钮保存。

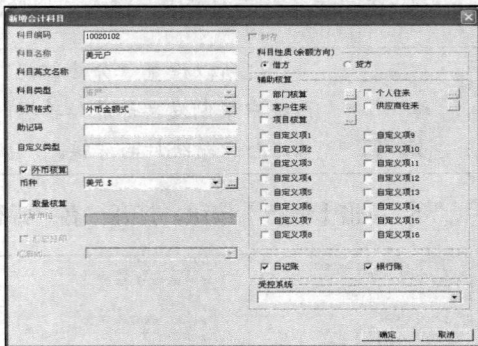

图 3-11　增加会计科目

提示

如果企业建账时选中了"按行业性质预置科目"，那么一级科目已经根据企业建账时选择的行业性质自动装入。

增加科目时，需要先增加上级科目，再增加下级科目。

难点　　　　辅助核算

会计是对企业经济业务活动的一种记录，目的是为企业管理人员提供决策信息。企业各级管理需求是以报表形式体现的，报表中的数据来自账簿，账簿中的数据来自凭证，凭证中各种事项的记录是通过科目来体现的，因此，科目的设置合理与否直接关系到能否为管理者提供有用的信息。

举例来说，管理者希望了解每月管理费用为何居高不下，是哪个部门、哪项费用引起的。针对管理层的这一需求可以通过设计"管理费用明细表"来解答，如表 3-11 所示。

表 3-11　管理费用明细表

	招待费	差旅费	办公费	通信费	报刊费	福利费	……（共20项）	合计
总经办								
财务部								
采购部								
人事部								
……（共10个部门）								
合计								

手工状态下，为了提供这张报表，管理费用下需要设置 200 个明细科目，其中费用明细科目20 个，在每个费用明细科目下再按照部门设置三级明细科目 10 个，如下：

6602 管理费用

　　660201 招待费

　　　66020101 总经办

　　　66020102 财务部

　　　66010103 采购部

　　　……

月末编制管理费用明细表时，需要查询 200 个明细账。因此，手工状态下管理成本是极高的。

使用用友 U8 后，这一问题可以利用辅助核算轻松解决。即企业操作员只需要在管理费用下按照费用明细设置 20 个明细科目，并且将这 20 个明细科目设置为部门辅助核算。经济业务发生时，凭证中只要用到"管理费用/招待费"科目，系统就能识别费用必须明确到部门，因此，必须录入哪个部门发生了办公费，如图 3-12 所示。

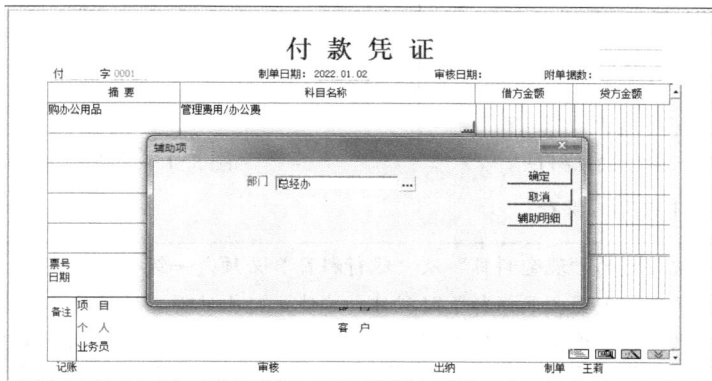

图 3-12　辅助核算说明

月末编报就更容易了，直接查询辅助账中的部门收支分析就可以。

由上例可见，从手工过渡到信息化管理需要充分利用信息系统的优势，绝对不是照搬照抄。

（3）利用"成批复制"功能增加会计科目。当完成管理费用下明细科目的增加后，可以利用成批复制功能增加销售费用下的明细科目。操作指导如下。

① 在会计科目窗口中，执行"编辑"|"成批复制"命令，打开"成批复制"对话框。

② 输入复制源科目编码"6602"和目标科目编码"6601"，不选"辅助核算"选项，如图 3-13 所示。

③ 单击【确认】按钮，保存。查看 6601 销售费用下已经通过科目复制的方法增加了的明细科目。

（4）修改会计科目。系统预置的科目中没有指定科目的辅助核算内容，如现金科目下未设置日记账核算、应收账款下未指定客户往来核算，因此需要对实验资料中标注了辅助核算的科目进行修改，以补充指定科目的辅助核算内容。操作指导如下。

图 3-13　成批复制会计科目

① 在会计科目窗口中，将光标定位在"库存现金"科目，单击【修改】按钮，打开"会计科目_修改"对话框。

② 单击【修改】按钮，选中"日记账"复选框，如图 3-14 所示。单击【确定】按钮。

③ 对会计科目表备注栏中所有标注为"修改"的科目进行修改。

（5）指定会计科目。操作指导如下。

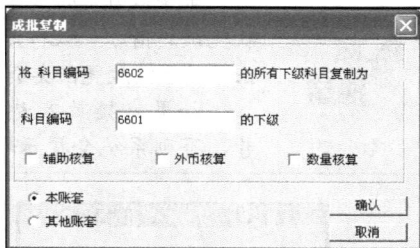

① 在会计科目窗口中，执行"编辑"|"指定科目"命令，打开"指定科目"对话框。

② 单击"现金科目"按钮，从待选科目列表框中选择"1001 库存现金"科目，单击">"按钮，将库存现金科目添加到已选科目列表中。

③ 同理，将银行存款科目设置为银行总账科目，如图 3-15 所示。

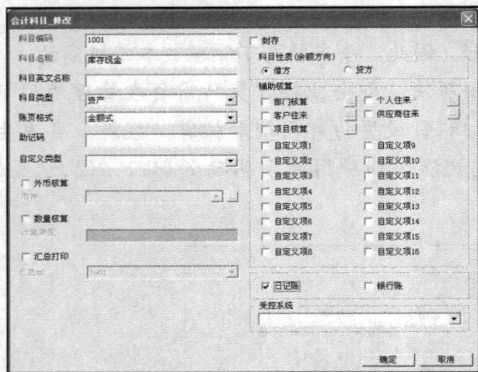

图 3-14　修改会计科目

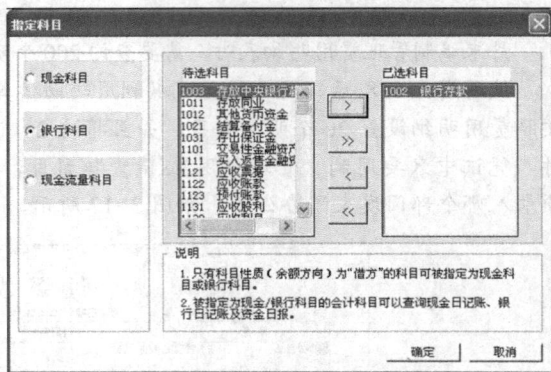

图 3-15　指定会计科目

④ 单击【确定】按钮，保存。

> 提示
>
> 被指定的"现金科目"及"银行科目"必须是一级会计科目。
>
> 只有指定现金及银行总账科目，才能进行出纳签字的操作。
>
> 只有指定现金及银行总账科目，才能查询现金日记账和银行存款日记账。

（6）设置凭证类别。操作指导如下。

① 在企业应用平台"基础设置"选项卡中，执行"基础档案"|"财务"|"凭证类别"命令，打开"凭证类别预置"对话框。

② 单击"收款凭证 付款凭证 转账凭证"按钮，如图 3-16 所示。

③ 单击【确定】按钮，进入"凭证类别"窗口。

④ 单击【修改】按钮，双击限制类型，出现下拉箭头，选择"借方必有"，选择或输入限制科目"1001,1002"，如图 3-17 所示。

> 提示
>
> 已使用的凭证类别不能删除，也不能修改类别。
>
> 如果收款凭证的限制类型为借方必有"1001,1002"，则在填制凭证时系统要求收款凭证的借方一级科目至少有一个是"1001"或"1002"，否则，系统会判断该张凭证不属于收款凭证类别，不允许保存。付款凭证及转账凭证也应满足相应的要求。
>
> 如果直接录入科目编码，则编码间的标点符号应为英文状态下的标点符号，否则系统会提示科目编码有误。

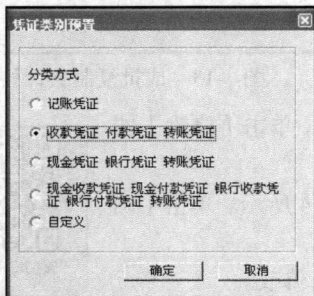

图 3-16　凭证类别预置

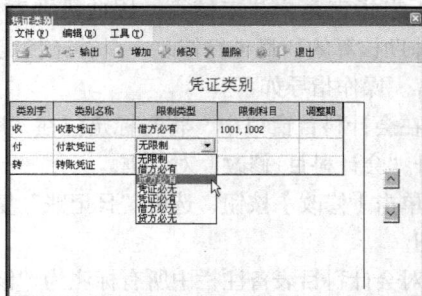

图 3-17　设置凭证类别

⑤ 同样，设置其他限制类型和限制科目。

（7）设置项目目录。操作指导如下。

① 在企业应用平台"基础设置"选项卡中，执行"基础档案"|"财务"|"项目目录"命令，打开"项目档案"对话框。

② 单击【增加】按钮，打开"项目大类定义_增加"对话框。

③ 输入新项目大类名称"产品"，选择新增项目大类的属性"普通项目"，如图 3-18 所示。

④ 单击【下一步】按钮，进入"定义项目级次"界面，设定项目级次，一级为 1 位，如图 3-19 所示。

图 3-18　新增项目大类

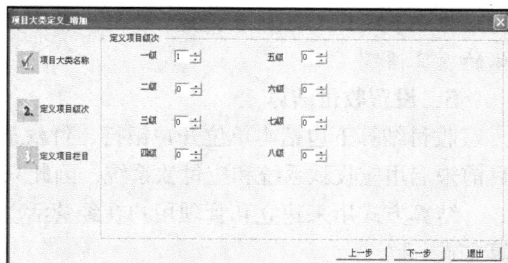

图 3-19　定义项目级次

⑤ 单击【下一步】按钮，进入"定义项目栏目"界面，取系统默认值，不做修改。

⑥ 单击【完成】按钮，返回"项目档案"界面。

⑦ 从项目大类下拉列表中选择"产品"，单击"核算科目"选项卡，单击"≫"按钮将全部待选科目选择为按产品项目大类核算的科目，单击【确定】按钮保存，如图 3-20 所示。

⑧ 单击"项目分类定义"，输入分类编码"1"，分类名称"手机"，单击【确定】按钮。同理，输入其他项目，如图 3-21 所示。

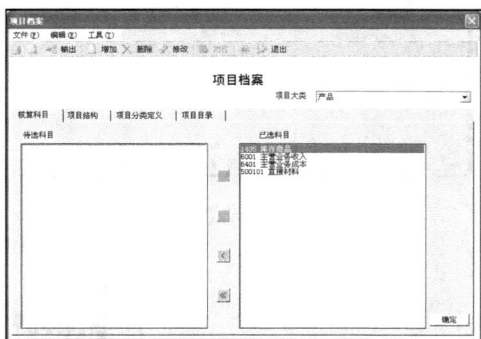

图 3-20　选择项目核算科目

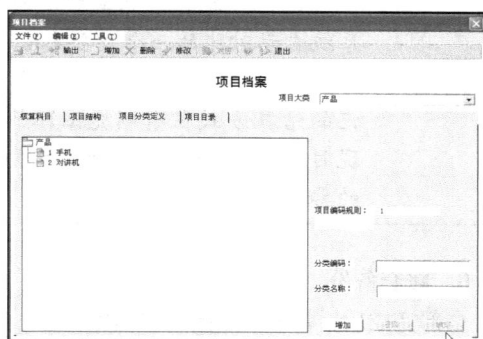

图 3-21　项目分类定义

⑨ 单击"项目目录"，单击【维护】按钮，进入"项目目录维护"对话框。

⑩ 单击【增加】按钮，输入"01 云米手机"等项目，如图 3-22 所示。

> **提示**
> 一个项目大类可以指定多个科目，一个科目只能属于一个项目大类。
> 在每年年初应将已结算或不用的项目删除。结算后的项目将不能再使用。

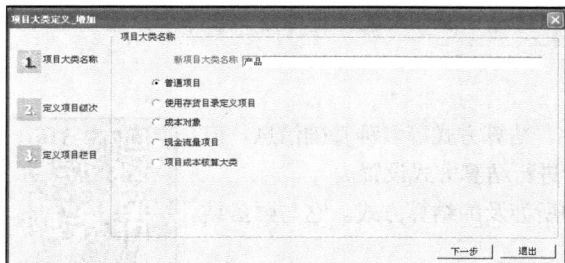

图 3-22　项目目录维护

![图标] **难点** 　　　　　　　　项目辅助核算

随着企业管理活动的不断细化，通常需要对某种对象进行收入和成本的核算，这种对象可以是工程，也可以是某个订单或某种产品，在用友 U8 中，我们称之为项目。例如，对于我们熟悉的学校来说，教师的科研课题就是一个项目，科研经费可以视为项目经费，科研会发生调研、咨询、差旅、出版等各种各样的费用，最终学校可以针对该项目核算项目收支情况。除此以外，学校还会存在如整修校园、修建学生活动中心等工程性质的项目。

企业中通常存在多种不同性质的项目，对应地，在用友 U8 中可以将具有相同特性的一类项目定义为一个项目大类。为了便于管理，操作员可以对每个项目大类进行细分，在每个分类下定义具体的项目档案。

5．设置收付结算

收付结算下包括本单位开户银行、付款条件、结算方式等多种基础信息。但目前未启用应收款系统和应付款系统，因此只能进行结算方式设置。

结算方式用来建立和管理用户在经营活动中所涉及的结算方式。它与财务结算方式一致。

操作指导如下。

① 在企业应用平台"基础设置"选项卡中，执行"基础档案"|"收付结算"|"结算方式"命令，进入"结算方式"界面。

② 按要求输入企业常用结算方式，如图 3-23 所示。

![图标] **提示**

企业对外进行收付结算时，需要指定结算方式。

银企对账时，结算方式也是系统自动对账的一个重要参数。

设置了"是否票据管理"标记的结算方式在填制凭证环节出现时，系统会对未进行支票登记的票据提示进行登记。

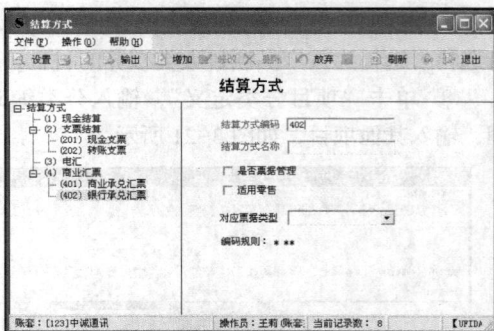

图 3-23　设置结算方式

6．账套备份

全部完成后，将账套输出至"基础设置"文件夹中。

3.3.2　拓展任务

1．设置常用摘要

企业在处理日常业务数据时，在输入单据或凭证的过程中，因为业务发生的重复性，经常会有许多摘要完全相同或大部分相同，如果将这些常用摘要存储起来，在输入单据或凭证时随时调用，必将大大提高业务处理效率。

【拓展 1】设置常用摘要"01 从工行提现金"。操作指导如下。

① 在企业应用平台"基础设置"选项卡中，执行"基础档案"|"其他"|"常用摘要"命令，进入"常用摘要"窗口。

② 单击【增加】按钮，输入常用摘要，如图 3-24 所示。

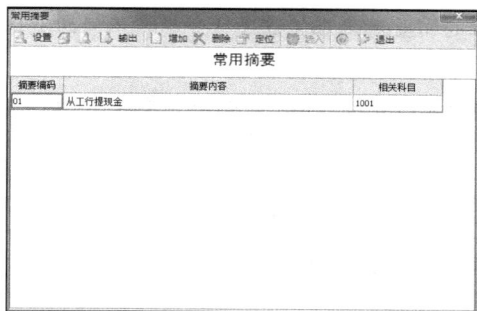

图 3-24　设置常用摘要

提示　如果某常用摘要对应某科目，操作员可以将其输入相关科目中，此后在调用常用摘要的同时，相关科目也将被一同调入，以提高录入速度。

2．金额权限设置

金额权限设置有两个业务对象，即采购订单的金额审核额度和科目的制单金额额度。在设置这两个金额权限之前，操作员必须先设定对应的金额级别。

【拓展 2】设置白亚楠只能填制管理费用科目金额在 1 万元以下的凭证。

操作指导如下。

① 在企业应用平台"系统服务选项卡"中，执行"权限"|"金额权限分配"命令，打开"金额权限设置"对话框。

② 单击【级别】按钮，打开"金额级别设置"对话框。设置管理费用科目金额级别，如图 3-25 所示。单击【保存】按钮并退出。

③ 在金额权限设置界面，单击【增加】按钮，设置用户白亚楠对应的金额级别为"级别二"，如图 3-26 所示，单击【保存】按钮。

图 3-25　金额级别设置

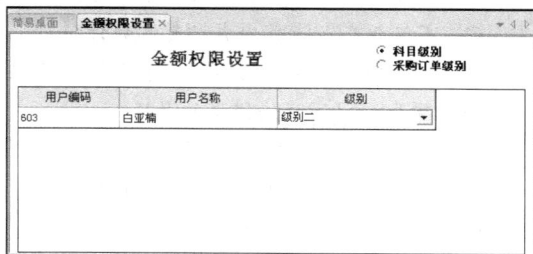

图 3-26　金额权限设置

3.4　单元测试

判断题

1．只能由系统管理员在建立账套时启用总账子系统。（　　）

2．从系统安全考虑，操作员应定期更改自己的密码。（　　）

3．部门档案中的负责人信息只能从已经建立的人员档案中进行选择。（　　）

4．建立人员档案时，人员编码必须唯一，人员姓名不可重复。（　　）

5．不设置客户的税号，则不能给该客户开具销售专用发票。（　　）

6. 用户可以按照本单位的需要对记账凭证进行分类，不同的凭证分类方式将产生不同的记账结果。（   ）

7. 指定现金、银行总账科目的作用是指定出纳的专管科目。（   ）

8. 已经建立的结算方式一旦被引用，便不能进行修改或删除。（   ）

选择题

1. 必须先建立（   ），才能建立人员档案。
   A. 本单位信息档案　　　　　　　　　　B. 部门档案
   C. 职务档案　　　　　　　　　　　　　D. 岗位档案

2. 在企业应用平台中，可以进行修改的账套信息是（   ）。
   A. 会计期间　　　B. 编码方案　　　C. 账套主管　　　D. 数据精度

3. 关于总账的启用日期，正确的说法是（   ）。
   A. 总账启用会计期必须小于等于账套的启用日期
   B. 总账启用会计期必须小于等于系统日期
   C. 总账启用会计期必须大于等于账套的启用日期
   D. 总账启用会计期必须大于等于系统日期

4. 在用友 U8 系统管理中为用户设置的权限称为（   ）。
   A. 功能权限　　　B. 数据权限　　　C. 金额权限　　　D. 操作权限

5. 如果在人员档案中选择该员工是操作员，则该员工的（   ）信息被记录在用户列表中。
   A. 人员编码　　　B. 人员姓名　　　C. 性别　　　D. 行政部门

6. 本公司应收款项通过总账系统进行核算，则"应收账款"科目应选择（   ）辅助核算方式。
   A. 部门核算　　　B. 个人核算　　　C. 客户往来　　　D. 供应商往来

7. 关于增加会计科目，以下说法错误的是（   ）。
   A. 必须先建上级科目再建下级科目
   B. 会计科目编码的长度及每级位数必须符合会计科目编码规则的规定
   C. 不仅能在本账套内成批复制会计科目，还可以将会计科目复制到其他账套中
   D. 会计科目已经使用后则不能再增加下级科目

8. 关于项目，以下说法错误的是（   ）。
   A. 相同特性的一类项目可以定义为一个项目大类
   B. 一个项目大类可以核算多个科目
   C. 可以定义项目的具体栏目
   D. 一个科目也可以对应不同项目大类

问答题

1. 企业应用平台的作用是什么？
2. 用友 U8 子系统的启用方法有哪些？
3. 功能权限、数据权限和金额权限的区别是什么？
4. 客户档案中的客户全称和客户简称各用于哪种情况？
5. 企业中哪些科目适合设置为部门核算？
6. 在建立结算方式档案时，什么情况下需要选中"票据管理"复选框？

第 4 章 总账管理

4.1 工作情景

❓ 目前企业财务工作繁杂，财务人员少，工作强度大，经常加班加点，疏漏难以避免，企业能否通过财务信息化改善目前的情况？

用友 U8 财务管理最核心的一个子系统就是总账，对于以上所述问题，企业通过总账系统的应用即可轻松解决。

手工环境下，总账是指总分类账簿，是根据总分类科目开设账户，用来登记全部经济业务，进行总分类核算，提供总括核算资料的分类账簿。总分类账所提供的核算资料，是编制会计报表的主要依据，任何单位都必须设置总分类账。总分类账的登记依据和方法，主要取决于所采用的会计核算形式。它可以直接根据各种记账凭证逐笔登记，也可以先把记账凭证按照一定方式进行汇总，编制成科目汇总表或汇总记账凭证等，然后据以登记。

启用用友 U8 总账系统后，涉及企业资金变动的所有业务均需要在总账中进行处理，经济业务发生时，财务人员只需根据原始凭证在用友 U8 中填制记账凭证，再根据内部控制要求由他人对凭证进行审核，之后记账由系统自动完成。由于计算机系统运算速度快，数出一源，记账准确，它可以将财务人员从繁重的核算工作中解放出来，将精力更多地投入到财务管理工作中。

❓ 手工方式下，哪些会计资料需要转移到用友 U8 系统中？

手工方式下，装订成册的凭证、各类账簿、报表，均需要作为会计档案进行保管。那么，在手工向信息化过渡的过程中，用友 U8 需要将哪些资料作为信息化业务处理的基础资料呢？

用友 U8 总账初始化的主要内容包括选项设置、基础档案设置和科目期初余额设置，以上 3 项正是本章要介绍的主要内容。

❓ 每月结账前有很多需要结转的业务，如结转本月完工产品成本、结转销售成本、结转期间损益等。手工结转涉及查账、计算、编制凭证等工作，烦琐易错，用友 U8 能否辅助财务人员完成这项工作呢？

对于有规律可循的业务，如计提银行借款利息、按增值税的一定比例计算的各种税金、销售成本结转等，其共同特征是凭证类型固定、业务内容固定、凭证科目固定、金额来源及计算方法固定，在用友 U8 中可以事先定义自动凭证规则，届时由计算机自动生成凭证。

4.2 总账系统认知

4.2.1 总账系统基本功能

总账系统的基本功能就是利用建立的会计科目体系，输入和处理各种记账凭证，完成记账、结账以及对账的工作，输出各种总分类账、日记账、明细账和有关辅助账。

总账是用友 U8 财务会计最核心的一个子系统，是企业财务信息化的起点，也是编制对外财务报告的数据基础。总账内容比较多，下面将其拆分为总账系统初始化设置、总账系统日常业务处理和总账系统期末业务处理 3 个部分分别讲述。

4.2.2 总账系统初始化

用友 U8 是通用企业管理软件，而每个企业都有自身的行业特征和个性化管理需求。总账系统初始化设置是由企业根据自身的行业特性和管理需求，将通用的总账系统设置为适合企业自身特点的个性化系统的过程，通常也称为总账初始化。

总账系统初始化的工作流程如图 4-1 所示。

1．设置总账选项

为了最大范围地满足不同企业的信息化应用需求，总账作为通用商品化管理软件的核心

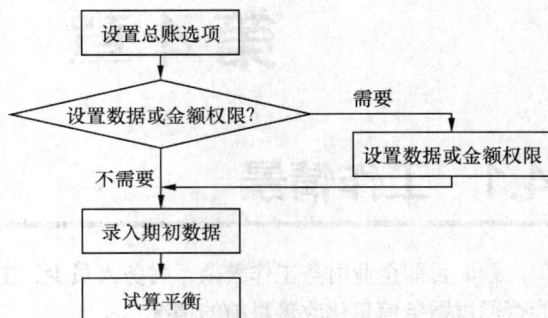

图 4-1　总账系统初始化的工作流程示意图

子系统，通过内置大量的选项（也称参数）提供面向不同企业的应用方案。企业可以根据自身的实际情况进行选择，以确定符合企业个性特点的应用模式。

软件越通用，意味着系统内置的参数越多，系统参数的设置决定了企业的应用模式和应用流程。为了明确各项参数的适用对象，软件一般将参数分门别类进行管理。

2．数据权限或金额权限设置

用友 U8 中包括功能权限、数据权限和金额权限。功能权限在第 2 章中已经介绍，金额权限在第 3 章中已经介绍，此处不赘述。如果企业业务量大，内部控制比较严格，则需要采用更精细的数据权限或金额权限控制，在开始总账日常业务处理之前，在总账初始设置中可以完成该项工作。

3．录入期初数据

企业账套建立之后，企业需要在系统中建立各账户的初始数据，才能接续手工业务处理进程。各账户余额数据的准备与总账启用的会计期间相关。

（1）准备期初数据。为了保持账簿资料的连续性，应该将原有系统下截至总账启用日的各账户年初余额、累计发生额和期末余额输入计算机系统。但因为它们之间存在这样的关系：如果某账户余额在借方，则年初余额+本年累计借方发生额-本年累计贷方发生额=期末余额；如果某账户余额在贷方，则年初余额+本年累计贷方发生额-本年累计借方发生额=期末余额。因此，一般只需要向计算机中输入其中 3 个数据，而另外一个数据则可以根据上述关系由计算机自动计算。

选择年初启用总账和选择年中启用总账需要准备的期初数据是不同的。如果选择年初建账，只需要准备各账户上年年末的余额作为新一年的期初余额，且年初余额和月初余额是相同的。如某企业选择 2022 年 1 月启用总账系统，则只需要整理该企业 2021 年 12 月月末各账户的期末余额作为 2022 年 1 月月初的期初余额，因为本年没有累计数据发生，因此月初余额同时也是 2022 年年初余额。如果选择年中建账，不仅要准备各账户启用会计期间上一期的期末余额作为启用期的期初余额，而且还要整理自本年度开始截至启用期的各账户累计发生数据。例如，某企业 2022 年 8 月开始启用总账系统，那么，应将该企业 2022 年 7 月末各科目的期末余额及 1～7 月的累计发生额整理出来，作为计算机系统的期初数据录入总账系统中，系统将自动计算年初余额。

如果科目设置了某种辅助核算，那么还需要准备辅助项目的期初余额。比如应收账款科目设置了客户往来辅助核算，除了要准备应收账款总账科目的期初数据外，还要详细记录这些应收账款是哪些客户的未付款，因此要按客户整理详细的应收余额数据。

（2）录入期初数据。期初余额录入时，根据科目性质不同，分为以下几种情况。

① 末级科目的余额可以直接输入。

② 非末级科目的余额数据由系统根据末级科目数据逐级向上汇总而得。

③ 科目设置数量外币核算时，在输入本位币金额后，还要在下面一行输入相应的数量和外币信息。

④ 科目有辅助核算时，不能直接输入该账户的期初余额，而是必须输入辅助账的期初余额。辅助账余额输入完毕后，自动带回总账。

4．试算平衡

期初数据输入完毕后应进行试算平衡。如果期初余额试算不平衡，可以填制、审核凭证，但不能进行记账处理。因为企业在进行财务管理信息化时，初始设置工作量大，占用时间比较长，为了不影响日常业务的正常进行，故允许在初始化工作未完成的情况下进行凭证的填制。

凭证一经记账，期初数据便不能再修改。

4.2.3　总账系统日常业务处理

1．总账系统日常业务处理的主要工作内容

总账系统日常业务处理的主要工作包括以下几项。

（1）凭证管理。凭证是记录企业各项经济业务发生的载体。凭证管理是总账系统的核心功能，主要包括填制凭证、出纳签字、审核凭证、记账、查询打印凭证等。凭证是总账系统数据的唯一来源，为严把数据源的正确性，总账系统设置了严密的制单控制以保证凭证填制的正确性。另外，总账系统还提供资金赤字控制、支票控制、预算控制、外币折算误差控制、凭证类型控制、制单金额控制等功能，以加强对业务的及时管理和控制。

（2）出纳管理。资金收付的核算与管理是企业的重要日常工作，也是出纳的一项重要工作内容。总账系统中的出纳管理为出纳人员提供了一个集成办公环境，可完成现金日记账、银行存款日记账的查询和打印，随时生成最新资金日报表，进行银行对账并生成银行存款余额调节表。

（3）账簿管理。总账系统提供了强大的账证查询功能，可以查询打印总账、明细账、日记账、发生额余额表、多栏账、序时账等。总账系统的账证查询功能，不仅可以查询到已记账凭证的数据，而且查询的账表中也可以包含未记账凭证的数据；可以轻松实现总账、明细账、日记账和凭证的联查。

总账中的辅助核算，不仅可以使业务得到全面、详细的记录，而且还提供各种维度的辅助信息查询功能，为管理人员提供多方位的管理信息。

2．总账系统日常业务处理的工作流程

总账系统日常业务处理的主要工作流程如图 4-2 所示。

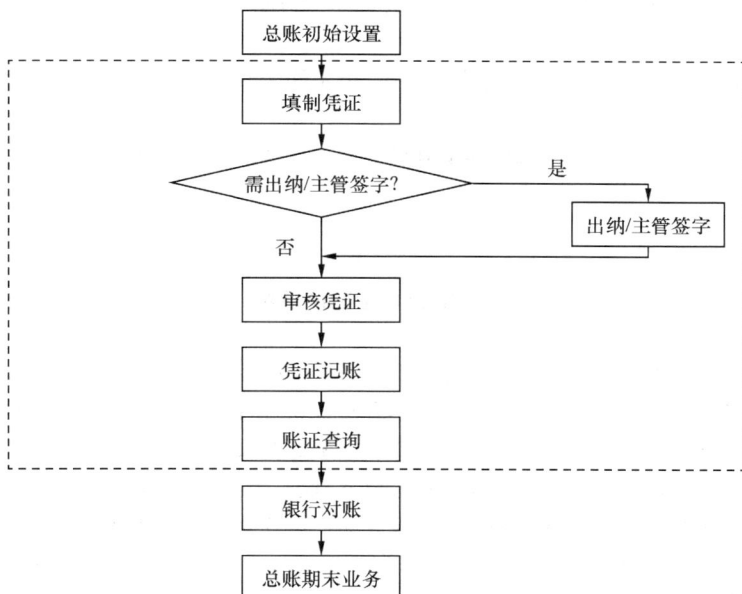

图 4-2　总账系统日常业务处理的工作流程示意图

（1）填制凭证。记账凭证按其编制来源可分为两大类，即手工填制凭证和机制凭证。机制凭证包括利用总账系统自动转账功能生成的凭证以及在其他子系统中生成传递到总账的凭证。本节主要介绍手工填制凭证。

手工填制凭证也分为两种方式：一种是根据审核无误的原始凭证直接在总账系统中填制记账凭证；另一种是先在手工方式下填制好记账凭证，而后将其集中输入总账系统。企业可以根据实际情况选择适合自己的方式。

填制凭证时，各项目应填制的内容及注意事项如下。

① 凭证类别。填制凭证时可以直接选择所需的凭证类别。如果在设置凭证类别时设置了凭证的限制类型，那么必须确保凭证类别符合限制类型的要求，否则系统会给出错误提示。例如，假定企业选择了"收、付、转" 3 类凭证，且设置了收款凭证的限制类型为"借方必有"科目"1001，1002"，如果企业发生了"销售产品，货款未收"的业务，应借记应收账款科目，贷记主营业务收入"销项税"科目；如果用户误选择了"收款凭证"类别，保存时系统会提示"不满足借方必有条件"。

② 凭证编号。如果选择"系统编号"方式，凭证按凭证类别和月自动顺序编号。如果选择"手工编号"方式，需要手工输入凭证号，但应注意凭证号的连续性、唯一性。

③ 凭证日期。填制凭证时，日期一般自动取登录系统时的业务日期。在选择"制单序时控制"的情况下，凭证日期应大于等于该类凭证最后一张凭证日期，但不能超过机内系统日期。

④ 附单据数。记账凭证打印出来后，应将相应的原始凭证粘附其后，这里的附单据数就是指将来该记账凭证所附的原始单据数。

⑤ 摘要。摘要是对经济业务的概括说明。因为计算机记账时以记录行为单位，所以每行记录都要有摘要，不同记录行的摘要可以相同也可以不同，每行摘要将随相应的会计科目在明细账、日记账中出现。摘要可以直接输入，如果定义了常用摘要，也可以调用常用摘要。

⑥ 会计科目。填制凭证时，要求会计科目必须是末级科目。可以输入科目编码、科目名称、科目助记码。

如果输入的是设置了银行账辅助核算的科目，一般系统会要求输入有关结算方式的信息，此时最好输入，以便日后银行对账；如果输入的是设置了外币辅助核算的科目，系统会自动带出在外币中已设置的相关汇率，如果不符还可以修改，输入外币金额后，系统会自动计算出本币金额；如果输入的是设置了数量辅助核算的科目，应该输入数量和单价，系统会自动计算出金额；如果输入的是设置了部门、客户往来、供应商往来、个人往来和项目辅助核算的科目，应该输入相关的辅助信息，以便系统生成辅助账簿。

⑦ 金额。金额可以是正数或负数（即红字），但不能为零。凭证金额应符合"有借必有贷，借贷必相等"原则，否则将不能保存。

另外，如果设置了常用凭证，可以在填制凭证时直接调用常用凭证，从而提高凭证录入的速度和规范性。

难点   关于损益类科目金额的填制

填制涉及损益类科目的凭证时需要注意，如果科目发生额与科目余额方向相反，需要将科目发生额以红字记录与科目余额方向保持一致。如本月正常销售 10 000 元，后发生销售退货 500 元，一般会记录主营业务收入借方 500 元，这里建议在主营业务收入科目的贷方用红字记录 500 元。原因何在呢？企业账务处理的最终结果是编制对外财务报告，其中利润表反映企业一定会计期间经营成果，利润表模板中的公式默认按照科目的余额方向取科目发生额。按照第一种记录方式，利润表中的主营业务收入会取到 10 000 元，没有包括销售退回的 500 元；按照第二种方式记录，可以取到正确的主营业务收入 9 500 元。

（2）凭证复核。为了保证会计事项处理正确和记账凭证填制正确，需要对记账凭证进行复核。凭证复核包括出纳签字、主管签字和审核凭证。

① 出纳签字。由于出纳凭证涉及企业资金的收支，因而应加强对出纳凭证的管理。出纳签字功能要求出纳对涉及现金、银行存款的凭证进行核对，以确认凭证是否有误。如果凭证正确无误，出纳便可签字，否则必须交由制单人进行修改后再重新核对。

出纳凭证是否必须由出纳签字取决于系统参数的设置，如果选择了"出纳凭证必须由出纳签字"选项，那么出纳凭证必须经过出纳签字才能够记账。

② 主管签字。为了加强对会计人员制单的管理，有的企业所有凭证都需要由主管签字，为了满足这一应用需求，总账系统提供主管签字功能。但凭证是否需要主管签字才能记账，取决于系统参数的设置。

③ 审核凭证。审核凭证是审核员按照相关规定，对制单员填制的记账凭证进行检查核对，如是否与原始凭证相符、会计分录是否正确等。凭证审核无误后，审核人便可签字，否则必须交由制单人进行修改后再重新审核。

所有凭证必须审核后才能记账。注意审核人与制单人不能是同一人。

如果设置了凭证审核明细权限，审核凭证还会受到明细权限的制约。

（3）凭证记账。记账凭证经过审核签字后，便可以记账了。在计算机系统中，记账是由计算机自动进行的。记账过程中一旦因断电或因其他原因造成中断，系统自动调用"恢复记账前状态"功能恢复数据，再重新选择记账。

如果记账后发现输入的记账凭证有错误需要进行修改，需要人工调用"恢复记账前状态"功能。只有主管会计才能选择将数据"恢复到月初状态"。

如果期初余额试算不平衡，则不能记账。如果上月未结账，则本月不能记账。

（4）修改凭证。如果发生凭证填制错误的情况，就涉及如何修改凭证。在信息化方式下，凭证的修改分为无痕迹修改和有痕迹修改。

① 无痕迹修改。无痕迹修改是指系统内不保存任何修改线索和痕迹。对于尚未审核和签字的凭证可以直接进行修改；对于已经审核或签字的凭证应该先取消审核或签字，然后才能修改。显然，这两种情况都没有保留任何审计线索。

② 有痕迹修改。有痕迹修改是指系统通过保存错误凭证和更正凭证的方式而保留修改痕迹，因而可以留下审计线索。对于已经记账的错误凭证，一般应采用有痕迹修改。具体方法是采用红字更正法或补充更正法。前者适用于更正记账金额大于应记金额的错误或者会计科目的错误，后者适用于更正记账金额小于应记金额的错误。

能否修改他人填制的凭证，将取决于系统参数的设置。其他子系统生成的凭证，在账务系统中只能进行查询、审核、记账，不能修改和作废；只能在生成该凭证的原子系统中进行修改和删除，以保证记账凭证和原子系统中的原始单据相一致。

一般而言，修改凭证时，凭证类别及编号是不能修改的。修改凭证日期时，为了保持序时性，日期应介于前后两张凭证日期之间，同时日期月份不能修改。

（5）删除凭证。在 U8 系统中，没有直接删除凭证的功能。如果需要删除凭证，要分为两步。

第 1 步，作废凭证。对于尚未审核和签字的凭证，如果不需要，可以直接将其作废，作废凭证仍保留凭证内容及编号，仅显示"作废"字样。作废凭证不能修改，不能审核，但应参与记账，否则月末无法结账。记账时不对作废凭证进行数据处理，视同于一张空凭证。账簿查询时，查不到作废凭证的数据。

第 2 步，整理凭证。系统提供对作废凭证的恢复，可将已标识为作废的凭证恢复为正常凭证。如果作废凭证没有保留的必要，可以通过"整理凭证"将其彻底删除。

（6）冲销凭证。冲销凭证是针对已记账凭证而言的。红字冲销可以采用手工方式也可以由系统自动进行。如果采用自动冲销，只要告知系统要被冲销的凭证类型及凭证号，系统便会自动生成一张与该凭证相同只是金额为红字（负数）的凭证。

（7）凭证汇总。凭证汇总时，可按一定条件对记账凭证进行汇总并生成凭证汇总表。进行汇总的凭证可以是已记账凭证，也可以是未记账凭证。凭证汇总表可供财务人员随时查询凭证汇总信息，及时了解企业的经营状况及其他财务信息。

（8）设置常用凭证。企业发生的经济业务都有其规律性，有些业务在一个月内会重复发生若干次，因而在填制凭证的过程中，经常会有许多凭证完全相同或部分相同。因而，财务人员可以将这些经常出现的凭证进行预先设置，以便将来填制凭证时随时调用，简化凭证的填制过程，这就是常用凭证。

（9）设置常用摘要。由于经济业务的重复性，在日常填制凭证的过程中，经常会反复用到许多相同的摘要，为了提高凭证的录入速度，可以将这些经常使用的摘要预先设置下来，而在填制凭证时可以随时调用这些摘要，以提高业务处理的效率。

（10）账证查询。

① 凭证查询。查询是计算机系统较手工方式的强势之一。通过计算机，财务人员既可以查询已记账凭证，也可以查询未记账凭证；既可以查询作废凭证，也可以查询标错凭证；既可以按凭证号范围查询，也可以按日期查询；既可以按制单人查询，也可以按审核人或出纳员查询；通过设置查询条件，财务人员可以按科目、摘要、金额、外币、数量、结算方式或各种辅助项查询，快捷方便。

② 基本会计账簿查询。基本会计账簿就是手工处理方式下的总账、明细账、日记账、多栏账等。凭证记账后，所有的账簿资料自动生成。在信息化环境下，总账可以用发生额及余额表替代。在查询多栏账之前，必须先定义多栏账的格式。多栏账格式设置可以有两种方式，即自动编制栏目和手工编制栏目。

③ 辅助核算账簿查询。辅助账在手工处理方式下一般作为备查账存在。

● 个人核算。个人核算主要进行个人借款、还款管理工作，及时地控制个人借款，完成清欠工作。个人核算可以提供个人往来明细账、催款单、余额表、账龄分析报告及自动清理核销已清账等功能。

● 部门核算。部门核算主要用于考核部门收支的发生情况，及时地反映控制部门费用的支出，对各部门的收支情况加以比较分析，便于部门考核。部门核算可以提供各级部门的总账、明细账，以及对各部门收入与费用进行部门收支分析等功能。

● 项目核算。项目核算用于收入、成本、在建工程等业务的核算，以项目为中心为使用者提供各项目的成本、费用、收入、往来等汇总与明细信息，以及项目计划执行报告等。

● 客户核算和供应商核算。客户核算和供应商核算主要进行客户和供应商往来款项的发生、清欠管理工作，及时掌握往来款项的最新情况。客户核算和供应商核算可以提供往来款的总账、明细账、催款单、对账单、往来账清理、账龄分析报告等功能。如果用户启用了应收款管理系统和应付款管理系统，可以分别在这两个系统中对客户往来款和供应商往来款进行更为详细的核算与管理。

（11）银行对账。银行对账是出纳的一项重要工作。企业为了了解未达账的情况，应定期（至少每月一次）将银行存款日记账与银行对账单进行核对，这称为银行对账。银行对账的程序如下。

① 银行对账期初录入。在首次使用用友 U8 中的银行对账功能之前，应将银行对账启用日的企业方银行日记账调整前余额与银行方银行对账单调整前余额以及单位日记账和银行对账单的未达账项录入系统，并保证单位日记账调整后余额与银行对账单调整后余额相等。

> **提示**　银行对账功能不一定和总账同时启用，可以在总账启用之后的任何一个月份开始使用。

② 录入银行对账单。银行对账单是银行记录的企业在银行存取款的明细账，由银行定期提供给企业进行账目核对。在每月对账前，必须将银行提供的银行对账单录入用友 U8 系统，以便与企业银

行存款日记账进行对账。目前，有些系统提供了银行对账单导入功能，避免了烦琐的手工录入。

③ 银行对账。用友 U8 系统提供了自动对账与手工对账两种方式。

自动对账即由计算机根据对账依据将银行日记账与银行对账单进行自动核对、勾销。对账依据通常是"结算方式+结算号+方向+金额"或"方向+金额"。对于已核对上的银行业务，系统将自动在银行存款日记账和银行对账单上标记两清标志，并视为已达账项，否则，视其为未达账项。由于自动对账以银行存款日记账和银行对账单双方对账依据完全相同为条件，因而为了保证自动对账的正确和彻底，对账数据必须规范合理。

手工对账是对自动对账的补充。采用自动对账后，可能还有一些特殊的已达账没有对出来，而被视为未达账项，为了保证对账更彻底正确，可通过手工对账进行调整勾销。

难点　　　　　　　　　　　未达账项

即使银行对账单上的存款余额与本单位银行存款日记账上的存款余额都没有错误，也可能会出现对账不一致的情况，这是未达账项造成的。所谓"未达账项"，是指由于双方记账时间不一致而发生的一方已入账，另一方尚未入账的会计事项。如发现有未达账项，应据以编制未达账项调节表，以便检查双方的账面余额。调节以后的账面余额如果相等，表示双方所记账目正确，否则，说明记账有错误，应及时查明原因予以更正。

④ 余额调节表查询。在对银行账进行两清勾对后，计算机自动整理汇总未达账和已达账，生成"银行存款余额调节表"，以检查对账是否正确。该余额调节表为截至对账截止日期的余额调节表，若无对账截止日期，则为最新余额调节表。

⑤ 查询对账勾对情况。用于查询单位日记账及银行对账单的对账结果。

⑥ 核销银行账。为了避免文件过大，占用存储空间，可以利用核销银行账功能将已达账项删除。核销银行账不会影响银行日记账的查询和打印。

4.2.4　总账系统期末业务处理

总账系统期末业务主要包括定义自动转账凭证、生成记账凭证、对账和结账等内容。总账系统期末业务处理的工作流程如图 4-3 所示。

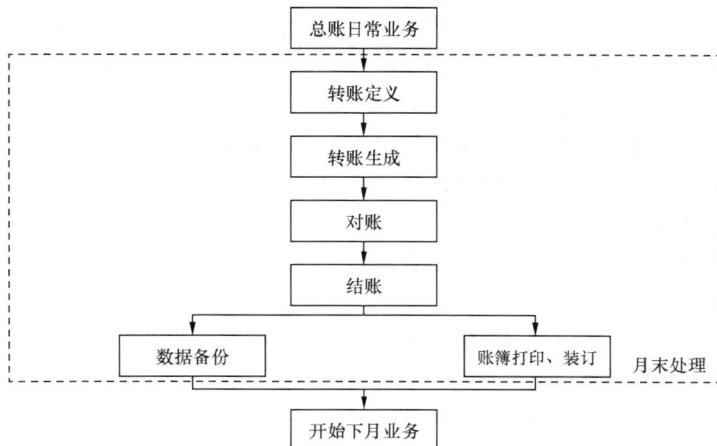

图 4-3　总账系统期末业务处理的工作流程示意图

1．定义自动转账凭证

转账分为外部转账和内部转账。外部转账是指将其他专项核算子系统自动生成的凭证转入总账系统，如薪资管理系统中有关工资费用分配的凭证；固定资产管理系统中有关固定资产增减变动及计提折旧的凭证；应收款管理系统中有关应收账款发生、收回及坏账准备的凭证；应付款管理系统中有关应付账款发生及偿还的凭证。而内部转账就是我们所讲的自动转账，是指在总账系统内部通过设置凭证模板而自动生成相应的记账凭证。一些期末业务具有较强的规律性，而且每个月都会重复发生，如费用的分配、费用的分摊、费用的计提、税金的计算、成本费用的结转、期间损益的结转等。这些业务的凭证分录是固定的，金额来源和计算方法也是固定的，因而可以利用自动转账功能将处理这些经济业务的凭证模板定义下来，期末时通过调用这些模板来自动生成相关凭证。

（1）常用自动转账类型。用友 U8 中提供了自定义转账、对应结转、销售成本结转、售价结转、汇兑损益结转、自定义比例转账、费用摊销和预提几种类型的转账定义。自定义转账具有通用性，可以说其他几种类型的转账都是自定义转账对应于某种具体应用的特殊情况。

① 对应结转。当两个或多个上级科目的下级科目及辅助项有一一对应关系时，可将其余额按一定比例系数进行对应结转，可一对一结转，也可一对多结转。对应结转只能结转期末余额。

② 销售成本结转。销售成本结转是将月末商品（或产成品）销售数量乘以库存商品（或产成品）的平均单价计算各类商品销售成本并进行结转。销售成本结转时，只需告知系统库存商品科目、主营业务收入科目和主营业务成本科目。系统将销售成本结转凭证定义为

借：主营业务成本

　　贷：库存商品

库存商品科目、主营业务收入科目、主营业务成本科目及下级科目的结构必须相同，并且辅助账类必须完全相同。

③ 汇兑损益结转用于期末自动计算外币账户的汇兑损益，并在转账生成中自动生成汇兑损益转账凭证。

④ 期间损益结转用于在一个会计期间终了时将损益类科目的余额结转到本年利润科目中，从而及时反映企业利润的盈亏情况。

（2）定义自动转账凭证。要想利用自动转账功能自动生成记账凭证，首先应该定义凭证模板。定义凭证模板时，应设置凭证类别、摘要、借贷会计科目及其金额。其中最关键的是金额公式的设置。因为各月金额不可能总是相同的，因而不能直接输入金额数，而必须利用账务子系统提供的账务函数来提取账户数据，如期初余额函数、期末余额函数、发生额函数、累计发生额函数、净发生额函数等。

（3）注意自动转账凭证生成顺序。定义转账凭证时，一定要注意这些凭证的生成顺序。例如，定义了结转销售成本、计算汇兑损益、结转期间损益、计提所得税、结转所得税等 5 张自动转账凭证。因为销售成本、汇兑损益是期间损益的一部分，所以一定要先生成结转销售成本、计算汇兑损益的凭证并复核记账后，才能生成结转期间损益的凭证；因为要依据本期利润计提所得税，所以一定要先生成结转期间损益的凭证并复核记账后，才能生成计提所得税的凭证；因为有了所得税费用才能结转所得税至本年利润，所以一定要先生成计提所得税的凭证并复核记账后，才能生成结转所得税的凭证。故此，这 5 张凭证的顺序是结转销售成本——计算汇兑损益——结转期间损益——计提所得税——结转所得税，并且前一张凭证必须复核记账后才能继续生成后一张凭证。

凭证模板只需定义一次即可，各月不必重复定义。

2．生成记账凭证

凭证模板定义好以后，当每个月发生相关经济业务时可不必再通过手工录入凭证，而可以直接调用已定义好的凭证模板来自动生成相关的记账凭证。

利用凭证模板生成记账凭证需要各月重复进行。

一般而言，只有在凭证记账后，账务函数才能取出相关数据。所以利用自动转账生成凭证时，操作员一定要确保相关凭证已经全部记账，这样才能保证取出的数据是完整的。例如，定义了一张根据本期利润计提所得税的凭证，那么要生成该张凭证，必须保证有关利润的凭证已经全部记账；否则，要么不能取出相应数据而导致金额为零不能生成凭证，要么取出的数据不完整而导致所得税计提错误。

利用自动转账生成的凭证属于机制凭证，它仅仅代替了人工查账和填制凭证的环节，自动转账

生成的凭证仍然需要审核记账。

3. 对账

对账是对账簿数据进行核对，以检查记账是否正确，是否账账相符。对账包括总账与明细账、总账与辅助账的核对。试算平衡时，系统会将所有账户的期末余额按会计平衡公式"借方余额=贷方余额"进行平衡检验，并输出科目余额表。正常情况下，在系统自动记账后，账账应该是相符的，账户余额也是平衡的。但由于非法操作或计算机病毒等原因有时可能会造成数据被破坏，因而引起账账不符，为了检查是否账证相符、账账相符以及账户余额是否平衡，应经常使用对账及试算平衡功能。结账时，一般系统会自动进行对账和试算平衡。

4. 结账

每月工作结束后，月末都要进行结账。结账前最好进行数据备份。结账后，当月不能再填制凭证，并终止各账户的记账工作。同时，系统会自动计算当月各账户发生额合计及余额，并将其转入下月月初。本月结账时，系统会进行下列检查工作。

（1）检查本月业务是否已全部记账，有未记账凭证时不能结账。

（2）检查上月是否已结账，上月未结账，则本月不能结账。实际上，若上月未结账，则本月也不能记账，只能填制、复核凭证。

（3）核对总账与明细账、总账与辅助账，若账账不符则不能结账。

（4）对科目余额进行试算平衡，若试算结果不平衡将不能结账。

（5）检查损益类账户是否已结转至本年利润。

（6）当各子系统集成应用时，总账系统必须在其他各子系统结账后才能最后结账。

4.3 总账系统初始化设置实务

4.3.1 基本任务

总账系统初始化资料

1. 总账选项

总账选项设置如表 4-1 所示。

表 4-1 总账选项设置表

选项卡	选项设置
凭证	制单序时控制 支票控制 赤字控制：资金及往来科目　　　赤字控制方式：提示 可以使用应收、应付、存货受控科目 取消"现金流量科目必录现金流量项目" 凭证编号方式采用系统编号
权限	出纳凭证必须经由出纳签字 允许修改、作废他人填制的凭证 可查询他人凭证
会计日历	会计日历为 1 月 1 日至 12 月 31 日 数量小数位和单价小数位设为 2 位
其他	外币核算采用固定汇率 部门、个人、项目按编码方式排序

2．期初余额

（1）总账期初明细，如表 4-2 所示。

表 4-2　总账期初明细表

科目编号及名称	辅助核算	方向	币别/计量	期初余额	备注
库存现金（1001）	日记账	借		10 466.00	
银行存款（1002）	日记账、银行账	借		136 467.66	
工行存款（100201）	日记账、银行账	借		136 467.66	
人民币户（10020101）	日记账、银行账	借		136 467.66	
美元户（10020102）	日记账、银行账	借	美元		
应收账款（1122）	客户往来	借		107 200.00	见辅助账明细
其他应收款（1221）	个人往来	借		7 000.00	见辅助账明细
坏账准备（1231）		贷		9 780.00	
原材料（1403）		借		167 600.00	
高清摄像头（140301）	数量核算	借	220 个	11 000.00	
普通摄像头（140302）	数量核算	借	165 个	4 950.00	
主板（140303）	数量核算	借	450 个	144 000.00	
机壳（140304）	数量核算	借	170 个	7 650.00	
库存商品（1405）		借		1 287 000.00	云米手机 840 000.00 云易手机 420 000.00 乐士对讲机 27 000.00
固定资产（1601）		借		347 900.00	
累计折旧（1602）		贷		110 899.26	
短期借款（2001）		贷		200 000.00	
应付账款（2202）		贷		49 515.00	
一般应付款（220201）	供应商往来	贷		17 515.00	见辅助账明细
暂估应付款（220202）		贷		32 000.00	
应付职工薪酬（2211）		贷			
应付工资（221101）		贷		247 982.40	
应付福利费（221102）		贷		34 000.00	
应交税费（2221）		贷		9 800.00	
应交增值税（222101）		贷		9 800.00	
进项税额（22210101）		贷		−35 600.00	
销项税额（22210105）		贷		45 400.00	
长期借款（2501）		贷		500 000.00	
实收资本（4001）		贷		600 000.00	
资本公积（4002）		贷		160 000.00	
盈余公积（4101）		贷		60 605.00	
利润分配（4104）		贷		81 052.00	
未分配利润（410415）		贷		81 052.00	

（2）辅助账期初明细，如表 4-3～表 4-5 所示。

表 4-3　应收账款往来明细表

应收账款往来明细：1122 应收账款　　　　　　　　　　　　　　　　　　　　　　余额：借 107 200 元

日期	凭证号	客户	业务员	摘要	方向	金额
2021-10-27	转-89	慧童养老院	高文庆	期初	借	42 000
2021-11-11	转-35	苏华	沈宝平	期初	借	65 200

表 4-4　其他应收款往来明细表

其他应收款往来明细：1221　其他应收款　　　　　　　　　　　　　余额：借 7 000 元

日期	凭证号	部门	个人	摘要	方向	金额
2021-12-19	付-98	总经办	马国华	出差借款	借	4 000
2021-12-24	付-137	销售一部	高文庆	出差借款	借	3 000

表 4-5　一般应付款往来明细表

一般应付款往来明细：220201　一般应付款　　　　　　　　　　　　余额：贷 17 515 元

日期	凭证号	供应商	业务员	摘要	方向	金额
2021-11-10	转-62	美安	范文芳	期初	贷	17 515

总账系统初始化设置指导

由系统管理员在系统管理中引入"基础设置"账套作为基础数据。以账套主管身份进行总账初始化设置。

1．设置总账选项

操作指导如下。

① 在企业应用平台业务工作中，选择"财务会计"中的"总账"，执行"设置"|"选项"命令，打开"选项"对话框。

② 单击【编辑】按钮，进入修改状态。

③ 单击"凭证"选项卡，按照实验资料的要求进行相应的设置，如图 4-4 所示。

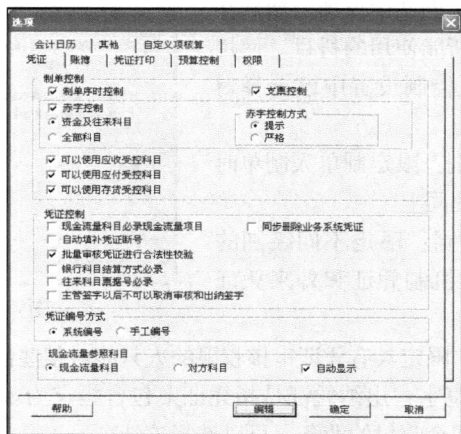

图 4-4　选项——凭证

主要栏目说明如下。

制单序时控制：指制单时凭证编号按日期顺序从小到大排列。

支票控制：制单时使用了标注为银行账的科目时，如果结算方式设置了"票据管理"，那么输入的支票号如果在支票登记簿中存在，系统就会提供支票报销；否则就会提供支票登记。

赤字控制：制单时，如果资金及往来科目的最新余额出现负数，系统将及时予以提示。

可以使用应收受控科目：选中该项。

提示　　选择"可以使用应收受控科目"选项时，系统弹出"受控科目被其他系统使用时，会造成应收系统与总账对账不平"信息提示框，单击【确定】按钮返回即可。

现金流量科目必录现金流量项目：在会计科目中指定了现金流量科目的前提下，选中该项。如在填制凭证时使用了现金流量科目，则必须输入现金流量所属的现金流量项目，否则凭证不能保存。

凭证编号采用系统编号：系统提供自动编号和手工编号两种凭证编号方式。选择系统编号，系统按照凭证类别按月顺序自动编号。

难点　　　　　　　受控科目

选项设置中提到 3 种受控科目：应收受控科目、应付受控科目和存货受控科目，仅以应收受控科目为例阐释受控科目的意义。

应收系统的受控科目是指只能在应收管理系统制单使用的科目。在总账系统与应收款管理系统集成应用的前提下，企业与客户之间的往来业务均在应收款管理系统处理，业务处理的结果通过自动凭证机制生成凭证传递给总账。涉及客户往来业务处理的科目包括应收票据、应收账款和预收账款科目，既然与此相关的业务在应收款管理系统生成，那么总账中不再填制这类业务凭证，否则业务处理就重复了。这几个科目也称为应收受控科目。

本书目前为了全面学习总账功能，还不曾启用应收款管理系统，因此涉及客户往来的业务需要在总账中进行处理，需要选中该项，否则在总账中不能使用这些科目制单。

④ 单击"权限"选项卡，按照实验资料的要求进行相应的设置，如图 4-5 所示。

选项中的权限提供了更为明细的权限划分，其中栏目说明如下。

制单权限控制到科目：如果希望限定每个制单人制单时所使用的会计科目，则选中该项。然后在数据权限分配中授权制单人所能使用的科目。使用该功能的前提是在数据权限控制设置中已选择对"科目"业务对象进行控制。

制单权限控制到凭证类别：限定制单人制单时可使用的凭证类别。其他原理同上。

操作员进行金额权限控制：限定不同级别的人员制单时的金额。此项对机制凭证和外来凭证无效。

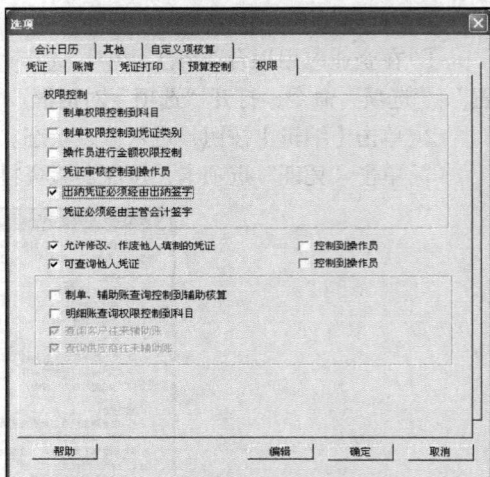

图 4-5　选项——权限

凭证审核控制到操作员：限定具有凭证审核权限的人只能对某些制单人填制的凭证进行审核。

出纳凭证必须经由出纳签字：出纳凭证是指凭证上包含指定为现金科目或银行存款科目的凭证。如果企业需要关注涉及现金收付的业务，可以选择该选项。

凭证必须经由主管会计签字：选中该项，所有凭证必须由主管会计签字。

允许修改、作废他人填制的凭证：审核人员在审核凭证的过程中发现凭证有误，是否可以作废和修改取决于该选项是否为选中状态。"控制到操作员"可以细化到允许修改、作废哪些制单人填制的凭证。

可查询他人凭证：是否可以查看他人填制的凭证。"控制到操作员"可以细化到可以查看哪些制单人填制的凭证。

制单、辅助账查询控制到辅助核算：是否需要限定制单或辅助账查询时能查看哪些辅助核算类型。

明细账查询权限控制到科目：是否需要限定有账簿查询权限的人可以查看哪些科目的明细账。

⑤ 单击"会计日历"选项卡，按照实验资料的要求进行相应的设置。

在会计日历选项卡中，可以查看企业建账时的部分信息，包括账套名称、单位名称、账套路径、行业性质、科目级长等，此处的会计日历只能查看，不能修改。

⑥ 单击"其他"选项卡，按照实验资料的要求进行相应的设置。如果企业有外币业务，那么是采用固定汇率核算还是采用浮动汇率核算在此处进行选择。

⑦ 设置完成后，单击【确定】按钮返回。

难点　　　　　　选项对企业账务处理流程的影响

总账的账务处理流程简单概括为"填制凭证 —— 审核凭证 —— 记账"，如果在选项中选中了"出纳凭证必须经由出纳签字"选项，则账务处理流程在记账之前增加了一个环节"出纳签字"，出纳签字可以在审核凭证之前，也可以在审核凭证之后，但必须在记账之前完成。

2. 输入期初余额

中诚通讯于 2022 年 1 月 1 日建账，因此只需录入各科目的期初余额和辅助账期初余额即可，无须录入科目的累计借贷方发生额。

（1）无辅助核算科目期初余额录入。操作指导如下。

① 执行"设置"｜"期初余额"命令，进入"期初余额录入"窗口。期初余额列底色有 3 种颜色。

② 底色为白色单元格的为末级科目，期初余额直接录入，如库存现金科目、银行存款/工行存款/人民币户，上级科目的余额自动汇总计算。

③ 数量辅助核算科目，如原材料/高清摄像头，第 1 行录入金额余额，第 2 行录入数量余额，且必须先录金额再录数量。

> **提示**
>
> 如果要修改余额的方向，可以在未录入余额的情况下，单击"方向"按钮改变余额的方向。
>
> 总账科目与其下级科目的方向必须一致。如果所录入明细余额的方向与总账余额方向相反，则用"–"号表示。例如，"应交税费/应交增值税/进项税额"科目借方余额 35 600 需要录入"–35 600"。

（2）客户往来辅助核算科目期初余额录入。底色为黄色的单元是设置了客户往来、供应商往来、部门核算、个人往来、项目核算的科目。以应收账款为例介绍客户往来辅助核算科目的录入。

① 双击应收账款科目期初余额栏，进入"辅助期初余额"窗口。

② 单击【往来明细】按钮，进入"期初往来明细"窗口。

③ 单击【增行】按钮，按资料录入应收账款往来明细，如图 4-6 所示。

图 4-6　期初往来明细

④ 单击【汇总】按钮，系统自动汇总并弹出"完成了往来明细到辅助期初表的汇总！"，单击【确定】按钮。

⑤ 单击【退出】按钮，返回辅助期初余额界面，如图4-7所示。

⑥ 单击【退出】按钮，返回期初余额录入界面，应收账款科目余额已自动生成。

同理录入其他应收款科目、一般应付款科目期初余额。

（3）项目辅助核算科目期初余额录入。项目辅助核算科目期初余额录入与其他辅助核算不同，以库存商品为例介绍如下。

① 双击库存商品科目期初余额栏，进入"辅助期初余额"窗口。

② 单击【增行】按钮，按项目录入期初余额，如图4-8所示。

③ 单击【退出】按钮，返回期初余额窗口，库存商品科目余额已自动生成。

项目辅助核算科目
期初余额录入

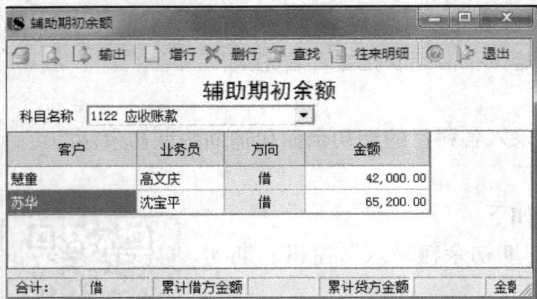

图 4-7 辅助期初余额

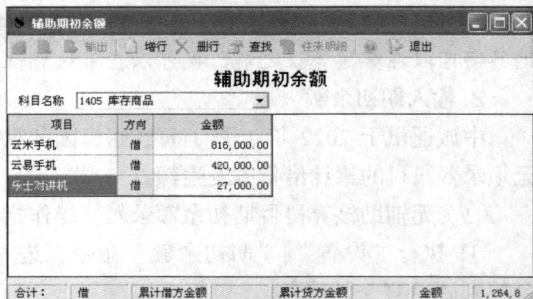

图 4-8 项目辅助核算科目期初余额录入

3．试算平衡

输入完所有科目余额后，单击【试算】按钮，进入"期初试算平衡表"界面，如图4-9所示。

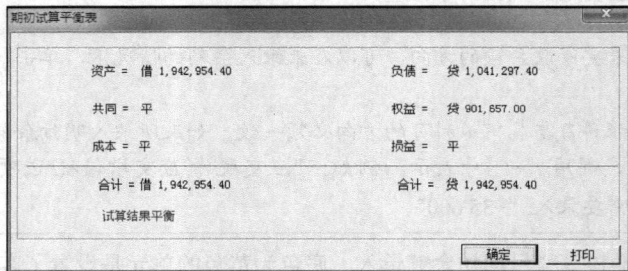

图 4-9 期初试算平衡

试算平衡

若期初余额试算不平衡，则修改期初余额；若期初余额试算平衡，单击【确定】按钮。

> **提示**
> 系统只能对期初余额的平衡关系进行试算，而不能对年初余额进行试算。
> 如果期初余额不平衡，可以填制凭证、审核凭证，但是不允许记账。
> 凭证记账后，期初余额变为"只读、浏览"状态，不能再修改。

4．账套备份

全部完成后，将账套输出至"总账初始化"文件夹中。

4.3.2 拓展任务

如果企业规模较大，财务分工也比较细，分设往来会计、成本会计等多个岗位，按照财务内部管理制度，各司其职，每个人只能查询自己负责的账簿。

【拓展】数据权限设置

假设白亚楠是往来会计，限制其只能查询与客户和供应商往来相关的科目明细账，如"应收账款"明细账，而不能查询其他科目明细账，如"管理费用/招待费"明细账。

操作指导如下。

① 前期在企业建账一章中已经为用户"403 白亚楠"设置了"总账"功能权限。

② 以账套主管"王莉"身份登录企业应用平台，在"系统服务"|"权限"|"数据权限控制设置"中，设置对"科目"进行"记录级"控制，如图 4-10 所示。

③ 在总账系统中，执行"设置"|"选项"命令，打开"选项"对话框。单击【编辑】按钮，单击"权限"选项卡，选中"明细账查询权限控制到科目"选项，单击【确定】按钮返回。

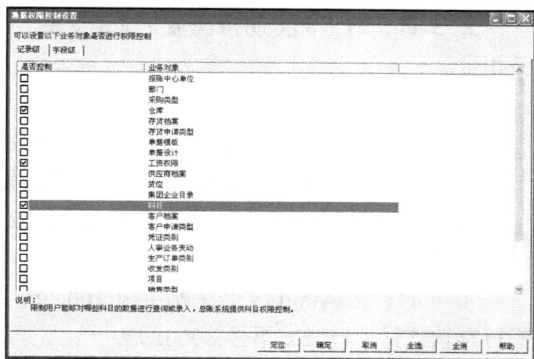

图 4-10　数据权限控制设置

④ 在总账系统中，执行"设置"|"数据权限分配"命令，进入"权限浏览"窗口。从用户列表中选中"白亚楠"，单击【授权】按钮，打开"记录权限设置"对话框。将"应收账款"科目从"禁用"列表中选入"可用"列表中，单击【保存】按钮，如图 4-11 所示。系统提示"保存成功，重新登录用户，此配置才能生效!"，单击【确定】按钮。

⑤ 以"403 白亚楠"的身份登录企业应用平台，执行"总账"|"账表"|"科目账"|"明细账"命令，打开"明细账查询条件"对话框，输入查询科目"660205"—"660205"，单击【确定】按钮，系统弹出提示信息，如图 4-12 所示。

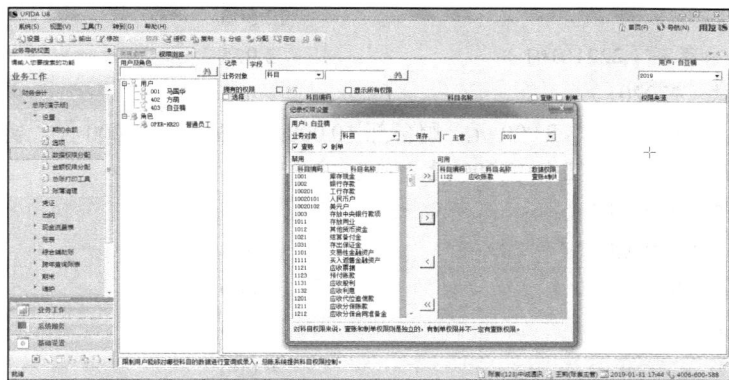

图 4-11　记录权限设置

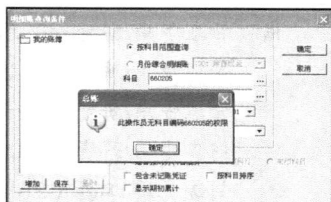

图 4-12　测试设置数据权限

4.4　总账日常业务处理实务

4.4.1　基本任务

总账日常业务处理资料

1．填制凭证

以会计 403 白亚楠身份填制凭证。

（1）增加凭证。

① 2 日，销售一部高文庆报销业务招待费 1 200 元，以现金支付（附普通发票一张）。

借：销售费用/招待费（660105）　　　　　　　　　　　　　　1 200

　贷：库存现金（1001）　　　　　　　　　　　　　　　　　　　　1 200

② 3 日，财务部方萌持现金支票（支票号 X0001）从工行人民币户提取现金 10 000 元，作为备用金。

借：库存现金（1001）   10 000
    贷：银行存款/工行存款/人民币户（10020101）   10 000

③ 4 日，收到星旗集团投资资金 200 000 美元，汇率为 1∶6.2（转账支票号 W0001）。

借：银行存款/工行存款/美元户（10020102）   1 240 000
    贷：实收资本（4001）   1 240 000

④ 6 日，采购部范文芳采购主板 100 个，单价 320 元，税率 13%，材料已直接入库，货款以银行存款支付（转账支票号 Z0001）。

借：原材料/主板（140303）   32 000
    应交税费/应交增值税/进项税额（22210101）   4 160
    贷：银行存款/工行存款/人民币户（10020101）   36 160

⑤ 8 日，销售二部沈宝平收到苏华电商转来一张转账支票，金额 65 200 元，用以偿还前欠货款（转账支票号 Z0002）。

借：银行存款/工行存款/人民币户（10020101）   65 200
    贷：应收账款（1122）   65 200

⑥ 10 日，采购部范文芳从新锐科技购入机壳 500 个，单价 45 元，税率 13%，货款、税款暂欠，已验收入库。

借：原材料/机壳 （140304）   22 500
    应交税费/应交增值税/进项税额（22210101）   2 925
    贷：应付账款/一般应付款（220201）   25 425

⑦ 12 日，分配本月工资费用，其中总经办 8 000 元、财务部 10 000 元、采购部 5 000 元、销售部 12 000 元、车间管理人员 4 000 元、生产工人 20 000 元。

借：管理费用/薪资——总经办（660201）   8 000
    管理费用/薪资——财务部（660201）   10 000
    管理费用/薪资/采购部（660201）   5 000
    销售费用/薪资（660101）   12 000
    制造费用/工资（510101）   4 000
    生产成本/直接人工（500102）   20 000
    贷：应付职工薪酬/应付工资（221101）   59 000

⑧ 15 日，总经办马国华出差归来，报销差旅费 3 560 元，交回现金 440 元，票据 5 张。

借：管理费用/差旅费（660204）   3 560
    库存现金（1001）   440
    贷：其他应收款 （1221）   4 000

⑨ 18 日，生产部领用主板 50 个，单价 320 元，用于生产云易手机。

借：生产成本/直接材料（500101）   16 000
    贷：原材料/主板（140303）   16 000

⑩ 20 日，蓝享科技购买 20 部云米手机，无税单价 1800 元/部，已提货，货款未付。

借：应收账款（1122）   40 680
    贷：主营业务收入（6001）   36 000
      应交税费/应交增值税/销项税额（22210105）   4 680

（2）修改凭证。

① 经查，15 日总经办马国华报销的 3 560 元差旅费中有 500 元是个人行为，应由个人负担，

追缴现金 500 元，应修改为

借：管理费用/差旅费（660204）　　　　　　　　　　　　　　　　　　　　3 060

　　库存现金（1001）　　　　　　　　　　　　　　　　　　　　　　　　　　940

　　贷：其他应收款（1221）　　　　　　　　　　　　　　　　　　　　　　　4 000

② 经查，18 日生产部领用 50 个主板用于生产"云米手机"，误录为"云易手机"。请更正。

（3）删除凭证。

经查，2 日高文庆报销的业务招待费属个人消费行为，不允许报销，现金已追缴，业务上不再反映。

2．出纳签字

由出纳方萌对所有涉及现金和银行科目的凭证签字。

3．审核凭证

由账套主管王莉对凭证进行审核。

4．记账

由账套主管王莉对凭证进行记账。

5．冲销凭证

1 月 24 日，由 403 白亚楠冲销已记账的第 1 号收款凭证。

6．账证查询

以账套主管身份进行账证查询和辅助账查询。

（1）查询凭证。查询用库存现金支出在 5 000 元以上的凭证。

（2）查询余额表。查询 2022 年 1 月余额表并联查应收账款专项资料。

（3）查询"原材料/主板"数量金额明细账，并联查"转-0003"凭证。

（4）查询多栏账。定义并查询管理费用多栏账。

7．辅助账查询

（1）查询部门辅助账。查询 2022 年 1 月总经办、财务部、采购部本期支出情况。

（2）查询个人辅助账。查询总经办马国华个人往来清理情况。

（3）查询客户往来辅助账。进行客户往来账龄分析。

（4）查询项目账。查询"云米手机"项目明细账，进行"产品"项目大类的统计分析。

8．出纳管理

以出纳身份完成以下工作。

（1）查询现金日记账。

（2）查询 2022-01-15 资金日报。

（3）登记支票登记簿。

22 日，采购部范文芳借转账支票一张采购高清摄像头，票号为 Z1655，预计金额为 20 000 元。

（4）银行对账。

中诚通讯银行账的启用日期为 2022-01-01，工行人民币户企业日记账调整前余额为 114 467.66 元，银行对账单调整前余额为 136 467.66 元，有未达账项一笔，系银行已收企业未收款 22 000 元（转账支票号 1622）。

2022 年 1 月银行对账单如表 4-6 所示。

表 4-6　2022 年 1 月银行对账单

日期	结算方式	票号	借方金额/元	贷方金额/元
2022.01.03	201	X0001		10 000
2022.01.06	202	Z0001		36 160
2022.01.08	202	Z0002	65 200	

总账日常业务处理指导

由系统管理员在系统管理中引入"总账初始化"账套。以"403 白亚楠"的身份注册进行填制凭证的操作，包括增加凭证、修改凭证、删除凭证、冲销凭证等；以出纳身份进行出纳签字、出纳管理；以账套主管身份进行审核、记账、账证查询、辅助账查询等。

1．填制凭证

（1）增加凭证。

业务1 无辅助核算的一般业务

操作指导如下。

① 在企业应用平台业务工作中，执行"财务会计"｜"总账"｜"凭证"｜"填制凭证"命令，进入"填制凭证"窗口。

② 单击【增加】按钮或者按"F5"键，系统自动增加一张空白收款凭证。单击旁边的"▧"参照按钮，选择凭证类型"付款凭证"，按回车键，凭证号 0001 自动产生。

增加凭证-无辅助核算的一般业务

③ 输入制单日期"2022.01.02"。按照制单序时控制要求，制单日期不能小于上一张同类别凭证的制单日期，且不能大于系统日期。

④ 输入附单据数"1"。附单据数是指该记账凭证所附原始单据的张数。

⑤ 在摘要栏直接输入摘要"报销招待费"；选择科目名称"660105"，借方金额"1 200"，按"回车"键；摘要自动带到下一行，输入贷方科目"1001"，当光标位于贷方时，按"="键将借贷方差额"1 200"取到当前位置，如图 4-13 所示。

图 4-13 填制第 1 笔业务凭证

⑥ 单击【保存】按钮，系统弹出"凭证已成功保存！"信息提示框，单击【确定】按钮。

提示

选择了系统编号方式，凭证编号按凭证类别按月顺序编号。

凭证一旦保存，其凭证类别、凭证编号不能修改。

正文中不同分录行的摘要可以相同也可以不同，但不能为空。每行摘要将随相应的会计科目在明细账、日记账中出现。

科目编码必须是末级的科目编码。

金额不能为"零"；红字以"-"号表示。

可按"="键取当前凭证借贷方金额的差额到当前光标位置。

单击【🗋】增加按钮在保存凭证的同时增加一张新凭证。

业务2 银行账辅助核算科目，使用了需要票据管理的结算方式

操作指导如下。

① 在总账系统填制凭证窗口中，增加一张付款凭证，输入摘要"提现金"。

② 输完银行科目"10020101"，弹出"辅助项"对话框。

③ 输入结算方式"201"，票号"X0001"，发生日期"2022-01-03"，如图 4-14 所示，单击【确定】按钮。

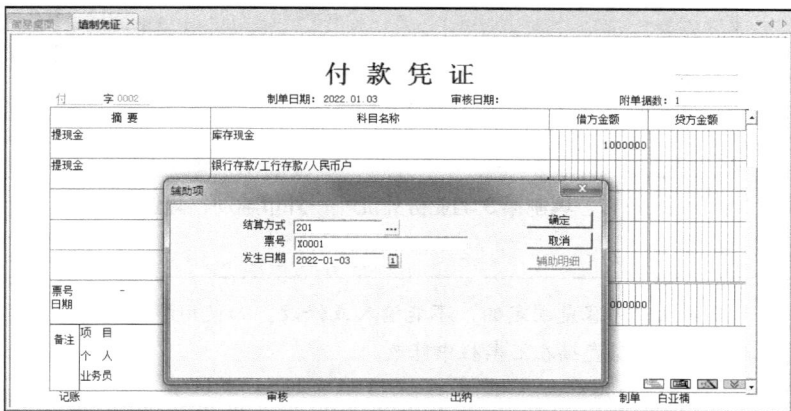

增加凭证-银行账
辅助核算科目

图 4-14 填制第 2 笔业务凭证——银行辅助核算

④ 凭证保存时，若此张支票未登记，则弹出"此支票尚未登记，是否登记？"信息提示框，如图 4-15 所示。

⑤ 单击【是】按钮，弹出"票号登记"对话框，输入各项信息，如图 4-16 所示。

图 4-15 提醒支票登记信息框

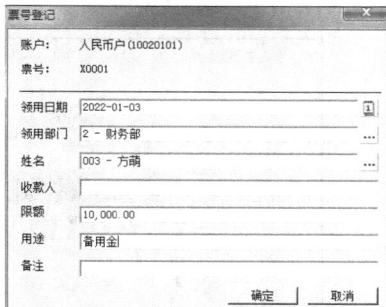

图 4-16 票号登记

⑥ 单击【确定】按钮，弹出信息提示框"凭证已成功保存"，单击【确定】按钮。

> 10020101 科目设置了银行账辅助核算、凭证中使用了银行账辅助核算科目时，银行账辅助信息不能为空。
>
> 在总账选项中选择了支票控制，那么在结算方式中设置为票据管理的结算方式其票号应在支票登记簿中进行登记。

业务3 外币辅助核算科目

操作指导如下。

① 在填制凭证过程中，输完外币科目"10020102"，系统自动显示外币汇率"6.2"，输入外币金额"200 000"，系统自动算出并显示本币金额"1 240 000"，如图 4-17 所示。

增加凭证-外币
辅助核算科目

② 全部输完后，单击【保存】按钮，保存凭证。

图 4-17　填制第 3 笔业务凭证——外币辅助核算业务

> **提示**　汇率栏中内容是固定的，不能输入或修改。如使用浮动汇率，汇率栏中显示最近一次汇率，可以直接在汇率栏中修改。

业务 4　数量辅助核算科目

操作指导如下。

① 在填制凭证过程中，输完数量科目"140303"，弹出"辅助项"对话框。

② 输入数量"100"，单价"320"，如图 4-18 所示，单击【确定】按钮。

③ 保存凭证时，登记支票登记簿。

> 增加凭证–数量辅助核算科目

图 4-18　填制第 4 笔业务凭证——数量辅助核算的业务

业务 5　客户往来辅助核算科目

操作指导如下。

① 在填制凭证过程中，输完客户往来科目"1122"，弹出"辅助项"对话框。

② 选择输入客户"苏华"，业务员"沈宝平"，发生日期"2022-01-08"，如图 4-19 所示。

③ 单击【确定】按钮。

> 增加凭证–客户往来辅助核算科目

> **提示**　如果往来单位不属于已定义的往来单位，则要正确输入新往来单位的辅助信息，系统会自动追加到往来单位目录中。

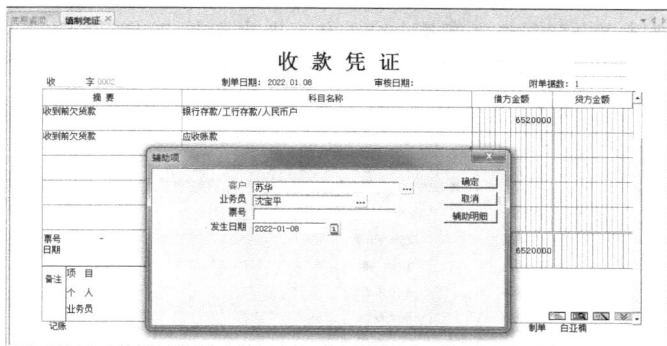

图 4-19 填制第 5 笔业务凭证——客户往来辅助核算

业务 6 供应商往来辅助核算科目

操作指导如下。

① 在填制凭证过程中，输完供应商往来科目"220201"，弹出"辅助项"对话框，如图 4-20 所示。

② 选择输入供应商"新锐"，发生日期"2022-01-10"。

③ 单击【确定】按钮。

增加凭证-供应商往来辅助核算科目

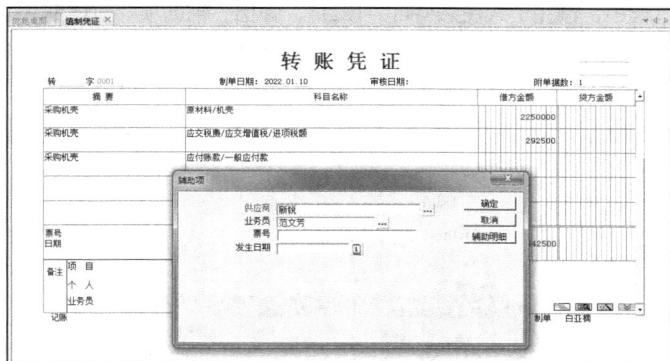

图 4-20 填制第 6 笔业务凭证——供应商往来辅助核算

业务 7 部门辅助核算科目

操作指导如下。

① 在填制凭证过程中，输完部门核算科目"660201"，弹出"辅助项"对话框。

② 选择输入部门"总经办"，单击【确定】按钮，如图 4-21 所示。

增加凭证-部门辅助核算科目

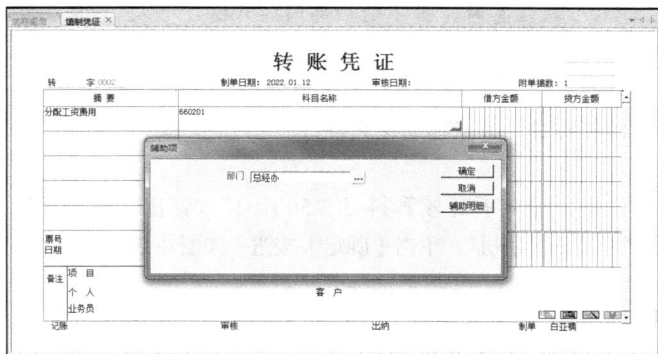

图 4-21 填制第 7 笔业务凭证——部门辅助核算

屏幕上每张凭证上有五个分录行，本业务有 7 行，因此在凭证号后面出现分单号，0002/0002，以示该凭证有多页，如图 4-22 所示。

图 4-22　凭证有多个分录行情况下出现分单号

业务 8　个人往来辅助核算科目

操作指导如下。

① 在填制凭证过程中，输完个人往来科目"1221"，弹出"辅助项"对话框。

② 选择输入部门"总经办"，个人"马国华"，发生日期"2022-01-15"，如图 4-23 所示。

增加凭证-个人
往来辅助核算科目

图 4-23　填制第 8 笔业务凭证——个人往来辅助核算

③ 单击【确定】按钮。

在输入个人信息时，若不输"部门"只输"个人"，系统将根据所输个人名称自动输入其所属的部门。

业务 9　项目辅助核算科目、数量辅助核算科目

操作指导如下。

① 在填制凭证过程中，输完项目核算科目"500101"，弹出"辅助项"对话框。

② 选择输入项目名称"云易手机"，单击【确定】按钮，如图 4-24 所示。

系统根据"数量×单价"自动计算出金额，并将金额先放在借方，如果方向不符，按空格键即可调整金额方向。

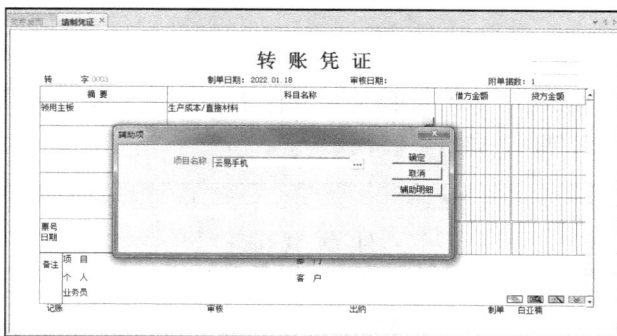

图 4-24　填制第 9 笔业务凭证——项目辅助核算

业务 10　客户往来辅助核算科目、项目辅助核算科目

操作指导略。

（2）修改凭证。操作指导如下。

① 执行"凭证"｜"填制凭证"命令，进入"填制凭证"窗口。

② 单击"⊮ ◄ ► ⊯"按钮，找到要修改的"收-0003"凭证。

③ 将光标放在要修改的地方，本例为金额，直接修改，保存即可。

④ 继续找到"转-0003"凭证，选中"生产成本/直接材料"辅助核算科目行，然后将光标移动到凭证下方的备注栏，待光标变形为"🖉"时双击，弹出"辅助项"对话框。删除已有的"云易手机"，重新选择"云米手机"。

> **提示**
>
> 未经审核的错误凭证可通过"填制凭证"功能直接修改；但是凭证类别不能修改。
>
> 已审核的凭证或已经出纳签字的凭证需由原签字人取消审核签字后，再进行修改。
>
> 若已采用制单序时控制，则在修改制单日期时，不能小于上一张凭证的制单日期。
>
> 若选择"不允许修改、作废他人填制的凭证"权限控制，则不能修改或作废他人填制的凭证。若"允许修改、作废他人填制的凭证"，那么最后一个修改该凭证的人成为该凭证的制单人。
>
> 如果涉及银行科目的分录已录入支票信息，并对该支票做过报销处理，修改操作将不影响"支票登记簿"中的内容。
>
> 外部系统传过来的凭证不能在总账系统中进行修改，只能在生成该凭证的系统中进行修改。

（3）删除凭证。

作废凭证

操作指导如下。

① 在"填制凭证"窗口中，先查询到要作废的凭证"付-0001"。

② 单击✕ 作废/恢复按钮。凭证的左上角显示"作废"，表示该凭证已作废。

> **提示**
>
> 作废凭证仍保留凭证内容及编号，只显示"作废"字样。
>
> 作废凭证不能修改，不能审核。
>
> 在记账时，已作废的凭证应参与记账，否则月末无法结账，但不对作废凭证做数据处理，相当于一张空凭证。
>
> 账簿查询时，查不到作废凭证的数据。
>
> 若当前凭证已作废，可再次单击✕ 作废/恢复按钮，取消作废标志，并将当前凭证恢复为有效凭证。

增加凭证-客户往来+项目辅助核算科目

修改凭证

删除凭证

整理凭证

操作指导如下。

① 在"填制凭证"窗口中，单击 整理凭证 按钮，打开"凭证期间选择"对话框。

② 选择要整理的凭证期间，如图 4-25 所示。

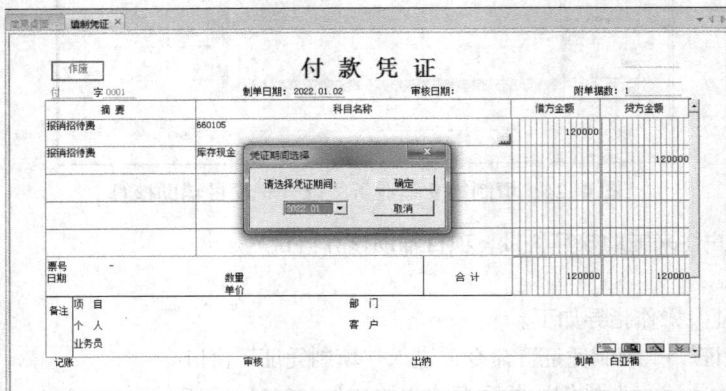

图 4-25 选择凭证期间

③ 单击【确定】按钮，打开"作废凭证表"对话框。

④ 单击【全选】按钮或双击要删除的凭证记录行，选择真正要删除的作废凭证，如图 4-26 所示。

⑤ 单击【确定】按钮，系统将弹出"是否还需整理凭证断号"信息提示框，如图 4-27 所示。

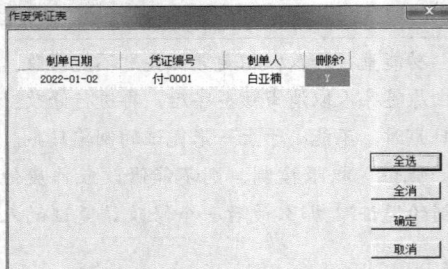

图 4-26 作废凭证表

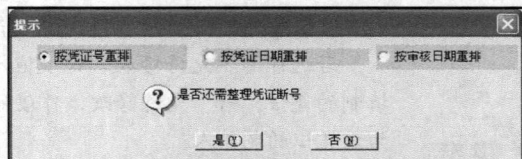

图 4-27 整理凭证断号提示

⑥ 单击【是】按钮，系统将这些凭证从数据库中删除并对剩下的凭证重新排号。

如果作废凭证不想保留，则可以通过"整理凭证"功能，将其彻底删除，并对未记账凭证重新编号。

只能对未记账凭证做凭证整理。

对已记账凭证做凭证整理，应先恢复本月月初的记账前状态，再做凭证整理。

2．出纳签字

（1）更换操作员。操作指导如下。

① 在企业应用平台界面，执行"重注册"命令，打开"登录"对话框。

② 以"402 方萌"的身份注册，再进入总账系统。以出纳身份登录，在总账下只能看到"凭证"和"出纳"两个功能组。

出纳签字

凭证填制人和出纳签字人可以为不同的人，也可以为同一个人。

按照会计制度规定，凭证的填制人与审核人不能是同一个人。

在进行出纳签字和审核之前，通常需先更换操作员。

（2）出纳签字。操作指导如下。

① 执行"凭证"|"出纳签字"命令，打开"出纳签字"查询条件对话框。

② 单击【确定】按钮，进入"出纳签字列表"窗口。

③ 双击某一要签字的凭证，进入"出纳签字"的签字窗口。

④ 单击【签字】按钮，凭证底部的"出纳"处自动签上出纳人姓名。

⑤ 单击 ➡ 下一张按钮，对其他凭证签字，最后单击【退出】按钮。

提示

出纳签字与审核凭证没有顺序关系，既可以在审核凭证前进行，也可以在审核凭证后进行。

涉及指定为现金科目和银行科目的凭证才需出纳签字。

凭证一经签字，就不能被修改、删除，只有取消签字后才可以修改或删除，取消签字只能由出纳自己进行。

凭证签字并非审核凭证的必要步骤。若在设置总账参数时，不选择"出纳凭证必须经由出纳签字"，则可以不执行"出纳签字"命令。

可以执行"批处理"|"成批出纳签字"命令对所有凭证进行出纳签字。

---

3. 审核凭证

操作指导如下。

① 以"401 王莉"的身份重新注册总账系统，执行"凭证"|"审核凭证"命令，打开"凭证审核"查询条件对话框。

② 单击【确定】按钮，进入"凭证审核列表"窗口，如图 4-28 所示。

③ 双击要审核的凭证，进入"审核凭证"的窗口，如图 4-29 所示。

④ 检查要审核的凭证，无误后，单击【审核】按钮，凭证底部的"审核"处自动签上审核人姓名，并自动翻到下一张凭证。

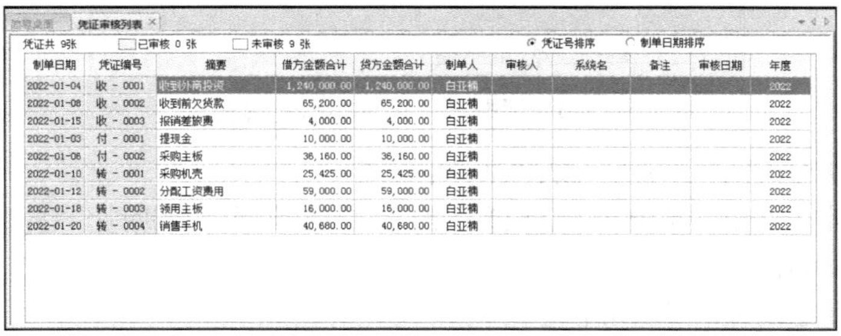

图 4-28　凭证审核列表窗口

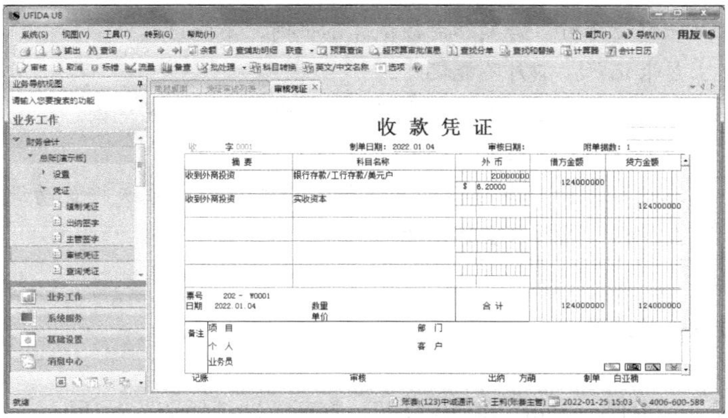

图 4-29　审核凭证窗口

审核日期必须大于等于制单日期。

审核中发现凭证错误可以进行"标错"处理，以方便制单人准确定位错误凭证进行修改。

作废凭证不能被审核，也不能被标错。

审核人和制单人不能是同一个人。凭证一经审核，不能被修改、删除，只有取消审核签字后才可修改或删除。已标记作废的凭证不能被审核，需取消作废标记后才能审核。

可以执行"批处理"|"成批审核凭证"功能对所有凭证进行审核签字。

4．记账

操作指导如下。

① 执行"凭证"|"记账"命令，进入"记账"对话框。

② 选择要进行记账的凭证范围。例如，在付款凭证的"记账范围"栏中输入"1-3"，本例单击【全选】按钮，选择所有凭证，如图 4-30 所示，单击【记账】按钮。

记账

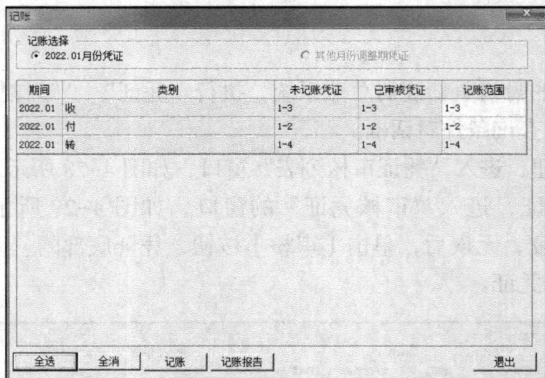

期间	类别	未记账凭证	已审核凭证	记账范围
2022.01	收	1-3	1-3	1-3
2022.01	付	1-2	1-2	1-2
2022.01	转	1-4	1-4	1-4

图 4-30　记账——选择本次记账范围

③ 系统进行记账前试算，并显示期初试算平衡表。

④ 单击【确定】按钮，系统开始登记有关的总账和明细账、辅助账。登记完后，弹出"记账完毕！"信息提示对话框。

⑤ 单击【确定】按钮，记账完毕。

⑥ 单击【退出】按钮返回。

第一次记账时，若期初余额试算不平衡，不能记账。

上月未记账，本月不能记账。

未审核凭证不能记账，记账范围应小于等于已审核范围。

作废凭证不需审核可直接记账。

记账过程中一旦断电或因其他原因造成中断，系统将自动调用"恢复记账前状态"恢复数据，然后再重新记账。

5．冲销凭证

以 403 白亚楠身份登录总账。

操作指导如下。

① 在"填制凭证"窗口，单击 冲销凭证 按钮，打开"冲销凭证"对话框。

② 输入条件：选择"月份""凭证类别"；输入"凭证号"等信息，如

冲销凭证

图 4-31 所示。

③ 单击【确定】按钮，系统自动生成一张红字冲销凭证，如图 4-32 所示。

图 4-31 冲销凭证

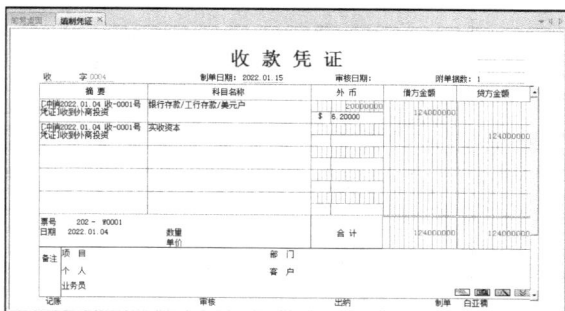

图 4-32 生成红字冲销凭证

通过红字冲销法增加的凭证，应视同正常凭证进行保存和管理。

红字冲销只能针对已记账凭证进行。

红字冲销凭证也可以手工填制。

练习将该红字冲销凭证删除。

6. 账证查询

（1）查询凭证。查询现金支出在 5 000 元以上的凭证。操作指导如下。

① 执行"凭证"|"查询凭证"命令，打开"凭证查询"对话框。

② 单击【辅助条件】按钮，设置科目为"1001"，方向为"贷方"，金额为"5 000"，如图 4-33 所示。

账证查询-查询凭证

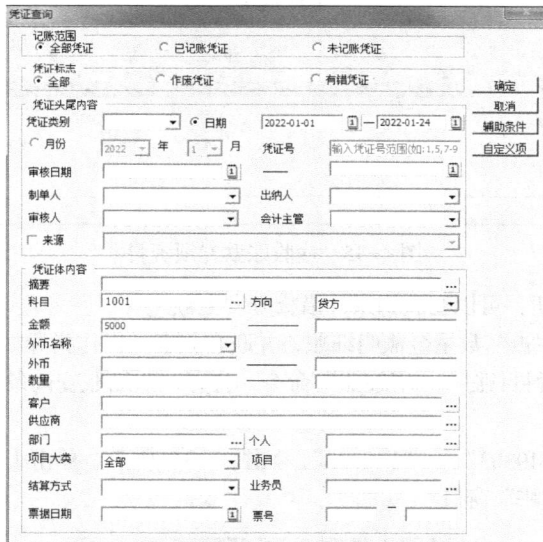

图 4-33 查询凭证

③ 单击【确定】按钮，系统弹出"没有符合条件的凭证"信息提示框。

④ 单击【确定】按钮返回。

（2）查询余额表。查询 2022 年 1 月余额表并联查应收账款专项资料。操作指导如下。

① 执行"账表"|"科目账"|"余额表"命令，打开"发生额及余额查询条

账证查询-查询
余额表

件”对话框。

② 单击【确定】按钮，进入“发生额及余额表”窗口，如图 4-34 所示。

发生额及余额表

月份：2022.01-2022.01

科目编码	科目名称	期初余额		本期发生		期末余额	
		借方	贷方	借方	贷方	借方	贷方
1001	库存现金	10,466.00		10,940.00		21,406.00	
1002	银行存款	136,467.66		1,305,200.00	46,160.00	1,395,507.66	
1122	应收账款	107,200.00		40,680.00	65,200.00	82,680.00	
1221	其他应收款	7,000.00			4,000.00	3,000.00	
1231	坏账准备		9,780.00				9,780.0
1403	原材料	167,600.00		54,500.00	16,000.00	206,100.00	
1405	库存商品	1,287,000.00				1,287,000.00	
1601	固定资产	347,900.00				347,900.00	
1602	累计折旧		110,899.26				110,899.26
资产小计		2,063,633.66	120,679.26	1,411,320.00	131,360.00	3,343,593.66	120,679.26
2001	短期借款		200,000.00				200,000.00
2202	应付账款		49,515.00		25,425.00		74,940.00
2211	应付职工薪酬		281,982.40		59,000.00		340,982.40
2221	应交税费		9,800.00	7,085.00	4,680.00		7,395.00
2501	长期借款		500,000.00				500,000.00
负债小计			1,041,297.40	7,085.00	89,105.00		1,123,317.40
4001	实收资本		600,000.00		1,240,000.00		1,840,000.00
4002	资本公积		160,000.00				160,000.00
4101	盈余公积		60,605.00				60,605.00
4104	利润分配		81,052.00				81,052.00
权益小计			901,657.00		1,240,000.00		2,141,657.00
5001	生产成本			36,000.00		36,000.00	
5101	制造费用			4,000.00		4,000.00	

图 4-34　发生额及余额表

③ 将光标定位在“1122 应收账款”，单击【专项】按钮，打开“客户科目余额表”对话框，查看各个客户的期初余额、本期发生额和期末余额专项资料，如图 4-35 所示。

科目余额表

科目 1122 应收账款　　月份：2022.01-2022.01

科目		客户		方向	期初余额	借方	贷方	方向	期末余额
编码	名称	编号	名称		本币	本币	本币		本币
1122	应收账款	001	慧童	借	42,000.00			借	42,000.00
1122	应收账款	002	苏华	借	65,200.00		65,200.00	平	
1122	应收账款	003	蓝亭	平		40,680.00		借	40,680.00
合计:				借	107,200.00	40,680.00	65,200.00	借	82,680.00

图 4-35　应收账款专项资料

④ 单击【累计】按钮，可以查看到累计借贷方发生额。

（3）查询“原材料/主板”数量金额明细账，并联查凭证。操作指导如下。

账证查询–查询数量金额明细账

① 执行“账表”|“科目账”|“明细账”命令，打开“明细账查询条件”对话框。

② 选择查询科目“140303”—“140303”，如图 4-36 所示。单击【确定】按钮，进入“原材料明细账”窗口。

图 4-36　明细账查询条件

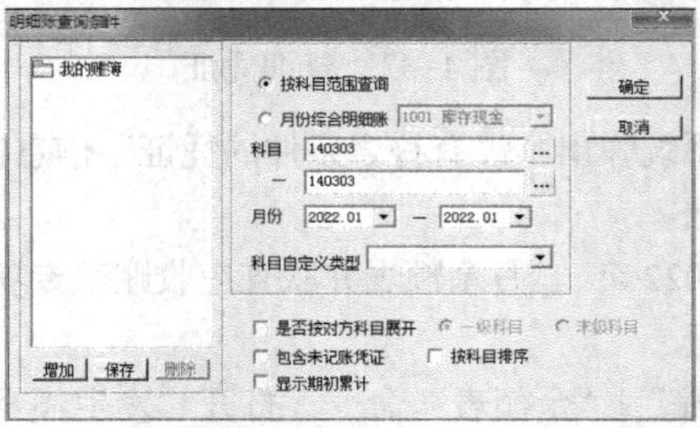

提示

手工状态下，凭证未经审核记账在账簿中查不到相关资料，但在计算机系统中，如果选中“包含未记账凭证”复选框，那么可以查询包含未记账凭证在内的明细账。

③ 在右上角选择“数量金额式”账页形式，显示如图 4–37 所示。

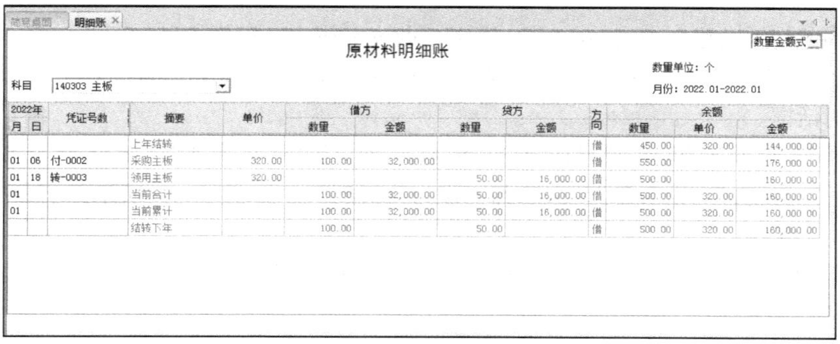

原材料明细账

数量金额式

科目 140303 主板　　数量单位：个　　月份：2022.01-2022.01

2022年 月	日	凭证号数	摘要	单价	借方 数量	借方 金额	贷方 数量	贷方 金额	方向	余额 数量	余额 单价	余额 金额
			上年结转						借	450.00	320.00	144,000.00
01	06	付-0002	采购主板	320.00	100.00	32,000.00			借	550.00		176,000.00
01	18	转-0003	领用主板	320.00			50.00	16,000.00	借	500.00		160,000.00
01			当前合计		100.00	32,000.00	50.00	16,000.00	借	500.00	320.00	160,000.00
01			当前累计		100.00	32,000.00	50.00	16,000.00	借	500.00	320.00	160,000.00
			结转下年		100.00		50.00		借	500.00	320.00	160,000.00

图 4–37　数量金额明细账

④ 将光标定位在“转–0003”记录行，单击凭证按钮，联查凭证。

提示

在明细账查询中可以联查总账和记账凭证。

（4）查询多栏账。定义并查询管理费用多栏账。操作指导如下。

① 执行“账表”|“科目账”|“多栏账”命令，打开“多栏账”对话框。

② 单击【增加】按钮，打开“多栏账定义”对话框。选择核算科目“6602 管理费用”，单击【自动编制】按钮，系统自动将管理费用下的明细科目作为多栏账的栏目，如图 4–38 所示。

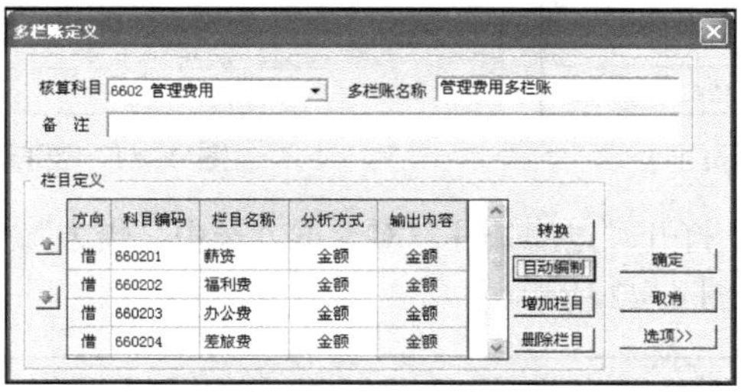

图 4–38　“管理费用”多栏账定义

账证查询–查询多栏账

③ 单击【确定】按钮，完成管理费用多栏账的定义。

④ 单击【查询】按钮，打开“多栏账查询”对话框，单击【确定】按钮，显示管理费用多栏账，如图 4–39 所示。

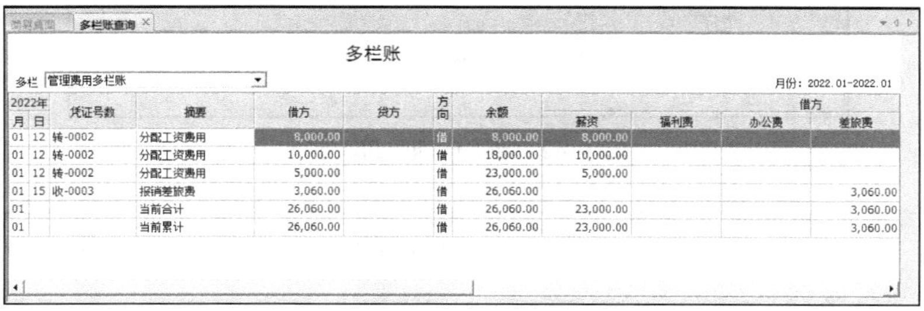

多栏账

多栏 管理费用多栏账　　月份：2022.01-2022.01

2022年 月	日	凭证号数	摘要	借方	贷方	方向	余额	借方 薪资	借方 福利费	借方 办公费	借方 差旅费
01	12	转-0002	分配工资费用	8,000.00		借	8,000.00	8,000.00			
01	12	转-0002	分配工资费用	10,000.00		借	18,000.00	10,000.00			
01	12	转-0002	分配工资费用	5,000.00		借	23,000.00	5,000.00			
01	15	收-0003	报销差旅费	3,060.00		借	26,060.00				3,060.00
01			当前合计	26,060.00		借	26,060.00	23,000.00			3,060.00
01			当前累计	26,060.00		借	26,060.00	23,000.00			3,060.00

图 4–39　“管理费用”多栏账

> **提示**
> 多栏账需要先定义再查询，定义是一次性的。
> 普通多栏账由系统将要分析的下级科目自动生成"多栏账"。
> 自定义多栏账可以根据管理需要将不同科目或不同级次的科目形成多栏账，栏目内容、分析方向等均可以定义。

7．辅助账查询

（1）查询部门辅助账。查询 2022 年 1 月部门收支分析表。操作指导如下。

① 执行"账表"｜"部门辅助账"｜"部门收支分析"命令，打开"部门收支分析条件"对话框。

② 选择管理费用下的明细科目作为分析科目，单击【下一步】按钮。

③ 选择"总经办""财务部""采购部"作为分析部门，如图 4-40 所示，单击【下一步】按钮。

④ 选择"2022.01"作为分析月份，单击【完成】按钮，系统显示部门收支分析表，如图 4-41 所示。

辅助账查询–查询
部门辅助账

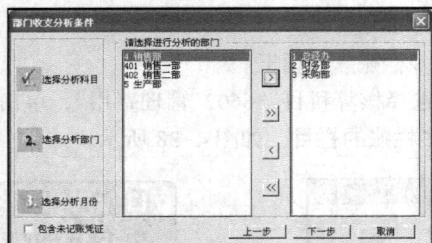

图 4-40　选择分析部门

图 4-41　部门收支分析表

⑤ 单击【过滤】按钮，打开"过滤条件"对话框。选中"借方"，单击【确定】按钮，显示几个部门的本期支出情况，如图 4-42 所示。

图 4-42　部门本期支出分析

> **提示**
> 仔细观察一下，图 4-42 所示内容是不是就是我们前面提过的"管理费用明细表"呢？

（2）查询个人辅助账。查询总经办马国华个人往来清理情况。操作指导如下。

① 执行"账表"|"个人往来账"|"个人往来清理"命令，打开"个人往来两清条件"对话框。

② 选择个人"001 马国华"；选中左下角"显示已全部两清"复选框，单击【确定】按钮，进入"个人往来两清"窗口。

③ 单击【勾对】按钮，系统弹出"是否对查询条件范围内的数据进行两清？"信息提示。

④ 单击【是】按钮，系统显示"自动勾对结果"对话框。单击【确定】按钮自动将已达账项打上已结清的标志，如图 4-43 所示。

图 4-43　个人往来两清

（3）查询客户往来辅助账。进行客户往来账龄分析。操作指导如下。

① 执行"账表"|"客户往来辅助账"|"客户往来账龄分析"命令，打开"客户往来账龄"对话框。

② 选择查询科目"1122 应收账款"，单击【确定】按钮，显示客户往来账龄分析情况，如图 4-44 所示。

图 4-44　客户往来账龄分析

（4）查询项目账。查询"云米手机"项目明细账，进行"产品"项目大类的统计分析。操作指导如下。

① 执行"账表"|"项目辅助账"|"项目统计分析"命令，打开"项目统计条件"对话框。

② 选择项目大类"产品"下的全部统计项目，单击【下一步】按钮。

③ 选择"500101 生产成本/直接材料"科目作为统计科目，单击【下一步】按钮。

④ 选择统计月份"2022.01"，单击【完成】按钮，显示项目统计情况，如图 4-45 所示。

项目统计表

2022.01-2022.01

金额式

项目分类及项目名称	项目编号	统计方式	方向	合计 金额	直接材料（500101）金额
手机（1）		期初	平		
		借方		16,000.00	16,000.00
		贷方			
		期末	借	16,000.00	16,000.00
云米手机（01）	01	期初	平		
		借方		16,000.00	16,000.00
		贷方			
		期末	借	16,000.00	16,000.00
合计		期初	平		
		借方		16,000.00	16,000.00
		贷方			
		期末	借	16,000.00	16,000.00

图 4–45　项目统计表

8．出纳管理

以 402 方萌身份完成以下各项工作。

（1）查询现金日记账。操作指导如下。

出纳管理–查询现金日记账

① 执行“出纳”|“现金日记账”命令，打开“现金日记账查询条件”对话框。

② 选择科目“1001 库存现金”，默认月份“2022.01”，单击【确定】按钮，进入“现金日记账”窗口，如图 4–46 所示。

现金日记账

金额式

科目 1001 库存现金　　月份：2022.01-2022.01

2022年 月	日	凭证号数	摘要	对方科目	借方	贷方	方向	余额
			上年结转				借	10,466.00
01	03	付-0001	提现金	10020101	10,000.00		借	20,466.00
01	03		本日合计		10,000.00		借	20,466.00
01	15	收-0003	报销差旅费	1221	940.00		借	21,406.00
01	15		本日合计		940.00		借	21,406.00
01			当前合计		10,940.00		借	21,406.00
01			当前累计		10,940.00		借	21,406.00
			结转下年				借	21,406.00

图 4–46　现金日记账

③ 双击某行或将光标定位在该行再单击【凭证】按钮，可查看相应的凭证。

（2）查询资金日报表。操作指导如下。

出纳管理–查询资金日报表

① 执行“出纳”|“资金日报”命令，打开“资金日报表查询条件”对话框。

② 输入查询日期“2022.01.15”。选择“有余额无发生额也显示”复选框。

③ 单击【确定】按钮，进入“资金日报表”窗口，如图 4–47 所示。关闭返回。

资金日报表

日期：2022.01.15

科目编码	科目名称	币种	今日共借	今日共贷	方向	今日余额	借方笔数	贷方笔数
1001	库存现金		940.00		借	21,406.00	1	
1002	银行存款				借	1,392,527.66		
合计			940.00		借	1,413,933.66	1	
		美元			借	200,000.00		

图 4–47　资金日报表

提示

在资金日报表中可以查询库存现金、银行存款科目某日的发生额和余额情况。

如果选中“有余额无发生额也显示”，那么即使库存现金或银行存款科目在查询日没有发生业务也显示。

（3）登记支票登记簿。操作指导如下。

① 执行"出纳"｜"支票登记簿"命令，打开"银行科目选择"对话框。

② 选择科目人民币户"10020101"，单击【确定】按钮，进入"支票登记"窗口。

③ 单击【增加】按钮。

④ 输入领用日期"2022.01.22"，领用部门"采购部"，领用人"范文芳"，支票号"Z1655"，预计金额"20 000"，用途"采购高清摄像头"，单击【保存】按钮，如图4-48所示。关闭返回。

图 4-48　支票登记

> **提示**
>
> 只有在总账选项中选择了"支票控制"且在结算方式设置中选择了"票据管理标志"功能，才能在此选择登记。
>
> 不同的银行账户分别登记支票登记簿。
>
> 领用日期和支票号必须输入，其他内容可输入也可不输入。
>
> 支票登记簿中报销日期为空时，表示该支票未报销。已报销的支票可成批删除。
>
> 当支票支出后，在填制凭证时输入该支票的结算方式和结算号，系统会自动在支票登记簿中将该支票标注报销日期。

（4）银行对账。操作指导如下。

输入银行对账期初数据

① 在总账系统中，执行"出纳"｜"银行对账"｜"银行对账期初录入"命令，打开"银行科目选择"对话框。

② 选择科目"10020101 人民币户"，单击【确定】按钮，进入"银行对账期初"对话框。

③ 输入单位日记账的调整前余额"114 467.66"；输入银行对账单的调整前余额"136 467.66"。

④ 单击【对账单期初未达项】按钮，进入"银行方期初"窗口。

⑤ 单击【增加】按钮，输入日期"2021.12.31"，结算方式"202"，票号"1622"，借方金额"22 000"。

⑥ 单击【保存】按钮，单击【退出】按钮，如图4-49所示。

图 4-49　银行对账期初

> **提示**
>
> 第一次使用银行对账功能前，系统要求录入日记账及对账单未达账项，在开始使用银行对账之后就不再使用。
>
> 在录入完单位日记账、银行对账单期初未达账项后，请不要随意调整启用日期，尤其是向前调，这样可能会造成启用日期后的期初数不能再参与对账。

录入银行对账单

① 执行"出纳"|"银行对账"|"银行对账单"命令，打开"银行科目选择"对话框。

② 选择科目"10020101 人民币户"，月份"2022.01—2022.01"，单击【确定】按钮，进入"银行对账单"窗口。

③ 单击【增加】按钮，输入银行对账单数据，单击【保存】按钮，如图 4-50 所示。

银行对账-录入
银行对账单

图 4-50　录入银行对账单

银行对账-自动对账

① 执行"出纳"|"银行对账"|"银行对账"命令，打开"银行科目选择"对话框。

② 选择科目"10020101 人民币户"，月份"2022.01—2022.01"，单击【确定】按钮，进入"银行对账"窗口。

③ 单击【对账】按钮，打开"自动对账"条件对话框。

④ 输入截止日期"2022.01.31"，默认系统提供的其他对账条件。

⑤ 单击【确定】按钮，显示自动对账结果，如图 4-51 所示。

银行对账-
自动对账

图 4-51　银行对账

提示　对账条件中的"方向、金额相同"是必选条件，对账截止日期可输入也可不输入。

对于已达账项，系统自动在银行存款日记账和银行对账单双方的"两清"栏打上圆圈标志。

银行对账-手工对账

手工对账是对自动对账的补充。自动对账完成后，可能还有一些特殊的已达账没有对出来，而被视为未达账项，为了保证对账更彻底正确，可以用手工对账来进行调整。

① 在银行对账窗口，对于一些应勾对而未勾对上的账项，可分别双击"两清"栏，直接进行手工调整。保存后，手工对账的标记为"Y"，以区别于自动对账标记。

② 对账完毕后，单击【检查】按钮，检查结果平衡，单击【确定】按钮。

输出余额调节表

① 执行"出纳"|"银行对账"|"余额调节表查询"命令，进入"银行存款余额调节表"窗口。

② 选中科目"10020101 人民币户"。

银行对账-输出
余额调节表

③ 单击【查看】或双击该行，即显示该银行账户的银行存款余额调节表。

> 银行存款余额调节表应显示账面余额平衡，如果不平衡应找出原因。
>
> 银行对账完成之后，如果确定对账结果无误，可以使用"核销银行账"功能核销已达账。

9. 备份账套

全部完成后，将账套输出至"总账日常业务"文件夹中。

4.4.2　拓展任务

1. 常用凭证

在日常填制凭证的过程中，许多凭证部分相同或完全相同，如果每一次都重新填制，必然十分烦琐。财务人员可以将这样的凭证以常用凭证的方式储存起来，当下一次需要填制类似业务的凭证时，则将该常用凭证复制一张出来，稍做修改即可生成一张新凭证。这将大大提高业务处理的效率。利用用友 U8 总账系统中常用凭证功能即可解决上述问题。

【拓展 1】中诚通讯每个月都为管理人员报销固定的通信费。在 123 账套中，定义常用凭证 01，内容为

借：管理费用/通信费　　　　　　　　　　　　　　　　　　　　300
　贷：库存现金　　　　　　　　　　　　　　　　　　　　　　　　　300

操作指导如下。

① 在企业应用平台"基础设置"|"基础档案"|"财务"|"会计科目"中增加"660207 通信费"科目。

② 在总账系统中填制凭证。从"常用凭证"下拉列表框中选择"生成常用凭证"，打开"常用凭证生成"对话框。输入常用凭证代号和说明，如图 4-52 所示。

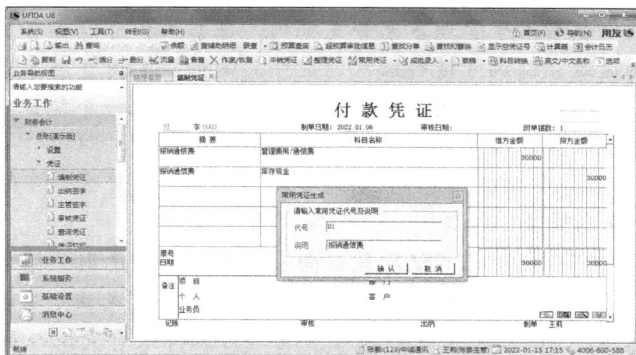

拓展-定义常用凭证

图 4-52　常用凭证

③ 单击【确认】按钮保存。常用凭证保存之后，当下一次要填制与常用凭证相同的记账凭证时，可以在填制凭证窗口中，从"常用凭证"下拉列表框中选择"调用常用凭证"，复制已有的常用凭证生成一张新的凭证。

2. 凭证编号的灵活处理

用友 U8 中支持两种凭证编号方式：一种是系统编号，每增加一张凭证时，系统自动按照凭证类别按月顺序编号；另一种是手工编号，增加凭证时需要人工录入凭证号。相比而言，第一种方式更加简单、快捷。因此在实际应用中，往往大家都会选择系统编号方式。但如果遇到月末对已填凭证进行删除的情况，在对作废凭证进行整理时，系统会提示"是否整理断号"，这时用户就会面临两个选择。一是选择整理断号，则该笔凭证后面的凭证编号自动提前，但系统中的凭证号发生了改变，如果存在已打印的凭证，这时就需要重新打印；二是不整理断号，在系统中则会出现删

除凭证所对应的凭证号空缺，如果不补充这个凭证编号，那这个号码则是空凭证。所以从应用来说，如何灵活地处理凭证编号，既保证日常录入的快捷，又保证结账后系统中的凭证与纸质凭证一致，且不出现断号，是客户的现实需求。

遇到上述情况，当通过整理凭证删除凭证时，不通过系统进行整理编号，而是人工将编号方式修改为"手工编号"，再录入一张新凭证，然后手工将该凭证编号填写为之前已删除的凭证号，保存，即可完成断号的填补。

【拓展 2】假定某企业客户选择系统编号，月末发现一张在月中填制的凭证需要作废删除，但该凭证及后续凭证均已打印。

操作指引如下。

① 在填制凭证界面，单击【作废/恢复】按钮，将需要删除的凭证进行作废处理。

② 单击【整理凭证】按钮，系统提示图 4-53 所示的信息时，单击【否】按钮。

图 4-53 "是否还需整理凭证断号"系统提示

③ 执行"总账"|"设置"|"选项"命令，将凭证编号方式选择为"手工编号"。

④ 增加一张凭证，手工录入凭证编号，如刚才已删除凭证的编号"0003"，保存即可。

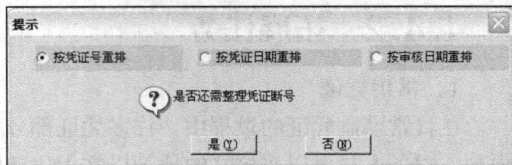

> **提示**　该操作结束后，为方便下月使用，建议将选项修改回"系统编号"。

难点　　　　手工编号的适用场景

企业何时会选择手工编号方式呢？常见的有以下两种情况。

1．一套账管理多家分支机构

在一些企业中，一套账用于管理多家分支机构，每家机构可能都有财务人员在账套中录入凭证，因此往往会通过凭证编号进行来源的区分。例如，某商贸企业有多家分店，在用友 U8 中使用同一个账套，总部会计会给每家分店的财务人员分配一个凭证号的数。例如，一分店为 1，则该分店财务人员录入凭证时，手工对凭证进行编号，即按 1-001、1-002 顺序排列；二分店则可为 2-001、2-002，这样就实现了同一个账套内可区分不同组织的凭证来源。

2．信息化实施时补录凭证

企业在实施阶段，可能出现已有纸质凭证向系统中补录的情形。例如，某企业决定自 1 月开始使用用友 U8 系统管理财务数据，但在正式环境准备完成且可以录入数据时，已是 2 月，这时财务人员需要将 1 月的凭证补录入系统，为保持纸质凭证与系统中的凭证编号一致，则需要将系统设置为"手工编号"，以便于核对。

4.5　总账期末业务处理实务

4.5.1　基本任务

总账期末业务处理资料

1．自动转账定义

（1）自定义结转。按短期借款期初余额计提短期借款利息（年利率为 8%）。

借：财务费用/利息（660301）　　JG() 取对方科目计算结果

贷：应付利息（2231）　　　短期借款 2001 科目的期初余额×0.08/12

（2）对应结转。结转制造费用。

（3）期间损益结转。设置本年利润科目为 4103；凭证类别为"转账凭证"。

2．自动转账生成

（1）生成自定义结转凭证和对应结转凭证。

（2）生成对应结转凭证。

（3）生成期间损益结转凭证。

3．对账

4．结账

总账期末业务处理指导

由系统管理员在系统管理模块中引入"总账日常业务"账套。以"403 白亚楠"的身份注册进入企业应用平台，进行转账定义和转账生成；以账套主管身份进行审核、记账、对账、结账处理。

1．自动转账定义

（1）自定义结转设置。操作指导如下。

① 执行"总账"|"期末"|"转账定义"|"自定义转账"命令，进入"自动转账设置"窗口。

② 单击【增加】按钮，打开"转账目录"设置对话框。

③ 输入转账序号"0001"，转账说明"计提短期借款利息"，选择凭证类别为"转账凭证"，如图 4-54 所示。

④ 单击【确定】按钮，继续定义转账凭证分录信息。

⑤ 单击【增行】按钮，确定分录的借方信息。选择科目编码"660301"，方向"借"，输入金额公式"JG()"。

提示　输入转账计算公式有两种方法：一是直接输入计算公式；二是以引导方式录入公式。

JG() 的含义为"取对方科目计算结果"，其中的"()"必须为英文符号，否则系统提示"金额公式不合法：未知函数名"。

---

⑥ 单击【增行】按钮。

⑦ 确定分录的贷方信息。选择科目编码"2231"，方向"贷"，在金额公式栏单击参照按钮，打开"公式向导"对话框，选择"期初余额 QC()"，单击【下一步】按钮。

⑧ 选择科目"2001"，单击【完成】按钮，返回金额公式栏。

⑨ 继续输入"×0.08/12"，如图 4-55 所示。

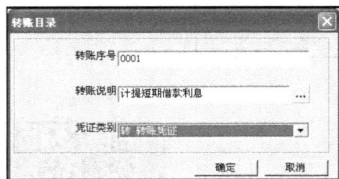

图 4-54　转账目录

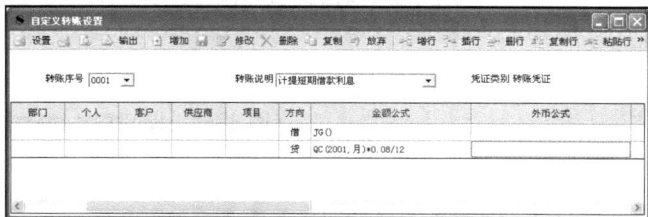

图 4-55　自定义转账设置

⑩ 单击【保存】按钮。

（2）对应结转设置。操作指导如下。

① 执行"总账"|"期末"|"转账定义"|"对应结转"命令，打开"对应结转设置"对话框。

② 输入编号"0002"，选择凭证类别"转账凭证"，摘要"结转制造费用"，转出科目"510101/制造费用/工资"。单击【增行】按钮，输入转入科目"500103 生产成本/制造费用"，结转系数为"1"，如图 4-56 所示。

自动转账定义-
对应结转

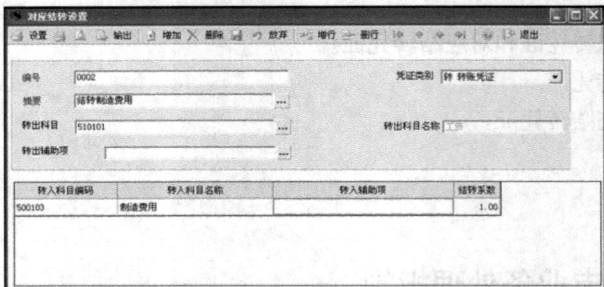

图 4-56　对应结转设置

③ 单击【保存】按钮。

对应结转的两个科目的下级科目结构必须一致，如果有辅助核算，辅助核算账类也必须一致。

对应结转只能结转期末余额。

（3）期间损益结转设置。操作指导如下。

① 执行"总账"|"期末"|"转账定义"|"期间损益"命令，进入"期间损益结转设置"对话框。

② 选择凭证类别"转账凭证"，选择本年利润科目"4103"，如图 4-57 所示，单击【确定】按钮。

自动转账定义-
期间损益结转

图 4-57　期间损益结转定义

2. 转账生成

以"403 白亚楠"身份注册进入企业应用平台。

（1）自定义转账生成。操作指导如下。

① 执行"总账"|"期末"|"转账生成"命令，进入"转账生成"对话框。

② 选中"自定义转账"单选按钮，单击【全选】按钮，如图 4-58 所示。

转账生成-自定义
转账生成

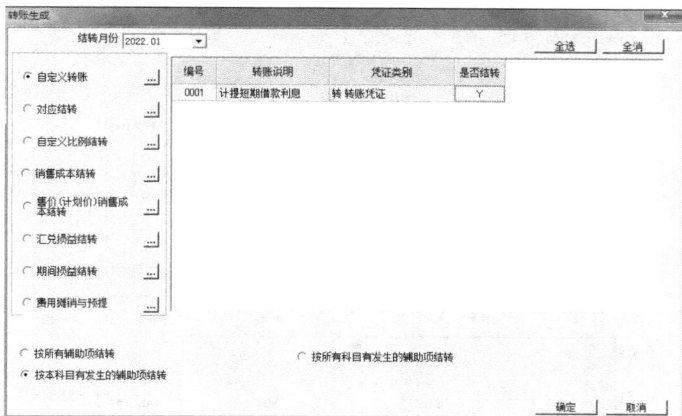

图 4-58 "转账生成"对话框

③ 单击【确定】按钮，系统生成转账凭证。

④ 单击【保存】按钮，系统自动将当前凭证追加到未记账凭证中，凭证左上角出现"已生成"标志，如图 4-59 所示。

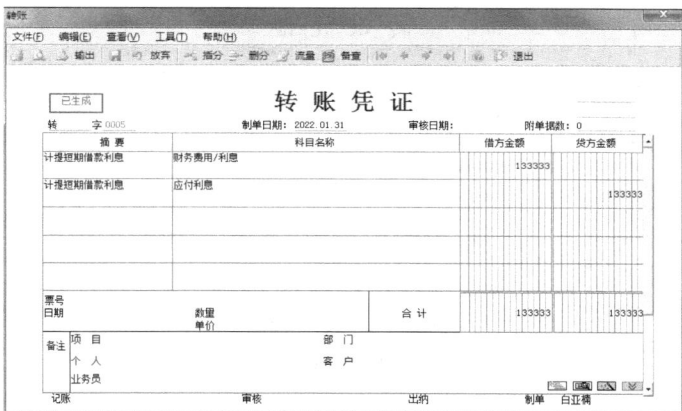

图 4-59 自定义转账生成

进行转账生成之前，先将相关经济业务的记账凭证登记入账。

生成的转账凭证，仍需审核，才能记账。

（2）对应结转生成。操作指导如下。

① 执行"总账"|"期末"|"转账生成"命令，进入"转账生成"对话框。

② 选中"对应结转"单选按钮，单击【全选】按钮，单击【确定】按钮，生成转账凭证。

③ 单击【保存】按钮，凭证左上角显示"已生成"字样，如图 4-60 所示。

④ 单击"退出"按钮返回。

⑤ 以账套主管"王莉"身份对以上两张生成的自动转账凭证进行审核、记账。

（3）期间损益结转生成。由白亚楠进行期间损益凭证生成。操作指导如下。

① 执行"总账"|"期末"|"转账生成"命令，进入"转账生成"对话框。

② 选中"期间损益结转"单选按钮。

③ 单击【全选】按钮，单击【确定】按钮，生成转账凭证。

转账生成-对应结转生成

转账生成-期间损益结转生成

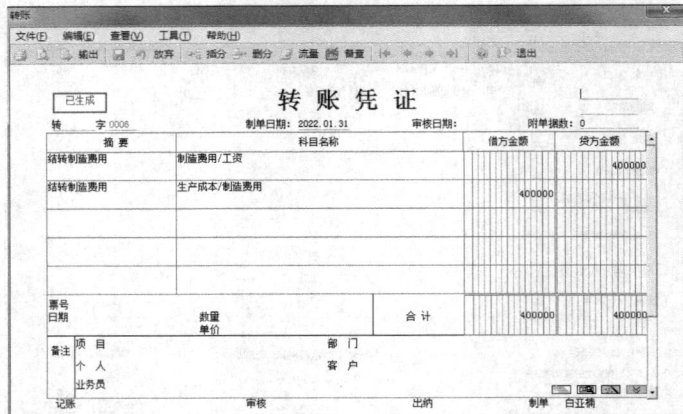

图 4-60　对应结转凭证

④ 单击【保存】按钮，凭证左上角显示"已生成"字样，如图 4-61 所示。

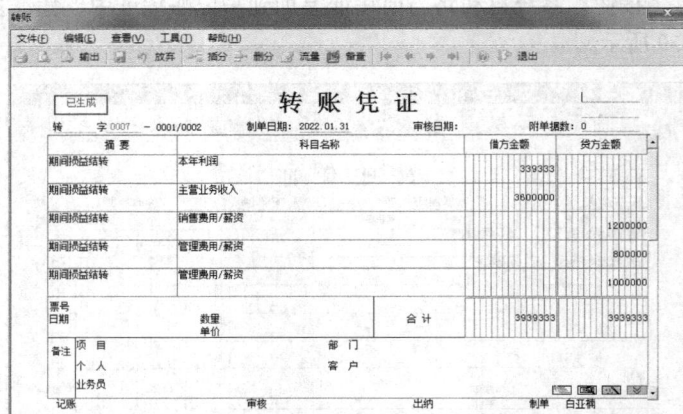

图 4-61　期间损益结转凭证

⑤ 以"王莉"身份对生成的期间损益结转凭证进行审核、记账。

3．对账

以"王莉"的身份进行对账、结账。操作指导如下。

① 执行"期末"|"对账"命令，进入"对账"对话框。

② 将光标定位在要进行对账的月份"2022.01"，单击【选择】按钮。

③ 单击【对账】按钮，开始自动对账，并显示对账结果，如图 4-62 所示。

④ 单击【试算】按钮，可以对各科目类别余额进行试算平衡。

对账

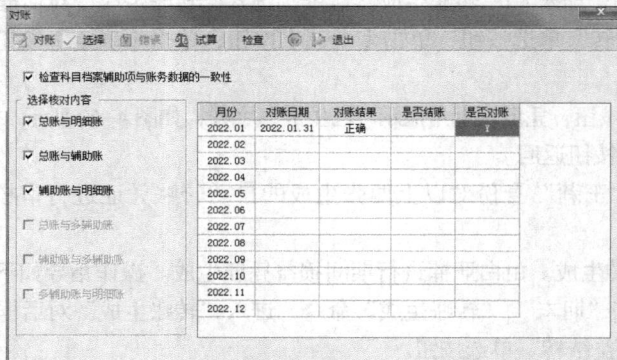

图 4-62　对账

4．结账

操作指导如下。

结账

① 执行"期末"|"结账"命令，进入"结账"对话框。

② 单击要结账月份"2022.01"，单击【下一步】按钮。

③ 单击【对账】按钮，系统对要结账的月份进行账账核对。

④ 单击【下一步】按钮，系统显示"2022 年 01 月工作报告"，如图 4-63 所示。

图 4-63　结账——月度工作报告

⑤ 查看工作报告后，单击【下一步】按钮，单击【结账】按钮，若符合结账要求，系统将进行结账，否则不予结账。

提示

结账只能由有结账权限的人进行。

若本月还有未记账凭证，则本月不能结账。

结账必须按月连续进行，上月未结账，则本月不能结账。

若总账与明细账对账不符，则不能结账。

如果与其他系统联合使用，其他子系统未全部结账，则本月不能结账。

结账前，要进行数据备份。

结账后，不能再处理本月业务。

5．账套备份

全部完成后，将账套输出至"总账期末处理"文件夹中。

4.5.2　拓展任务

首先回顾一下总账业务处理流程：填制凭证——复核凭证——记账——结账。复核后的凭证不能无痕迹修改，本月凭证结账之后不能再录入。如果结账之后发现本月有漏记的业务，该如何处理呢？我们要循着正常的业务处理流程进行逆向操作。

【拓展 1】取消 2022 年 1 月总账结账。

操作指导如下。

拓展-取消结账

① 执行"期末"|"结账"命令，进入"结账"对话框。

② 选择要取消结账的月份"2022.01"。

③ 按"Ctrl+Shift+F6"组合键，系统打开"确认口令"对话框，如图 4-64 所示。

④ 输入主管口令，单击【确定】按钮，取消结账标记。

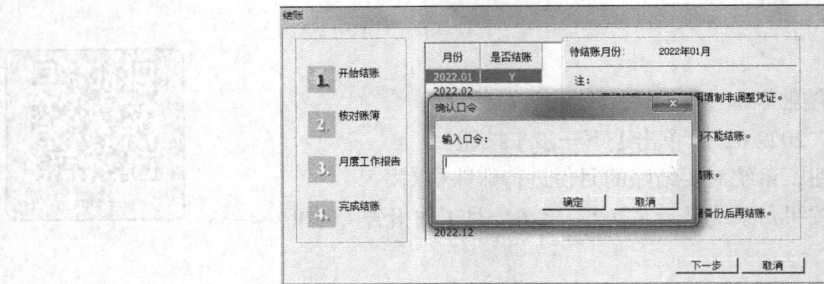

图 4-64　取消结账时输入主管口令

【拓展 2】 取消 2022 年 1 月记账。

操作指导如下。

（1）激活"恢复记账前状态"菜单。

① 执行"期末"|"对账"命令，进入"对账"对话框。

② 按"Ctrl+H"组合键，弹出"恢复记账前状态功能已被激活。"信息提示框，如图 4-65 所示，单击【确定】按钮返回，"凭证"菜单下显示"恢复记账前状态"菜单项。

③ 单击【退出】按钮。

拓展-恢复记账前状态

> 如果退出系统后又重新进入系统或在"对账"中按"Ctrl+H"组合键，将重新隐藏"恢复记账前状态"功能。

提示

（2）恢复记账。

① 执行"凭证"|"恢复记账前状态"命令，打开"恢复记账前状态"对话框。

② 选择恢复方式，如图 4-66 所示。

③ 单击【确定】按钮，弹出"请输入主管口令"信息提示框。

④ 输入主管口令，单击【确定】按钮，稍候，系统弹出"恢复记账完毕！"信息提示对话框，单击【确定】按钮。

> 已结账月份的数据不能取消记账。

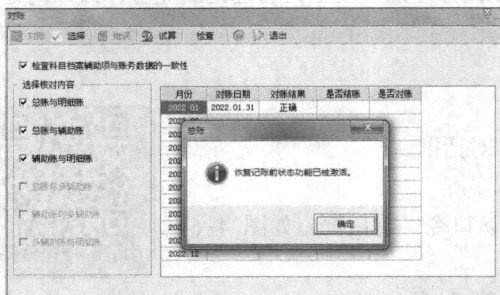

提示

图 4-65　激活恢复记账前状态功能

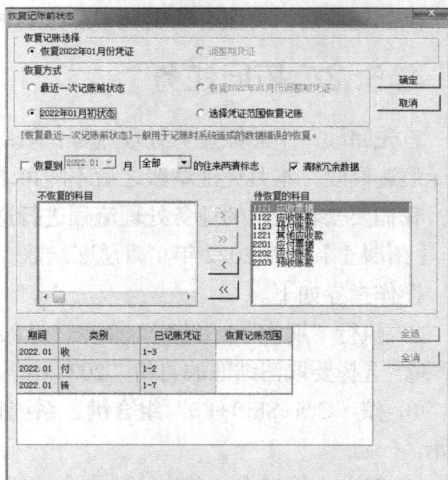

图 4-66　恢复记账前状态功能

【拓展 3】取消凭证复核。

凭证复核包括出纳签字和凭证审核，取消审核只能由签字人自己取消。取消签字后凭证处于已制单未审核状态，可以进行无痕迹修改。

4.6　单元测试

判断题

1. 制单序时控制是指凭证的填制日期必须大于等于系统日期。（　　　）

2. 每个科目的余额方向由科目性质决定，但系统允许对各级科目的余额方向进行调整。（　　　）

3. 在总账系统中，期初余额试算不平衡时，可以填制凭证，但不能执行记账功能。（　　　）

4. 凭证上的摘要是对本凭证所反映的经济业务内容的说明，凭证上的每个分录行必须有摘要，且同一张凭证上的摘要应相同。（　　　）

5. 在填制记账凭证时所使用的会计科目必须是末级会计科目，金额可以为零，红字用"−"号表示。（　　　）

6. 在记账时，已作废的凭证将参与记账，否则月末无法结账，但系统不对作废凭证进行处理，即相当于一张空凭证。（　　　）

7. 在总账系统中，取消出纳凭证的签字既可由出纳员自己进行，也可由账套主管进行。（　　　）

8. 总账系统的账簿查询功能，既可以实现对已记账经济业务的账簿信息查询，也可以实现对未记账凭证的模拟记账信息查询。（　　　）

9. 每个月末，均需要先进行转账定义，再进行转账生成。（　　　）

10. 在总账系统中，上月未结账，本月可以先记账，但本月不能结账。（　　　）

选择题

1. 总账期初余额不平衡，则不能进行的操作是（　　　）。

　　A. 填制凭证　　　　　　B. 修改凭证　　　　C. 审核凭证　　　　　D. 记账

2. 关于用友 U8，正确的描述是（　　　）。

　　A. 出纳凭证必须经由出纳签字　　　　　B. 凭证必须经由会计主管签字

　　C. 允许修改他人填制的凭证　　　　　　D. 所有凭证必须经过审核才能记账

3. 明光公司在工商银行开立了一个日元账户，公司对该账户进行银行存款日记账管理，并定期进行银行对账，则在设置会计科目时，应选择（　　　）选项。

　　A. 外币核算　　　　　B. 项目核算　　　　C. 日记账　　　　　D. 银行账

4. 删除会计科目时，下列描述正确的是（　　　）。

　　A. 建立后，不能删除

　　B. 有下级的科目，应从下至上删除

　　C. 已经输入余额，可将余额设为 0 后再删除

　　D. 已在输入凭证中使用，不允许删除

5. 凭证一旦保存，则不能修改的内容是（　　　）。

　　A. 凭证类别　　　　　B. 凭证日期　　　　C. 附单据数　　　　D. 凭证摘要

6. 总账系统中取消凭证审核的操作员必须是（　　　）。

　　A. 该凭证制单人　　　　　　　　B. 有审核权限的人

　　C. 会计主管　　　　　　　　　　D. 该凭证审核人

7. 在总账系统中，用户可通过（　　）功能彻底删除已作废记账凭证。

    A. 冲销凭证　　　　　　B. 作废凭证　　　　　C. 整理凭证　　　　　D. 删除分录

8. 使用总账系统填制凭证时，如果系统要求输入对应的票据日期、结算方式和票号，说明该科目设置了（　　）辅助核算。

    A. 数量核算　　　　　　B. 往来核算　　　　　C. 银行核算　　　　　D. 外币核算

9. 在总账系统中，查询账簿的必要条件是（　　）。

    A. 凭证已记账　　　　　B. 当月已结账　　　　C. 凭证已审核　　　　D. 凭证已填制

10. 在总账系统中设置自定义转账分录时无须定义的内容是（　　）。

    A. 凭证号　　　　　　　B. 凭证类别　　　　　C. 会计科目　　　　　D. 借贷方向

11. 关于审核凭证，以下说法正确的是（　　）。

    A. 凭证必须审核之后才能记账　　　　　　B. 审核人与记账人不能为同一人

    C. 审核后的凭证不能进行无痕迹修改　　　D. 取消审核只能由审核人自己进行

12. 关于记账，以下说法正确的是（　　）。

    A. 可以选择记账范围

    B. 记账只能由账套主管进行

    C. 可以选择要记账的账簿，如总账、明细账、日记账、辅助账和多栏账

    D. 一个月可以多次记账

13. 关于账簿查询，以下说法错误的是（　　）。

    A. 系统提供总账—明细账—凭证逆向联查

    B. 每次查询多栏账前首先要定义

    C. 现金日记账和银行日记账只有出纳才能查询

    D. 在查询账簿时可以查到未记账凭证的数据

问答题

1. 总账系统有哪些主要功能？

2. 总账选项设置的意义是什么？内容是什么？

3. 计算机系统需要哪些期初数据？年初建账和年中建账有何不同？

4. 日常业务处理包括哪些主要内容？

5. 凭证处理的关键步骤是什么？

6. 凭证录入的主要项目包括哪些？系统提供了哪些控制手段？

7. 凭证查询时能查到哪些相关信息？

8. 总账系统中包括哪些基本会计核算账簿？

9. 出纳管理包括哪些主要功能？

10. 什么是转账定义？系统提供了哪些转账定义？

11. 如何进行转账定义？

12. 结账前需要进行哪些检查？

13. 对比手工处理和计算机处理在账务处理上的异同。

第 5 章 UFO 报表

5.1 工作情景

❓ 企业每月要定期上报财务报表，高层管理人员也经常找财务要各种数据，每个月末，财务人员焦头烂额，加班加点。这次通过计算机系统编制财务报表，是不是账务处理完成之后，报表就能自动生成了？

企业购买了财务软件，相当于购置了一套制作报表的工具，软件中是不包括各种现成的表格的。企业财务报表分为对外财务报告和对内管理报表。对外财务报告格式由国家统一规定，通用管理软件一般对这些统一格式的报表提供报表模板，可以减轻企业人员绘制表格的工作量。由于表格中的数据来源稳定，也可以设置公式从数据库中读取数据快速生成报表。因此，相比于手工编报，计算机系统从编制报表的及时性、准确性上都有了极大提升。

❓ 目前企业有些表格是用 Excel 编制的，用友 U8 中的 UFO 报表和 Excel 报表之间是一种什么关系呢？

Excel 是一个功能强大的通用表处理软件，UFO 报表是用友 U8 管理软件中的一个子系统。UFO 中内置的函数可以从用友总账和其他系统获取数据生成报表，因此，与总账的无缝连接是 UFO 的主要优势。UFO 报表系统生成的报表可以转换为 Excel 表格，财务人员利用 Excel 强大的功能可做后续的数据分析和处理。

5.2 UFO 报表系统认知

5.2.1 UFO 报表系统基本功能

UFO 报表系统主要完成报表格式设计和报表数据处理，从总账子系统或其他业务系统中取得有关会计核算信息生成会计报表，进行报表汇总，生成各种分析图，并按预定格式输出各种会计报表。

1. 报表格式设计

我们把一张报表拆分为相对固定的内容和相对变动的内容两部分。相对固定的内容包括报表的标题、表格部分、表中的项目、表中数据的来源等；相对变动的内容主要是报表中的数据。报表格式设计是指在计算机系统中建立一张报表中相对固定的部分，相当于在计算机中建立一个报表模板，供以后编制此类报表时调用。UFO 报表系统提供了丰富的格式设计功能，包括设置报表行列数、定义组合单元、画表格线、定义报表关键字、设置公式等。

UFO 报表系统按照会计制度提供了不同行业的标准财务报表模板，简化了用户的报表格式设计工作。如果标准行业报表模板仍不能满足需要，系统还提供了自定义模板的功能。

2. 报表数据处理

报表数据处理是根据预先设置的报表格式和报表公式进行数据采集、计算、汇总等，生成会计报表。除此以外，UFO 报表系统还提供了排序、审核、舍位平衡、汇总等功能。

图表具有比数据报表直观的优势。UFO 的图表处理功能能够方便地对报表数据进行图形制作，包括直方图、立体图、圆饼图、折线图等多种分析图表，并能编辑图表的位置、大小、标题、字体、颜色等，打印输出各种图表。

3．文件管理功能

利用文件管理功能可以方便地完成报表文件的创建、保存等一般文件管理功能；能够进行不同文件格式的转换，包括文本文件、*.MDB 文件、Excel 文件等；并实现标准财务数据的导入、导出。

5.2.2　报表编制的工作流程

在 UFO 报表系统中，编制报表主要有两类方法。对于各企业标准的对外财务报告，一般调用系统预置的报表模板，微调后快速生成；对于企业内部用各种管理报表，需要自行完成报表定义。结合以上两种情况，编制报表的工作流程如图 5-1 所示。

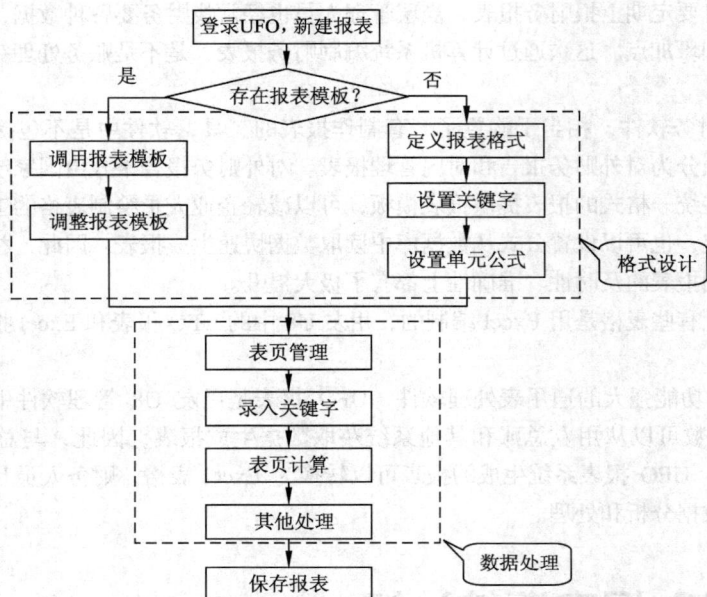

登录UFO，新建报表

存在报表模板？　　是／否

调用报表模板　　调整报表模板

定义报表格式　　设置关键字　　设置单元公式　　——格式设计

表页管理　　录入关键字　　表页计算　　其他处理　　——数据处理

保存报表

图 5-1　编制报表的工作流程示意图

1．启动 UFO，新建报表

在 UFO 报表系统中新建报表时，系统自动建立一张空表，默认表名为 report1，并自动进入"格式"设计状态。在保存文件时，按照文件命名的基本规定为这张报表命名。

2．设计报表的格式

在格式状态下进行报表的格式设计，格式对整个报表都有效，包括以下操作。

（1）设置表尺寸：定义报表的大小即设定报表的行数和列数。

（2）录入表内文字：包括表头、表体和表尾（关键字值除外）。在格式状态下定义单元内容的自动默认为表样型，定义为表样型的单元在数据状态下不允许修改和删除。

（3）确定关键字在表页上的位置，如单位名称、年、月等。

（4）定义行高和列宽。

（5）定义组合单元：即把几个单元作为一个单元使用。

（6）设置单元风格：设置单元的字型、字体、字号、颜色、图案、折行显示等。

（7）设置单元属性：把需要输入数字的单元定为数值单元；把需要输入字符的单元定为字符单元。

（8）画表格线。

（9）设置可变区：即确定可变区在表页上的位置和大小。

（10）定义各类公式。

UFO 报表系统中有 3 种不同性质的公式：单元公式、审核公式和舍位平衡公式。

在报表单元直接定义的计算公式称为单元公式。计算公式定义了报表数据之间的运算关系，可以实现报表系统从其他子系统取数的目的。

审核公式：用于审核报表内或报表之间的勾稽关系是否正确。

舍位平衡公式：用于报表数据进行进位或小数取整时调整数据，避免破坏原数据平衡。

如果是对外常用报表，由于用友 U8 系统中预置了不同行业的报表模板，报表模板中已经完成了报表的格式设计工作。因此，财务人员调用报表模板后，可对模板进行检查或者在原有模板的基础上稍做修改，即可生成报表，从而省去大量的公式定义工作。

3．报表数据处理

报表格式和报表中的各类公式定义好之后，就可以录入数据并进行处理了。报表数据处理在数据状态下进行，包括以下操作。

（1）因为新建的报表只有一张表页，所以需要追加多个表页。

（2）如果报表中定义了关键字，则录入每张表页上关键字的值。

例如，录入关键字"单位名称"的值：给第一页录入"甲单位"，给第二页录入"乙单位"，给第三页录入"丙单位"等。

（3）在数值单元或字符单元中录入数据。

（4）如果报表中有可变区，可变区初始只有一行或一列，则需要追加可变行或可变列，并在可变行或可变列中录入数据。

随着数据的录入，当前表页的单元公式将自动运算并显示结果。如果报表有审核公式和舍位平衡公式，则执行审核和舍位。需要的话，可做报表汇总和合并报表。

（5）报表图形处理。有必要的话，选取报表数据后可以制作各种图形，如直方图、圆饼图、折线图、面积图、立体图。图形可随意移动；图形的标题、数据组可以按照要求设置，图形可以打印输出。

5.3　自定义报表实务

5.3.1　基本任务

自定义报表编制资料

编制"部门费用明细表"，如表 5-1 所示。

表 5-1　部门费用明细表

2022 年 1 月　　　　　　　　　　　　　　　　　　　金额单位：元

项目	薪资	福利费	办公费	差旅费	招待费	合计
总经办	※			※		※
财务部						
采购部						
销售部						
合计						

制表人：

编制要求：

● 为简化编报工作，只需设置标注了"※"符号的单元格公式。

● 制表人每月不确定，于制表当月录入制表人姓名。

自定义报表编制指导

由系统管理员在系统管理模块中引入"总账期末业务"账套。以"401 王莉"账套主管的身份进行报表编制。

1．启动 UFO 报表，新建报表

（1）以王莉的身份进入企业应用平台，执行"财务会计"|"UFO 报表"命令，进入 UFO 报表系统。

（2）执行"文件"|"新建"命令，建立一张空白报表。报表名默认为"report1"。

启动 UFO 报表-
新建报表

2．报表格式定义

查看空白报表底部左下角的【格式/数据】按钮，使当前状态为"格式"状态。操作指导如下。

（1）设置表尺寸。

① 执行"格式"|"表尺寸"命令，打开"表尺寸"对话框。

② 输入行数"9"，列数"7"，单击【确认】按钮。

报表格式定义-
设置表尺寸

> **提示** 报表的行数应包括报表的表头、表体和表尾。

（2）定义组合单元。

① 单击行号 1，选中需合并的区域"A1:G1"。

② 执行"格式"|"组合单元"命令，打开"组合单元"对话框。

③ 选择组合方式"整体组合"或"按行组合"，该单元即合并成一个单元格。

报表格式定义-
定义组合单元

（3）画表格线。

① 选中报表中需要画线的区域"A3:G8"。

② 执行"格式"|"区域画线"命令，打开"区域画线"对话框。

③ 选择"网线"，单击【确认】按钮，将所选区域画上表格线。

报表格式定义-
画表格线

（4）输入报表项目。

① 选中需要输入内容的单元或组合单元。

② 在该单元或组合单元中输入相关文字内容，如在 A1 组合单元输入"部门费用明细表"，在 G2 单元中输入"金额单位：元"。

报表格式定义-
输入报表项目

> **提示** 报表项目指报表的文字内容，主要包括表头内容、表体项目、表尾项目等，不包括关键字。
> 日期一般不作为文字内容输入，而是需要设置为关键字。

（5）定义报表行高和列宽。

① 选中需要调整的单元所在行"A1"。

② 执行"格式"|"行高"命令，打开"行高"对话框。

③ 输入行高"9"，单击【确认】按钮。

④ 选中需要调整的单元所在列，执行"格式"|"列宽"命令，可设置该列的宽度。

报表格式定义-定义
报表行高和列宽

提示　行高、列宽的单位为毫米。

（6）设置单元属性。

① 选中标题所在组合单元"A1"。

② 执行"格式"|"单元属性"命令，打开"单元格属性"对话框。

③ 单击"字体图案"选项卡，设置字体为"黑体"，字号为"14"。

④ 单击"对齐"选项卡，设置对齐方式为"水平居中"，单击【确定】按钮。

⑤ 选中单元"B9"。

⑥ 执行"格式"|"单元属性"命令，打开"单元格属性"对话框。

⑦ 单击"单元类型"选项卡，选择"字符"，如图 5-2 所示，单击【确定】按钮。

⑧ 同理，设置第 3 行和 A 列对齐方式为水平居中。

报表格式定义-
设置单元属性

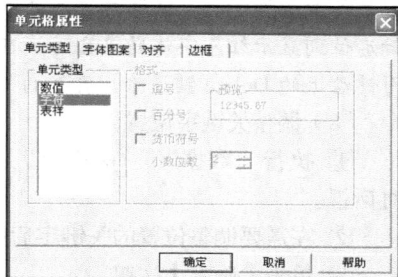

图 5-2　设置单元类型

提示　格式状态下输入内容的单元均默认为表样单元，未输入数据的单元均默认为数值单元，在数据状态下可输入数值。若希望在数据状态下输入字符，应将其定义为字符单元。

字符单元和数值单元输入后只对本表页有效，表样单元输入后对所有表页有效。

报表格式定义-
设置关键字

（7）设置关键字。

① 选中需要输入关键字的单元格"D2"。

② 执行"数据"|"关键字"|"设置"命令，打开"设置关键字"对话框。

③ 选中"年"单选按钮，单击【确定】按钮。

④ 同理，在 D2 单元中设置"月"关键字。"年"关键字和"月"关键字重叠在一起。

提示　每个报表可以同时定义多个关键字。

如果要取消关键字，需执行"数据"|"关键字"|"取消"命令。

难点　　　　　识别关键字

关键字是游离于单元之外的特殊数据单元，可以唯一标识一个表页，用于在大量表页中快速选择表页。例如，一个资产负债表的表文件可以存放一年（12 个月）的资产负债表（甚至多年的多张表），当要对某一张表页的数据进行定位时，就需要设定一些定位标志，这些定位标志被称为关键字。关键字的显示位置在格式状态下设置，关键字的值则在数据状态下录入，每张报表可以定义多个关键字。

通常关键字可以有以下几种。

① 单位名称：该报表表页编制单位的名称。

② 单位编号：该报表表页编制单位的编号。

③ 年：该报表表页反映的年度。

④ 季：该报表表页反映的季度。

⑤ 月：该报表表页反映的月份。

⑥ 日：该报表表页反映的日期。

除了以上常见的关键字之外，系统通常还会提供一个自定义关键字功能，方便用户灵活定义并运用这些关键字。

那么如何识别关键字呢？前面已经讲到，关键字是游离于单元之外的特殊数据单元，用来唯一标识一个表页，是编制报表时从总账系统提取数据的关键标记。定义完成的关键字在单元中显示数量不等的红色的"××××"。但是，如果在单元中直接输入红色字体的"××××"，能判断出是否是关键字吗？

答案是肯定的，有两种方法可以验证：第一，既然关键字不属于单元格，那么当我们把鼠标指针定位到显示红色字体的单元时，在编辑栏中是不存在任何内容的；第二，如果用键盘上的 Delete 键清除，真正的关键字信息也是清除不掉的。

报表格式定义–调整关键字位置

（8）调整关键字位置。

① 执行"数据"|"关键字"|"偏移"命令，打开"定义关键字偏移"对话框。

② 在需要调整位置的关键字后面输入偏移量月"50"，如图 5-3 所示。

③ 单击【确定】按钮。

> **提示**　关键字的位置可以用偏移量来表示，负数值表示向左移，正数值表示向右移。在调整时，可以通过输入正或负的数值来调整。
>
> 关键字偏移量单位为像素。

（9）报表公式定义。定义单元公式——从总账取数。

① 选中需要定义公式的单元"B4"，即总经办"薪资"。

② 单击【fx】按钮或执行"数据"|"编辑公式"|"单元公式"命令，打开"定义公式"对话框。

③ 单击【函数向导】按钮，打开"函数向导"对话框。

报表格式定义–报表公式定义–从总账取数

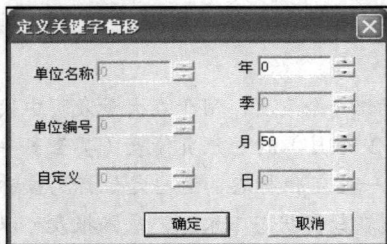

④ 在函数分类列表框中选择"用友账务函数"，在右边的函数名列表中选择"发生（FS）"，单击【下一步】按钮，打开"用友账务函数"对话框。

⑤ 单击【参照】按钮，打开"账务函数"对话框。

⑥ 选择科目"660201"，部门编码"总经办"，对其余各项均采用系统默认值，如图 5-4 所示，单击【确定】按钮，返回"用友账务函数"对话框。

图 5-3　定义关键字偏移

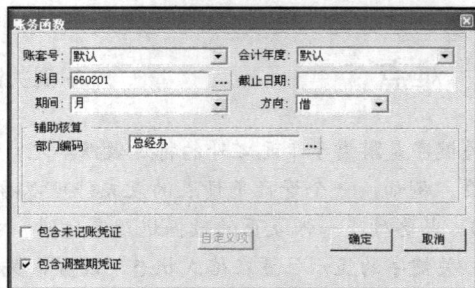

图 5-4　定义单元公式——引导输入公式

⑦ 单击【确定】按钮，返回"定义公式"对话框，单击【确认】按钮。

⑧ 同理，输入 E4 中的单元公式。

一般来说，账务函数中的账套号和会计年度不需要输入，保持系统默认。待输入关键字值时，系统会自动替换。

定义单元公式——统计函数

① 选中需要定义公式的单元"G4"。单击【fx】按钮，打开"定义公式"对话框。

② 单击【函数向导】按钮，打开"函数向导"对话框。

③ 在函数分类列表框中选择"统计函数"，在右边的函数名列表中选择"PTOTAL"，单击【下一步】按钮，打开"固定区统计函数"对话框。

报表格式定义-报表公式定义-统计函数

④ 在固定区区域文本框中输入"B4:F4"，单击【确认】按钮返回，定义公式，再单击【确认】按钮返回，定义完成后如图 5-5 所示。

图 5-5　格式设计

3．保存报表格式

（1）执行"文件"|"保存"命令。如果是第一次保存，则打开"另存为"对话框。

（2）选择保存文件夹的目录，输入报表文件名"部门费用明细表"，选择保存类型"*.REP"，单击【另存为】按钮。

保存报表格式

4．报表数据处理

（1）打开报表。

① 启动 UFO 报表系统，执行"文件"|"打开"命令。

② 选择存放报表格式的文件夹中的报表文件"部门费用明细表.REP"，单击【打开】按钮。

③ 在空白报表左下角单击【格式/数据】按钮，使当前状态为"数据"状态。

报表数据处理-打开报表

报表数据处理必须在"数据"状态下进行。

（2）输入关键字值。

① 执行"数据"|"关键字"|"录入"命令，打开"录入关键字"对话框。

② 输入年"2022"，月"1"，单击【确认】按钮，系统弹出提示"是否重算第 1 页？"。单击【是】按钮，系统会自动根据单元公式计算 1 月数据，如图 5-6 所示；单击【否】按钮，系统不计算 1 月数据，以后可利用"表页重算"功能生成 1 月数据。

报表数据处理-输入关键字值

每一张表页均对应不同的关键字值，输出时随同单元一起显示。

日期关键字可以确认报表数据取数的时间范围，即确定数据生成的具体日期。

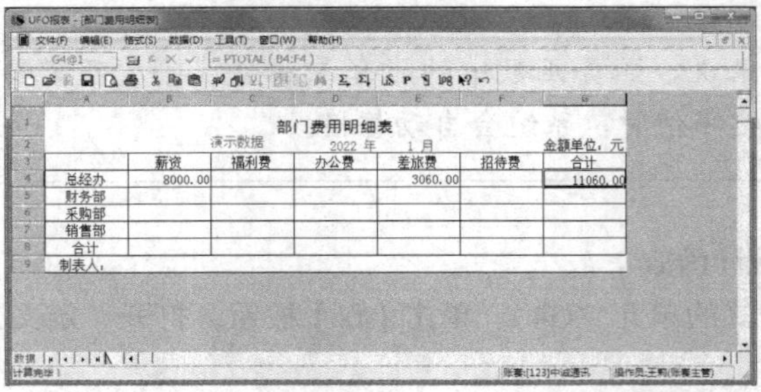

图 5-6　生成部门费用明细表

（3）生成报表。

① 执行"数据"｜"表页重算"命令，系统弹出提示"是否重算第1页？"。

② 单击【是】按钮，系统会自动在初始的账套和会计年度范围内根据单元公式计算生成数据。

5.3.2　拓展任务

在实际工作中，为了业务统计及管理需要，经常需要编制格式无法固定的表，这些报表的行数或列数会根据实际情况发生增减变动。例如，商品销售明细表、产品成本分析表等，报表中的商品或产品种类每月可能不相同。在这种情况下需要设计可变表，在格式设计中设为行可变或列可变，然后在数据处理状态下就可以随时对报表的行数或列数进行增加或删除。

【拓展】设计产品销售毛利分析表，除"A产品""B产品""C产品"3种产品每月固定外，另外可能有其他产品种类，预留5行。

操作指导如下。

（1）在 UFO 报表中，定义产品销售毛利分析表列数为4，输入各项目，画表格线。

（2）单击 A6 单元，执行"格式"｜"可变区"｜"设置"命令，打开"设置可变区"对话框。选中"行可变"单选项，输入行可变数量"5"，如图5-7所示。

（3）单击【确认】按钮，定义完成后如图5-8所示。

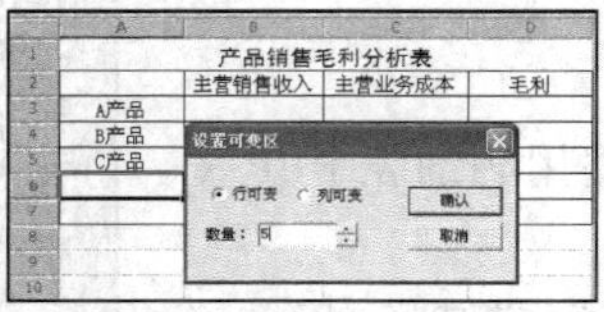

图 5-7　可变表设计——设计可变区

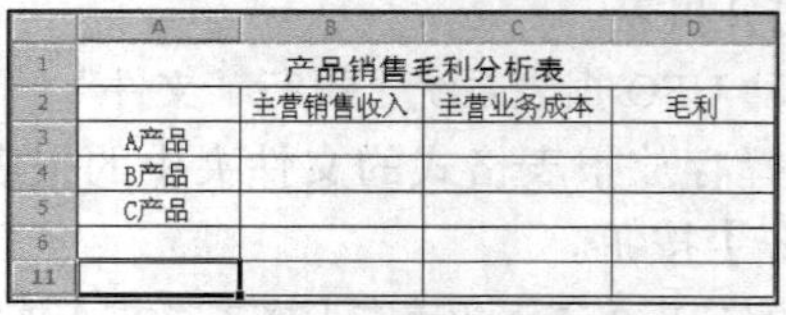

图 5-8　可变区设计——完成

提示

一个报表中只能定义一个可变区。

如果要设置行可变区，则选取第一可变行中的某个单元；如果要设置列可变区，则选取第一可变列中的某个单元。

如果想重新设置可变区，首先取消现有可变区，再设置新的可变区。

5.4　利用报表模板编制报表实务

5.4.1　基本任务

利用报表模板编制报表

（1）利用报表模板编制资产负债表、利润表。

（2）利用总账项目核算和报表模板编制现金流量表。

✏️ 利用报表模板编制报表指导

利用报表模板编制报表一般分为 3 个步骤：调用模板——调整模板——生成报表。以编制资产负债表为例。

由系统管理员在系统管理中引入"总账期末业务"账套作为基础数据。

1．编制资产负债表

（1）调用资产负债表模板。操作指导如下。

① 在"格式"状态下，新建一张空白报表。执行"格式"|"报表模板"命令，打开"报表模板"对话框。

② 选择您所在的行业"2007 年新会计制度科目"，财务报表"资产负债表"，如图 5-9 所示。

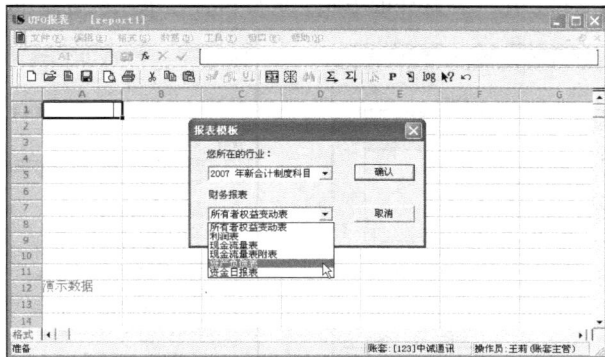

右侧二维码：编制资产负债表–调用资产负债表模板

图 5-9　调用资产负债表模板

③ 单击【确认】按钮，弹出"模板格式将覆盖本表格式！是否继续"提示框。

④ 单击【确定】按钮，即可打开"资产负债表"模板。

（2）调整报表模板。操作指导如下。

① 单击【数据/格式】按钮，使"资产负债表"处于格式状态。

② 根据本单位的实际情况，调整报表格式，修改报表公式。

③ 保存调整后的报表模板。

（3）生成资产负债表数据。操作指导如下。

① 在数据状态下，执行"数据"|"关键字"|"录入"命令，打开"录入关键字"对话框。

右侧二维码：编制资产负债表–生成资产负债表数据

② 输入关键字：年"2022"，月"01"，日"31"。

③ 单击【确认】按钮，弹出"是否重算第 1 页"提示框。

④ 单击【是】按钮，系统会自动根据单元公式计算 1 月数据。

⑤ 单击工具栏中的【保存】按钮，将生成的报表数据保存。

> **提示**　第一次调用报表模板生成资产负债表之后，需要检查资产负债表中每个项目是否取数正确，资产合计是否等于负债和所有者权益合计。
> 以同样的方法，生成 2022 年 1 月利润表。

2．利用总账项目核算和报表模板编制现金流量表

系统提供了两种生成现金流量表的方法：一是利用现金流量表模块；二是利用总账的项目管理功能和 UFO 报表。本例主要介绍第二种方法。

（1）指定现金流量科目。操作指导如下。

① 在企业应用平台基础设置中，执行"基础档案"|"财务"|"会计科目"命令，进入"会计科目"窗口。

② 执行"编辑"|"指定科目"命令，打开"指定科目"对话框。

③ 指定现金流量科目，如图 5-10 所示，单击【确定】按钮。

现金流量表-指定
现金流量科目

（2）查看现金流量项目目录。操作指导如下。

① 在企业应用平台基础设置中，执行"基础档案"|"财务"|"项目目录"命令，打开"项目档案"对话框。

② 系统已预置现金流量项目，选择"现金流量项目"项目大类，查看其项目目录，如图 5-11 所示。

现金流量表-查看
现金流量项目目录

（3）确认每一笔涉及现金流量的业务对应的现金流量项目。有两种方法确认每一笔涉及现金流量的业务对应的现金流量项目。第一种是在填制凭证时如果涉及现金流量科目，可以在填制凭证界面单击【流量】按钮，打开"现金流量表"对话框，指定发生的该笔现金流量的所属项目；第二种是凭证填制完成后再补充录入现金流量项目，本例为第二种。

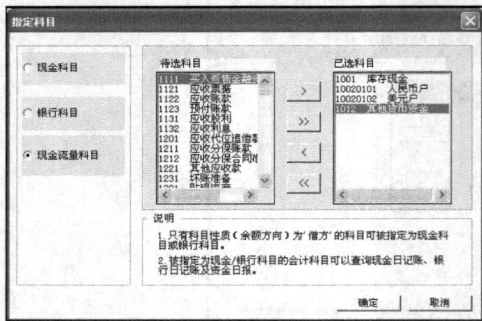

图 5-10　指定现金流量科目

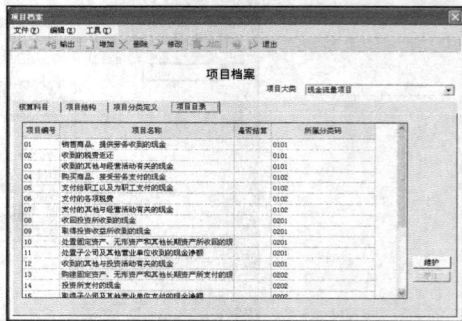

图 5-11　现金流量项目大类及项目目录

操作指导如下。

① 在总账系统中，执行"现金流量表"|"现金流量凭证查询"命令，打开"现金流量凭证查询"对话框，单击【确定】按钮，进入"现金流量查询及修改"窗口。

② 左边窗口中显示全部的与现金流量有关的凭证。针对每一张现金流量凭证，单击【修改】按钮补充录入现金流量项目，如图 5-12 所示。

现金流量表-现金
流量凭证确认现
金流量项目

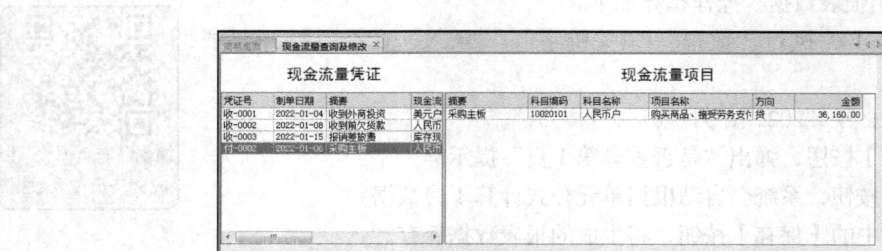

图 5-12　现金流量查询及修改

（4）调用现金流量表模板。操作指导如下。

① 在"格式"状态下，执行"格式"|"报表模板"命令，打开"报表模板"对话框。

② 选择您所在的行业"2007 年新会计制度科目"，财务报表"现金流量表"。

③ 单击【确认】按钮，弹出"模板格式将覆盖本表格式！是否继续"提示框。

现金流量表-调用
现金流量表模板

④ 单击【确定】按钮，即可打开"现金流量表"模板。

（5）定义现金流量表项目公式。操作指导如下。

① 单击【数据/格式】按钮，使"现金流量表"处于格式状态。

② 单击选择 C6 单元格，单击【fx】按钮，打开"定义公式"对话框。单击【函数向导】按钮，打开"函数向导"对话框。

③ 在函数分类列表框中选择"用友账务函数"，在右边的函数名列表中选中"现金流量项目金额（XJLL）"，单击【下一步】按钮，打开"用友账务函数"对话框。

④ 单击【参照】按钮，打开"账务函数"对话框，如图 5-13 所示。

⑤ 单击"现金流量项目编码"右边的参照按钮，打开"现金流量项目"选项。

⑥ 双击选择与 C6 单元格左边相对应的项目，单击【确定】按钮，返回"用友账务函数"对话框。

⑦ 单击【确定】按钮，返回"定义公式"对话框，单击【确认】按钮。

⑧ 重复③～⑦步骤，输入其他单元公式。

⑨ 单击工具栏中的【保存】按钮，保存调整后的报表模板为"现金流量表"。

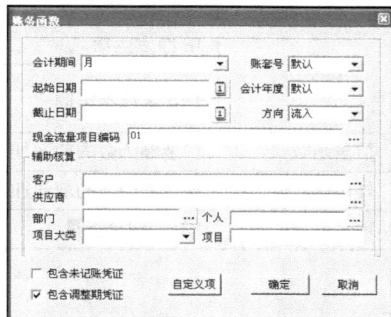

图 5-13　定义现金流量项目公式

提示　在定义公式时，现金流量表现金流出项目在图 5-13 中"方向"下拉框中选择"流出"，否则取不到数据。

（6）生成现金流量表主表数据。操作指导如下。

① 单击【格式/数据】按钮，切换到数据状态。

② 执行"数据"|"关键字"|"录入"命令，打开"录入关键字"对话框。

③ 输入年"2022"，月"1"，单击【确认】按钮，系统弹出"是否重算第 1 页？"信息提示框，单击【是】按钮，系统自动根据单元公式计算 1 月份数据。

④ 单击【保存】按钮，保存现金流量表。

5.4.2　拓展任务

由于各种报表之间存在着密切的数据间的逻辑关系，因而，报表中各种数据的采集、运算和勾稽关系的检测就用到了不同的公式，主要有计算公式、审核公式和舍位平衡公式。

1．计算公式

计算公式的作用是从其他子系统的账簿文件中或者本表其他表页中或者其他报表中采集数据，直接填入表中相应的单元或经过简单计算填入相应的单元。因此，通常报表系统会内置一整套从各种数据文件中调取数据的函数。不同的报表软件函数的具体表示方法不同，但这些函数所提供的功能和使用方法一般是相同的。通过计算公式来组织报表数据，既经济又省事，它把大量重复、复杂的劳动简单化了。合理地设计计算公式能大大地节约劳动时间，提高工作效率。计算公式可以直接定义在报表单元中，这样的公式称为"单元公式"。

（1）常用账务函数。常用账务函数如表 5-2 所示。

（2）统计函数。常用统计函数如表 5-3 所示。

（3）本表他页取数函数。本表他页取数是指要取数的表（目的表）和存放数据来源的表（源表）是一个文件中的不同表页。本表他页取数主要有两种情况，即取确定页号表页的数据或按一定关键字取数。

表 5-2　常用账务函数表

分类	函数名	含义及用法示例
金额函数	QC 期初余额	取指定会计科目的期初余额
	QM 期末余额	取指定会计科目的期末余额
	FS 发生额	取指定会计科目的发生额
	LFS 累计发生额	取某科目从年初至今累计发生额
	DFS 对方发生额	DFS(1405,6401,月,d)提取凭证中贷方为 1405 科目且借方为 6401 科目的当月贷方发生额
	JE 净发生额	JE(1001,月)计算库存现金科目本月净发生额
	TFS 条件发生额	TFS(22210101,月,j,"固定资产","=")提取进项税额科目 22210101 摘要中包含固定资产的当月借方发生额
数量函数	在金额函数的前面加 "S" 表示数量，如 SQC 表示取科目的数量期初余额	
外币函数	在金额函数的前面加 "W" 表示外币，如 WQC 表示取科目的外币期初余额	
现金流量函数	XJLL 现金流量	提取现金流量项目特定会计期间或指定日期范围的发生额

表 5-3　常用统计函数表

函数名	含义及用法示例
PTOTAL	指定区域内所有满足区域筛选条件的固定区单元的合计
TOTAL	符合页面筛选条件的所有页面的区域内各单元值的合计
PAVG	指定区域内所有满足区域筛选条件的固定区单元的平均值
PMAX	指定区域内所有满足区域筛选条件的固定区单元中最大的单元数值
PMIN	指定区域内所有满足区域筛选条件的固定区单元中最小的单元数值

① 取确定页号表页的数据。

当所取数据所在的表页页号已知时，用以下格式可以方便地取得本表他页的数据：

<目标区域> = <数据源区域> @ <页号>

如，B2=C5@1 的含义为各页 B2 单元取当前表第 1 页 C5 单元的值。

② 按一定关键字取数。

可用 SELECT 函数按一定关键字从本表他页取得数据。

如，D=C+SELECT(D,年@=年 and 月@=月+1)表示当前表的 D 列等于当前表的 C 列加上同年上个月 D 列的值。

在 SELECT 函数中，@前的年和月代表目的表的年关键字值和月关键字值；@后面的年和月代表源表的年关键字值和月关键字值。

（4）他表取数函数。他表取数是指目的表和源表不在一个表文件中。同样，他表取数也主要有两种情况，即取确定页号表页的数据或按一定关键字取数。

① 取他表确定页号表页的数据。

当所取数据所在的表页页号已知时，用以下格式可以方便地取得他表的数据：

<目标区域> = "<他表表名>"–><数据源区域>[@ <页号>]

如，B2="LRB"–>C5@1 的含义为各页 B2 单元取 LRB 第 1 页 C5 单元的值。

② 按一定关键字取数。

当我们从他表取数时，已知条件并不是页号，而是希望按照年、月、日等关键字的对应关系来取他表数据，这就必须用到关联条件：

RELATION <单元 | 关键字 | 变量 | 常量> WITH "<他表表名>"–> <单元 | 关键字 | 变量 | 常量>

如，A1="FYB"–>A1 FOR ALL RELATION 月 WITH"FYB"–>月，意为取 FYB 表的，与当前表页月相同的月的 A1 单元的值。

　　UFO 报表系统允许在报表中的每个数值型、字符型的单元内，写入代表一定运算关系的公式，用来建立表内各单元之间、报表与报表之间或报表系统与其他子系统之间的运算关系。描述这些运算关系的表达式，我们称为单元公式。为了规范和简化单元公式的定义过程，一般 UFO 报表系统会提供公式向导，逐步引导公式的建立过程。

2．审核公式

　　财务报表中的数据往往存在一定的勾稽关系。例如，资产负债表中的资产合计应等于负债及所有者权益合计。在实际工作中，为了确保报表数据的准确性，可以利用这种报表之间或报表内的勾稽关系对报表进行编制的正确性检查。用于该种用途的公式称为审核公式。

　　【拓展】定义审核公式：资产负债表资产合计单元期末数 C38 应该等于负债和所有者权益合计单元期末数 G38。

　　操作指导如下。

　　（1）打开资产负债表，在格式状态下，执行"数据"|"编辑公式"|"审核公式"命令，打开"审核公式"对话框。

　　（2）定义审核公式，如图 5-14 所示。

　　（3）在数据状态下，执行"数据"|"审核"命令，系统按照审核公式进行审核，完成后在状态栏显示"完全正确"。

图 5-14　审核公式

　　审核公式仅起审核和提示作用，不能自动更改审核发现的错误。

提示

3．舍位平衡公式

　　如果对报表进行汇总，得到的汇总数据可能位数很多，这样，需要把以"元"为单位的报表转换为以"千元""万元"为单位的报表。在转换过程中，原报表的平衡关系可能被破坏，因此需要进行调整，使之符合指定的平衡公式。报表经舍位之后，用于重新调整平衡关系的公式称为舍位平衡公式。

　　在格式状态下进行舍位平衡关系的定义，舍位平衡公式编辑界面如图 5-15 所示。

　　主要栏目说明如下。

　　（1）舍位表名：和当前文件名不能相同，默认在当前目录下。

　　（2）舍位范围：舍位数据的范围，要把所有要舍位的数据包括在内。

　　（3）舍位位数：1～8 位。舍位位数为 1，区域中的数据除10；舍位位数为 2，区域中的数据除 100；依此类推。

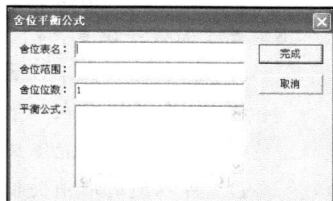

图 5-15　舍位平衡公式编辑界面

　　（4）平衡公式。

　　① 逆序编写，即首先写最终运算结果，然后一步一步向前推。

　　② 每个公式一行，各公式之间用逗号","隔开，最后一个公式后不用写逗号。

　　③ 公式中只能使用"+""-"符号，不能使用其他运算符及函数。

　　④ 等号左边只能为一个单元（不带页号和表名）。

　　⑤ 一个单元只允许在等号右边出现一次。

5.5　单元测试

判断题

　　1. 在财务报表系统中，系统不仅提供了多个行业的报表模板，还可以自定义报表模板。（　　）

　　2. 在财务报表系统中生成一张新表时，所有的单元都被默认为数值型单元。（　　）

3. 字符型单元不能在数据状态下输入数据。（　　　）
4. 财务报表只能从总账系统中提取数据。（　　　）
5. 在数据状态下可以进行增加表页、设置单元公式及关键字、表页计算等操作。（　　　）
6. 执行财务报表的审核功能是为了更正检查出的数据错误。（　　　）
7. 财务报表系统生成的报表可以输出 Excel 格式的文件，以便对数据进一步加工。（　　　）
8. 各表页同样位置上的表样单元的内容和显示方式都相同。（　　　）

选择题

1. 财务报表系统能从总账中取数的前提是（　　　）。
   A. 总账正确填制凭证即可　　　　　　　B. 总账必须结账
   C. 总账必须记账　　　　　　　　　　　D. 总账正确填制凭证且审核
2. 在财务报表系统的数据处理中能够完成的任务是（　　　）。
   A. 格式排版　　　B. 舍位平衡　　　C. 修改单元公式　　D. 设置关键字
3. 在财务报表系统中欲查看多张表页的 C4 单元的数据，需要使用（　　　）功能。
   A. 筛选　　　　　B. 透视　　　　　C. 联查明细账　　D. 查找
4. 财务报表本表他页取数函数 select(?A10,年@=年 and 月@=月+1)中的 A10 是指（　　　）。
   A. 同年下一会计期表页上的单元　　　　B. 同年上一会计期表页上的单元
   C. 本期表页上的单元　　　　　　　　　D. 他表相同会计期表页上的单元
5. 财务报表系统提供的关键字中不包括（　　　）。
   A. 单位名称　　　B. 年　　　　　　C. 月　　　　　　D. 制表人
6. 财务报表的单元类型包括（　　　）。
   A. 字符型　　　　B. 表样型　　　　C. 数值型　　　　D. 逻辑型
7. 财务报表系统中一般提供的报表模板是（　　　）。
   A. 资产负债表　　　　　　　　　　　　B. 利润表
   C. 管理费用明细表　　　　　　　　　　D. 产品销售毛利分析表
8. 关于关键字设置，以下说法正确的是（　　　）。
   A. 在数据状态下设置并录入关键字
   B. 一个关键字在一张报表中只能定义一次
   C. 每张报表只能定义一个关键字
   D. 可以随时取消关键字的设置

问答题

1. 报表子系统的主要功能包括哪些？
2. 制作一张报表的流程是怎样的？
3. 报表格式设计包括哪些内容？
4. 单元类型分为哪几种？如何运用？
5. 报表公式分为哪几类，各自的作用是什么？
6. 什么是关键字？关键字是如何进行设置的？
7. "编制单位"需要设置为关键字吗？请说明理由。
8. 报表数据处理包括哪些内容？
9. 如何利用报表模板生成资产负债表？如果生成的资产负债表不平应如何查找原因？
10. 利用总账中的项目辅助核算功能生成现金流量表的主要步骤是什么？

第6章 薪资管理

6.1 工作情景

❓ 职工工资核算是企业工作量比较大的一项任务，利用软件管理能减轻核算工作量。目前企业职工包括正式职工、退休职工和临时工3类。临时工采用计件工资，退休职工工资不再代扣个人所得税，薪资管理软件能处理这些情况吗？

用友 U8 薪资管理系统提供处理多个工资类别的功能。只要选择建立多个工资类别分别处理即可。

❓ 依法纳税是每个公民的应尽义务。工资薪金所得是个人所得税的征税内容，是否可以在计算职工工资的同时按照适用税率正确计算并扣缴个人所得税呢？

用友 U8 薪资管理系统中设置了是否在工资核算的同时代扣个人所得税选项。选择该项，在工资项目中自动增加"代扣税"；同时允许用户设置个人所得税扣税基数、累进税率、收入额合计项等，为正确计算个人所得税做好铺垫。

❓ 前期已经学习了总账系统，并且在总账系统中处理过一笔工资费用分配的业务。如果企业使用薪资管理系统管理职工工资相关业务，那它与总账系统之间又怎样进行业务区分呢？

如果企业同时使用总账系统和薪资管理系统，那么与职工薪资有关的业务全部在薪资管理系统中处理，并生成业务凭证传递给总账系统。总账系统中不再手工填制该类凭证。

6.2 薪资管理系统认知

6.2.1 薪资管理系统基本功能

薪资管理系统的任务是：以职工个人的薪资原始数据为基础，计算应发工资、扣款合计和实发工资等，编制工资结算单；按部门和人员类别进行汇总，进行个人所得税计算；提供多种方式的查询、打印薪资发放表、各种汇总表及个人工资条；进行工资费用分配与计提，并实现自动转账处理。薪资管理系统具体包括以下功能。

1．工资类别管理

薪资管理系统提供处理多个工资类别的功能。如果单位按周或按月多次发放薪资，或者单位中有多种不同类别（部门）的人员，薪资发放项目不同，计算公式也不同，但需进行统一薪资核算管理，就选择多个工资类别。

2．人员档案管理

薪资管理系统可以设置人员的基础信息，并对人员变动进行调整；系统同时还提供了设置人员附加信息的功能。

3．薪资数据管理

薪资管理系统可根据不同企业的需要，设计工资项目和计算公式；管理所有人员的工资数据，并对平时发生的工资变动进行调整；自动计算个人所得税，结合工资发放形式进行扣零处理或向代发的银行传输工资数据；自动计算、汇总工资数据；自动完成工资分摊、计提、转账业务。

4．薪资报表管理

薪资管理系统可提供多层次、多角度的工资数据查询。

6.2.2　薪资管理系统初始化

薪资管理系统初始化的工作流程如图 6-1 所示。

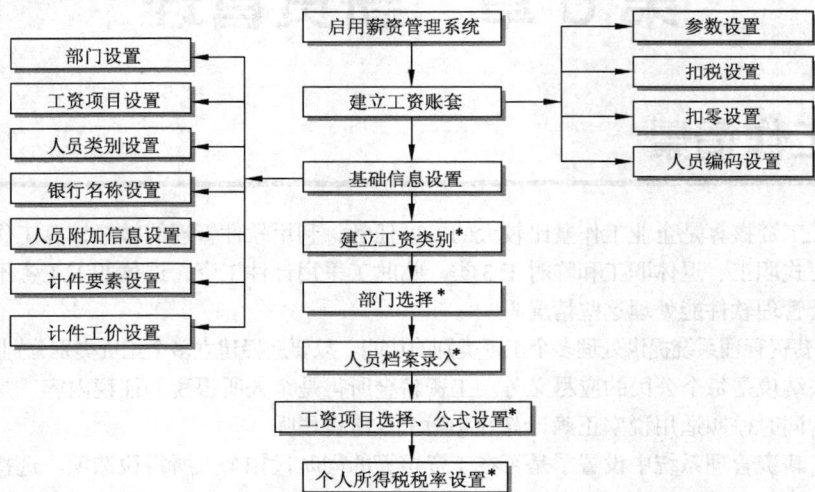

注：带"*"项目是针对工资类别进行的操作。

图 6-1　薪资管理系统初始化的工作流程示意图

1．建立工资账套

工资账套与系统管理中的账套是不同的概念，系统管理中的账套针对整个核算系统，而工资账套针对薪资管理子系统。要建立工资账套，前提是在系统管理中建立本单位的核算账套。建立工资账套时可以根据建账向导分 4 步进行，即参数设置、扣税设置、扣零设置、人员编码设置。

2．基础信息设置

建立工资账套以后，要对整个系统运行所需的一些基础信息进行设置，包括以下内容。

（1）部门设置。员工薪资一般是按部门进行管理的。

（2）人员类别设置。人员类别是进行工资费用分配的基础。例如，企业管理人员的工资计入管理费用科目，销售人员的工资计入销售费用科目，生产人员的工资计入生产成本科目。

（3）人员附加信息设置。此项设置可增加人员信息，丰富人员档案的内容，便于对人员进行更加有效的管理。例如，增加设置人员的性别、民族、婚姻状态等。

（4）工资项目设置。工资项目设置即定义工资项目的名称、类型、宽度、小数、增减项。系统中有一些固定项目，是工资账中必不可少的，包括"应发合计""扣款合计""实发合计"。这些项目不能删除和重命名。其他项目可根据实际情况定义或参照增加，如基本工资、奖励工资、请假天数等。在此设置的工资项目是针对所有工资类别的全部工资项目。

（5）银行名称设置。发放工资的银行可按需要设置多个，这里的银行名称设置针对所有工资类别。例如，同一工资类别中的人员由于在不同的工作地点，需在不同的银行代发工资，或者不同的工资类别由不同的银行代发工资，均需设置相应的银行名称。

（6）计件工资设置。除计时工资外，用友 U8 系统还支持计件工资核算。计件工资设置包括计件要素设置和计件工价设置。

3．工资类别管理

薪资管理系统是按工资类别来进行管理的。每个工资类别下有职工档案、工资变动、工资数据、报税处理、银行代发等项目。对工资类别的维护包括建立工资类别、打开工资类别、删除工资类别、关闭工资类别和汇总工资类别等操作。

（1）人员档案。人员档案的设置用于登记工资发放人员的姓名、职工编号、所在部门、人员类别等信息，此外员工的增减变动也必须在本功能中处理。如人员档案的操作是针对某个工资类别的，应先打开相应的工资类别。

人员档案管理包括增加/修改/删除人员档案、人员调离与停发处理、查找人员等。

（2）设置工资项目和计算公式。在系统初始中设置的工资项目包括本单位各种工资类别所需要的全部工资项目。由于不同的工资类别，对应不同的工资发放项目和计算公式，因此应对某个指定工资类别所需的工资项目进行设置，并定义此工资类别的工资数据计算公式。

① 选择建立本工资类别的工资项目。这里只能选择系统初始中设置的工资项目，不可自行输入。工资项目的类型、长度、小数位数、增减项等不可更改。

② 设置计算公式。在系统初始设置中定义某些工资项目的计算公式及工资项目之间的运算关系。例如，缺勤扣款=基本工资/月工作日×缺勤天数。运用公式可直观表达工资项目的实际运算过程，灵活地进行工资计算处理。定义公式可通过选择工资项目、运算符、关系符、函数等组合完成。

系统固定的工资项目"应发合计""扣款合计""实发合计"等的计算公式，由系统根据工资项目设置的"增减项"自动给出。用户在此只能增加、修改、删除其他工资项目的计算公式。

定义工资项目计算公式要符合逻辑，系统将对公式进行合法性检查，不符合逻辑的，系统将给出错误提示。定义公式时要注意先后顺序，先得到的数据应先设置公式。应发合计、扣款合计和实发合计公式应是公式定义框的最后 3 个公式，并且实发合计的公式要在应发合计和扣款合计公式之后，用户可通过单击公式框的"▲""▼"上下箭头调整计算公式顺序。如果出现超长计算公式，可将所用到的工资项目名称缩短（减少字符数），或设置过渡项。定义公式时可使用函数公式向导参照输入。

（3）设置个人所得税税率。随着经济的发展和社会进步，个人所得税起征点、税率等都会发生变化。用友 U8 系统中预置了软件版本同时期的个人所得税税率表，如若与现实情况不符，可进行修订和调整，以正确计算个人所得税。

6.2.3 薪资管理系统日常业务处理

薪资管理系统日常业务处理的工作流程如图 6-2 所示。

1．工资数据处理

第一次使用薪资管理系统必须将所有人员的基本工资数据录入计算机，平时如每月发生工资数据的变动也在此进行调整。为了快速、准确地录入工资数据，系统提供以下功能。

（1）筛选和定位。如果对部分人员的工资数据进行修改，最好采用数据过滤的方法，先将所要修改的人员过滤出来，然后进行工资数据修改。修改完毕后进行"重新计算"和"汇总"。

（2）页编辑。工资变动界面提供了"编辑"按钮，可以对选定的个人进行快速录入。单击"上一人""下一人"可变更人员，并录入或修改其他人员的工资数据。

（3）替换。将符合条件的人员的某个工资项目的数据，统一替换成某个数据，如管理人员的奖金上调 100 元。

（4）过滤器。如果只对工资项目中的某一个或几个项目进行修改，可将要修改的项目过滤出来。例如，只对事假天数、病假天数两个工资项目的数据进行修改。对于常用到的过滤项目，可以在项目过滤选择后输入一个名称进行保存，以后可通过过滤项目名称调用，不用时也可以删除。

2．个人所得税的计算与申报

鉴于许多企事业单位计算职工工资薪金所得税工作量较大，本系统特提供个人所得税自动计算功能，用户只需自定义所得税税率，系统自动计算个人所得税。

3．银行代发

目前大部分企业职工薪酬的发放都采取银行代发的形式。每月由企业向银行提供指定格式的职

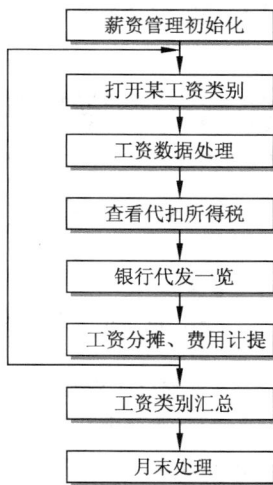

图 6-2 薪资管理系统日常业务处理的工作流程示意图

```
┌──────────────┐
│ 薪资管理初始化 │
└──────┬───────┘
       ↓
┌──────────────┐
│ 打开某工资类别 │
└──────┬───────┘
       ↓
┌──────────────┐
│  工资数据处理  │
└──────┬───────┘
       ↓
┌──────────────┐
│ 查看代扣所得税 │
└──────┬───────┘
       ↓
┌──────────────┐
│  银行代发一览  │
└──────┬───────┘
       ↓
┌──────────────┐
│ 工资分摊、费用计提 │
└──────┬───────┘
       ↓
┌──────────────┐
│  工资类别汇总  │
└──────┬───────┘
       ↓
┌──────────────┐
│    月末处理    │
└──────────────┘
```

工工资文件。这样做既减轻了财务部门发放工资的繁重工作，又有效地避免了财务人员去银行提取大笔款项所承担的风险，同时还增强了对员工个人工资的保密程度。

4．工资分摊

工资是费用中人工费最主要的部分，需要对工资费用进行工资总额的计提计算、分配及各种经费的计提，并编制转账会计凭证，供登账处理之用。

5．工资数据查询统计

工资数据处理结果最终通过工资报表的形式反映，薪资管理系统提供了主要的工资报表，报表的格式由系统提供。如果对报表提供的固定格式不满意，可以通过"修改表"和"新建表"功能自行设计。

（1）工资表。工资表包括工资发放签名表、工资发放条、工资卡、部门工资汇总表、人员类别工资汇总表、条件汇总表、条件统计表、条件明细表、工资变动明细表、工资变动汇总表等由系统提供的原始表，主要用于本月工资发放和统计。工资表可以进行修改和重建。

（2）工资分析表。工资分析表以工资数据为基础，对部门、人员类别的工资数据进行分析和比较，产生各种分析表，供决策人员使用。

6．工资类别汇总

各工资类别日常业务处理完成后，需要进行工资类别汇总，从而实现统一工资核算的目的。

7．月末处理

月末处理是指将当月数据经过处理后结转至下月。每月工资数据处理完毕后均可进行月末结转。在工资项目中，有的项目是变动的，即每月的数据均不相同，在进行每月工资处理时，均需将其数据清为零，而后输入当月的数据，此类项目即为清零项目。

因为月末处理功能只有主管人员才能执行，所以应以主管的身份登录系统。

月末结转只有在会计年度的 1 月至 11 月进行，且只有在当月工资数据处理完毕后才可进行。若要处理多个工资类别，则应打开工资类别，分别进行月末结转。若本月工资数据未汇总，系统将不允许进行月末结转。进行期末处理后，当月数据将不允许变动。

6.3 薪资管理系统初始化设置实务

6.3.1 基本任务

薪资管理系统初始化资料

1．建立工资账套

工资类别个数，多个；核算计件工资；核算币种，人民币 RMB；要求代扣个人所得税；不进行扣零处理；启用日期，2022 年 1 月 1 日。

2．基础信息设置

（1）工资项目设置如表 6-1 所示。

表 6-1 工资项目设置表

项目名称	类型	长度	小数位数	增减项	备注
基本工资	数字	8	2	增项	
浮动工资	数字	8	2	增项	
交补	数字	8	2	增项	
应发合计	数字	10	2	增项	系统项目

项目名称	类型	长度	小数位数	增减项	备注
养老保险	数字	8	2	减项	
请假扣款	数字	8	2	减项	
代扣税	数字	10	2	减项	系统项目
扣款合计	数字	10	2	减项	系统项目
实发合计	数字	10	2	增项	系统项目
计税工资	数字	8	2	其他	
请假天数	数字	8	2	其他	

（2）银行名称。

银行编码，01001；银行名称，工商银行丰台分理处。

个人账号规则，定长 11 位，自动带出账号长度 7 位。

3．正式人员类别相关资料

部门选择：所有部门。

（1）人员档案如表 6-2 所示。

表 6-2　人员档案表

人员编号	人员姓名	部门名称	人员类别	账号	中方人员	是否计税	核算计件工资
001	马国华	总经办	企业管理人员	20190101001	是	是	否
002	王莉	财务部	企业管理人员	20190101002	是	是	否
003	方萌	财务部	企业管理人员	20190101003	是	是	否
004	白亚楠	财务部	企业管理人员	20190101004	是	是	否
005	范文芳	采购部	经营人员	20190101005	是	是	否
006	高文庆	销售一部	经营人员	20190101006	是	是	否
007	沈宝平	销售二部	经营人员	20190101007	是	是	否
008	杜海涛	生产部	车间管理人员	20190101008	是	是	否
009	段博	生产部	生产工人	20190101009	是	是	否

注：以上所有人员的代发银行均为工商银行丰台分理处。

（2）正式人员类别工资项目。正式人员类别工资项目，包括基本工资、浮动工资、交补、应发合计、养老保险、请假扣款、代扣税、扣款合计、实发合计、请假天数、计税工资。排列顺序同上。

（3）工资项目计算公式如表 6-3 所示。

表 6-3　工资项目计算公式表

工资项目	定义公式
请假扣款	请假天数×50
养老保险	基本工资×0.08
交　补	iff(人员类别="企业管理人员"or 人员类别="车间管理人员",300,100)
计税工资	基本工资+浮动工资+交补-养老保险-请假扣款

（4）个人所得税设置。个人所得税免征额即扣税基数为 5000 元。外籍人士个人所得税减除费用为 0 元。个人所得税税率表如表 6-4 所示。

表 6-4　7 级超额累进个人所得税税率表

级数	全年应纳税所得额	按月换算	税率（%）	速算扣除数（件）
1	不超过 36 000 元	不超过 3 000 元	3	0
2	超过 36 000 元至 144 000 元的部分	3 000<X≤12 000	10	210
3	超过 144 000 元至 300 000 元的部分	12 000<X≤25 000	20	1 410

级数	全年应纳税所得额	按月换算	税率（%）	速算扣除数（件）
4	超过 300 000 元至 420 000 元的部分	25 000<X≤35 000	25	2 660
5	超过 420 000 元至 660 000 元的部分	35 000<X≤55 000	30	4 410
6	超过 660 000 元至 960 000 元的部分	55 000<X≤80 000	35	7 160
7	超过 960 000 元的部分	超过 80 000 元	45	15 160

4．临时人员工资类别相关资料

部门选择：生产部。

（1）临时人员档案如表 6-5 所示。

表 6-5　临时人员档案表

人员编号	人员姓名	部门名称	人员类别	账号	中方人员	是否计税	核算计件工资
011	吕元	生产部	生产工人	20190101011	是	是	是
012	李枫	生产部	生产工人	20190101012	是	是	是

（2）工资项目。临时人员类别工资项目包括计件工资、应发合计、代扣税、扣款合计、实发合计。

（3）计件要素。计件要素为工序。工序档案包括两项：01 组装；02 检验。

（4）计件工价设置。组装：30 元/件。检验：18 元/件。

（5）个人所得税税率同正式职工工资类别。收入额合计为"应发合计"。

薪资管理系统初始化设置指导

由系统管理员在系统管理中引入"总账初始化"账套作为基础数据。以账套主管身份登录企业应用平台，登录日期为 2022-01-01，进行薪资管理系统初始化设置。

1．在企业应用平台中启用薪资管理和计件工资管理

操作指导如下。

① 执行"开始"｜"所有程序"｜"用友 U8 V10.1"｜"企业应用平台"命令，以账套主管王莉的身份登录。

② 执行"基础设置"｜"基本信息"｜"系统启用"命令，打开"系统启用"对话框，选中"WA 薪资管理"复选框，打开"日历"对话框。选择薪资管理系统启用日期为"2022 年 1 月 1 日"，单击【确定】按钮，系统弹出提示"确实要启用当前系统吗？"，单击【是】按钮返回。

③ 用同样的方法，启用计件工资管理系统。

启用薪资管理和计件工资管理

2．建立工资账套

操作指导如下。

① 在企业应用平台的"业务工作"选项卡中，选择"人力资源"中的"薪资管理"，打开"建立工资套"对话框。

② 在建账第一步"参数设置"中，选择本账套所需处理的工资类别个数"多个"，默认币别名称为"人民币"，选中"是否核算计件工资"复选框，如图 6-3 所示，然后单击【下一步】按钮。

建立工资账套

提示

本例中对正式人员和临时人员分别进行核算，所以工资类别应选择"多个"。

计件工资是按计件单价支付劳动报酬的一种形式。由于对计时工资和计件工资的核算方法不同，因此，在薪资管理系统中对于企业是否存在计件工资特别设置了确认选项。选中该项，系统在工资项目中自动增加"计件工资"项目。

③ 在建账第二步"扣税设置"中，选中"是否从工资中代扣个人所得税"复选框，如图 6-4 所示。单击【下一步】按钮。

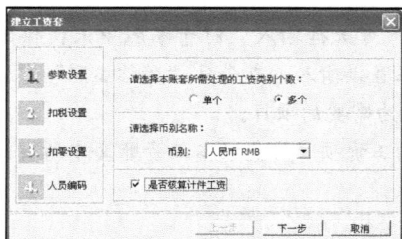

图 6-3 建立工资套——参数设置

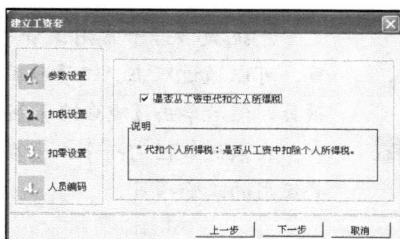

图 6-4 建立工资套——扣税设置

> **提示** 选择代扣个人所得税后，系统将自动生成工资项目"代扣税"，并在工资计算的同时自动进行代扣个人所得税的计算。

④ 在建账第三步"扣零设置"中，不做选择，直接单击【下一步】按钮。

> **提示** 扣零处理是指每次发放工资时扣下零头，积累取整，于下次工资发放时补上。系统在计算工资时将依据扣零类型（扣零至元、扣零至角、扣零至分）进行扣零计算。

⑤ 在建账第四步"人员编码"中，系统要求和公共平台中的人员编码保持一致。单击【完成】按钮，完成工资账套的创建。

> **提示** 建账完毕后，部分建账参数可以通过执行"设置"|"选项"命令进行修改。

3．工资账套基础信息设置

（1）工资项目设置。操作指导如下。

① 在薪资管理系统中，执行"设置"|"工资项目设置"命令，打开"工资项目设置"对话框。工资项目列表中显示 14 个系统自动生成的工资项目，这些项目不能删除。

工资账套-工资项目设置

② 单击【增加】按钮，在工资项目列表中增加一空行。

③ 从"名称参照"下拉列表中选择"基本工资"选项，默认其他项目。如果需要修改某栏目，只需要双击该栏目，按需要进行修改即可。

④ 单击【增加】按钮，增加其他工资项目。用户可以利用【上移】【下移】调整工资项目的位置，完成后的效果如图 6-5 所示。

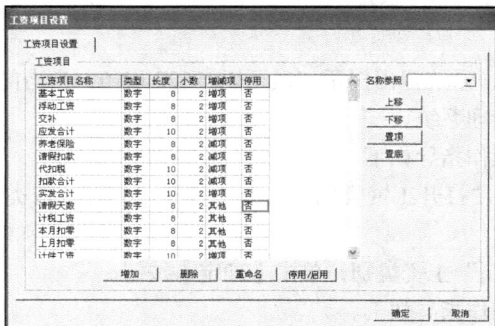

图 6-5 工资项目设置

⑤ 单击【确定】按钮，系统弹出提示"工资项目已经改变，请确认各工资类别的公式是否正确"，单击【确定】按钮。

提示　系统提供若干常用工资项目供参考，可选择输入。对于参照中未提供的工资项目，可以通过双击"工资项目名称"一栏直接输入，或先从"名称参照"中选择一个项目，然后单击【重命名】按钮将其修改为需要的项目。

在未进入任何一个工资类别时设置的工资项目应包括本工资账套中所有工资类别要使用的工资项目。

（2）银行设置。操作指导如下。

① 在企业应用平台基础设置中，执行"基础档案"|"收付结算"|"银行档案"命令，打开"银行档案"对话框。

② 单击【增加】按钮，增加"01001 工商银行丰台分理处"，默认个人账号定长且账号长度为"11"，自动带出账号长度为"7"，如图 6-6 所示。

③ 单击【保存】按钮，单击【退出】按钮，完成设置。

> 工资账套-银行档案设置

提示　可设置多个代发工资的银行以满足不同人员在不同地点代发工资的需要。

4. 正式人员工资类别初始化设置

（1）建立"正式职工"工资类别。操作指导如下。

① 在薪资管理系统中，执行"工资类别"|"新建工资类别"命令，打开"新建工资类别"对话框。

② 在文本框中输入第一个工资类别"正式职工"，单击【下一步】按钮。

③ 单击【选定全部部门】按钮，如图 6-7 所示。

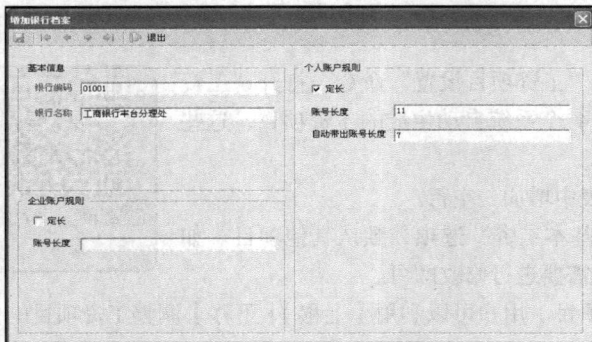

> 建立"正式职工"工资类别

图 6-6　银行档案设置

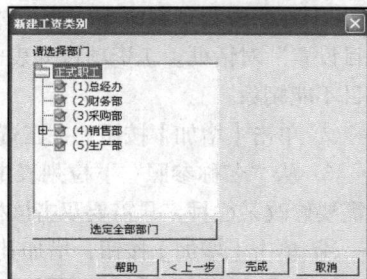

图 6-7　建立正式人员工资类别——选定全部部门

④ 单击【完成】按钮，系统弹出提示"是否以 2022-01-01 为当前工资类别的启用日期"，单击【是】按钮，返回薪资管理系统。

（2）打开工资类别。操作指导如下。

① 执行"工资类别"|"打开工资类别"命令，打开"打开工资类别"对话框。

② 选择"001 正式职工"工资类别，单击【确定】按钮。

（3）设置人员档案。操作指导如下。

① 执行"设置"|"人员档案"命令，进入"人员档案"窗口。

> 设置人员档案

② 单击【批增】按钮，打开"人员批量增加"对话框。

③ 单击【查询】按钮，系统显示在企业应用平台中已经增加的人员档案，且默认是选中状态，如图 6-8 所示。单击【确定】按钮返回"人员档案"窗口。

④ 单击【修改】按钮，打开"人员档案明细"对话框，确定是否需要对该人员核算计件工资，并补充输入银行账号信息，如图 6-9 所示。

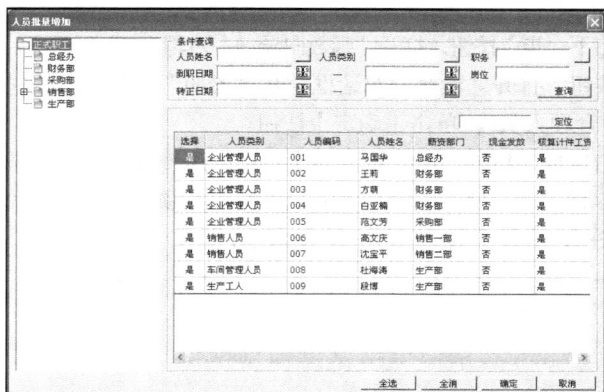

图 6-8　人员批量增加

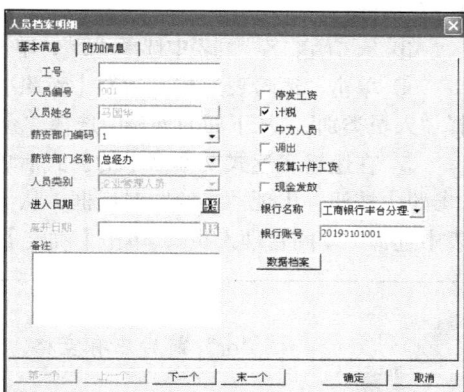

图 6-9　人员档案明细

⑤ 单击【确定】按钮，系统弹出"写入该人员档案信息吗"信息提示框，单击【确定】按钮继续修改其他人员信息。

（4）设置工资项目。操作指导如下。

① 执行"设置"|"工资项目设置"命令，打开"工资项目设置"对话框。

② 单击"工资项目设置"选项卡，单击【增加】按钮，在工资项目列表中增加一空行。

③ 从"名称参照"下拉列表中选择"基本工资"选项，工资项目名称、类型、长度、小数、增减项都自动带出，不能修改。

④ 单击【增加】按钮，增加其他工资项目。

⑤ 所有项目增加完成后，利用"工资项目设置"界面上的【上移】和【下移】按钮，按照实验资料所给顺序调整工资项目的排列位置。

正式人员工资类别-设置工资项目

提示

工资项目不能重复选择。没有设置的工资项目不允许在计算公式中出现。不能删除已输入数据的工资项目和已设置计算公式的工资项目。

如果计税工资既不是应发合计也不是实发合计，那么需要在工资项目中增加"计税工资"工资项目，并设置该工资项目的计算公式，在"扣税设置"中设置扣税项目为"计税工资"。

（5）设置计算公式。

设置公式"请假扣款=请假天数×50"

操作指导如下。

① 在"工资项目设置"对话框中单击"公式设置"选项卡。

② 单击【增加】按钮，在工资项目列表中增加一空行，从下拉列表中选择"请假扣款"。

③ 单击"请假扣款公式定义"文本框，选择工资项目列表中的"请假天数"。

正式人员工资类别-设置计算公式

④ 单击运算符"*"，在"*"后输入数字"50"，如图6-10所示，然后单击【公式确认】按钮。

设置公式"交补= iff（人员类别="企业管理人员" or 人员类别="车间管理人员"，300，100）"操作指导如下。

① 单击【增加】按钮，在工资项目列表中增加一空行，从下拉列表中选择"交补"。

② 单击"公式定义"文本框，单击【函数公式向导输入】按钮，打开"函数向导——步骤之1"对话框。

③ 从"函数名"列表中选择"iff"，单击【下一步】按钮，打开"函数向导——步骤之2"对话框。

④ 单击"逻辑表达式"后的【参照】按钮，打开"参照"对话框，从"参照"下拉列表中选择"人员类别"，从下面的列表中选择"企业管理人员"，单击【确定】按钮。

⑤ 在逻辑表达式文本框中的公式后单击鼠标，输入"or"后，再次单击"逻辑表达式"后的【参照】按钮，出现"参照"对话框，从"参照"下拉列表中选择"人员类别"选项，从下面的列表中选择"车间管理人员"，单击【确定】按钮，返回"函数向导——步骤之2"。

注意 "or"前后应有空格。

⑥ 在"算术表达式1"后的文本框中输入"300"，在"算术表达式2"后的文本框中输入"100"，如图6-11所示。单击【完成】按钮，返回"公式设置"对话框，单击【公式确认】按钮。

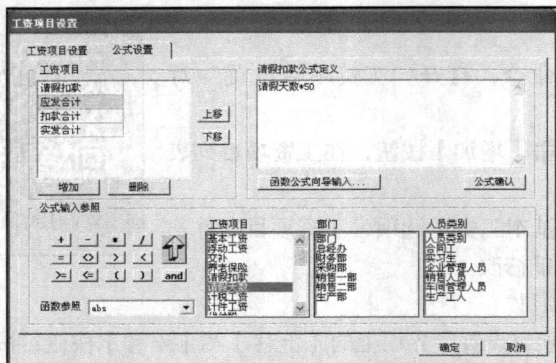

图6-10 请假扣款公式设置 　　　　图6-11 "交补"公式设置

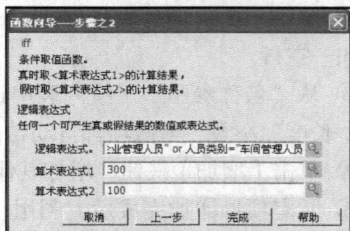

⑦ 设置养老保险、计税工资的计算公式。

⑧ 调整计算公式的先后顺序。本例中计税工资中包含请假扣款、交补、养老保险，因此，公式设置完成后，利用【上移】【下移】按钮将计税工资公式排列在请假扣款、养老保险、交补之后。

⑨ 单击【确定】按钮，退出公式设置。

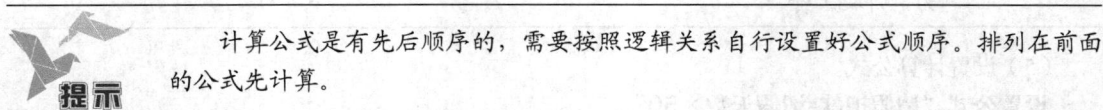

提示 计算公式是有先后顺序的，需要按照逻辑关系自行设置好公式顺序。排列在前面的公式先计算。

（6）设置所得税纳税基数。操作指导如下。

① 执行"设置"|"选项"命令，打开"选项"对话框。

② 单击【编辑】按钮，单击"扣税设置"选项卡，单击"实发合计"下拉列表框，从中选择"计税工资"，如图6-12所示。

③ 单击【税率设置】按钮，打开"个人所得税申报表——税率表"对

正式人员工资类别
-设置所得税纳税基数

话框。

④ 修改基数为"5000.00",附加费用为"0.00"。修改各级次应纳税所得额上限和速算扣除数,下一级次应纳税所得额下限自动调整,修改完成后,如图 6-13 所示,单击【确定】按钮返回。

⑤ 单击【确定】按钮退出。

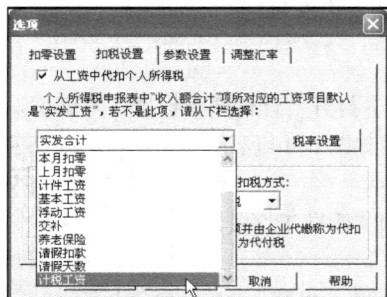

图 6-12 选项——扣税设置

图 6-13 个人所得税税率表

(7)关闭工资类别。执行"工资类别"|"关闭工资类别"命令,关闭"正式人员"工资类别。

难点　　　　　设置计税工资项目的意义

个人所得税申报表中"收入额合计"项对应的工资项目默认为"实发合计",但在工资计算中,"实发合计"项目中已经扣除了代扣个人所得税和应计税的其他一些代扣款项;而"应发合计"项目又没有扣除职工应该负担的五险一金,也不宜作为"计税工资"项目。因此,需要另外设置一个工资项目,并设置正确的计算公式,对应个人所得税申报表的"收入额合计",这就是设置"计税工资"项目的原因所在。

5.临时人员工资类别初始化设置

(1)建立"临时人员"工资类别。操作指导如下。

① 执行"工资类别"|"新建工资类别"命令,打开"新建工资类别"对话框。

② 在文本框中输入第二个工资类别"临时人员",单击【下一步】按钮。

③ 选择"生产部"。

④ 单击【完成】按钮,系统弹出"是否以 2022-01-01 为当前工资类别的启用日期"信息提示框,单击【是】按钮,返回薪资管理系统。

(2)建立临时人员档案。操作指导如下。

① 按实验资料在"企业应用平台——基础档案——机构人员——人员档案"中增加临时人员档案。

② 在薪资管理系统中,执行"工资类别"|"打开工资类别"命令,打开"临时人员"工资类别。

③ 在临时人员工资类别中执行"设置"|"人员档案"命令,单击【批增】按钮,打开"人员批量增加"对话框。

④ 选中"生产部",单击【查询】按钮,对话框右侧显示生产部中的所有人员,且默认为选中状态。去掉非临时人员的选中标记,单击【确定】按钮返回。补充发放工资人员的其他必要信息。

提示　　临时人员核算计件工资。

（3）工资项目设置。操作指导如下。

① 在薪资管理系统中，执行"设置"|"工资项目设置"命令，打开"工资项目设置"对话框。

② 利用【上移】和【下移】按钮，按"计件工资、应发合计、代扣税、扣款合计、实发合计"重新排列工资项目。

③ 单击【确定】按钮返回。

（4）计件要素设置。操作指导如下。

① 在计件工资中，执行"设置"|"计件要素设置"命令，打开"计件要素设置"对话框。

② 查看是否包括"工序"计件要素，且为"启用"状态，如图 6-14 所示。

（5）工序设置。操作指导如下。

① 在企业应用平台基础档案设置中，执行"生产制造"|"标准工序资料维护"命令，进入"标准工序资料维护"窗口。

② 单击【增加】按钮，输入工序代号"01"、工序说明"组装"，单击【保存】按钮。继续增加"02 检验"工序，如图 6-15 所示。

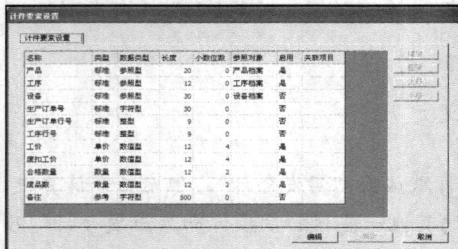

图 6-14 计件要素设置　　　　图 6-15 标准工序资料维护

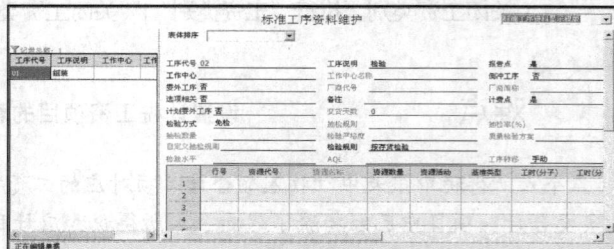

（6）计件工价设置。操作指导如下。

① 在计件工资中，执行"设置"|"计件工价设置"命令，进入"计件工价设置"窗口。

② 单击【增加】按钮，按实验资料输入计件工价，如图 6-16 所示。

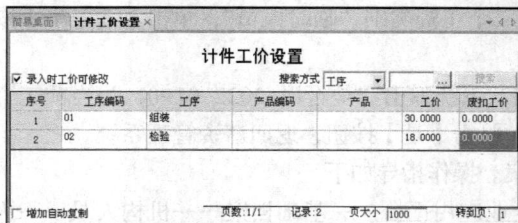

图 6-16 计件工价设置

（7）计税基数设置。操作指导如下。

① 执行"设置"|"选项"命令，打开"选项"对话框。

② 单击【编辑】按钮，在"扣税设置"选项卡中选择个人所得税申报表中收入额合计对应的工资项目为"应发合计"，并按表 6-4 修改税率表。

6. 账套备份

以上内容全部完成后，将账套输出至"薪资初始化"文件夹中。

6.3.2　拓展任务

薪资管理系统的主要功能是承担职工薪酬核算、工资及相关费用分配，但也可以担负简单的人

事信息管理职能。但作为人事信息管理系统，目前记录的人员信息可能不全面，如基本的人事信息还应包括技术职称、婚姻状态等。

　　【拓展】为企业人员增加技术职称、婚姻状态信息。

　　操作指导如下。

　　① 在薪资管理系统中，执行"设置"|"人员附加信息设置"命令，打开"人员附加信息设置"对话框。

　　② 单击【增加】按钮，从栏目参照下拉列表中选择"技术职称"。

　　③ 单击【增加】按钮，在"信息名称"文本框中输入"婚姻状态"。完成后界面如图 6-17 所示。

　　④ 设置了人员附加信息后，可以在人员档案界面附加信息选项卡中录入人员附加信息的内容，如图 6-18 所示。

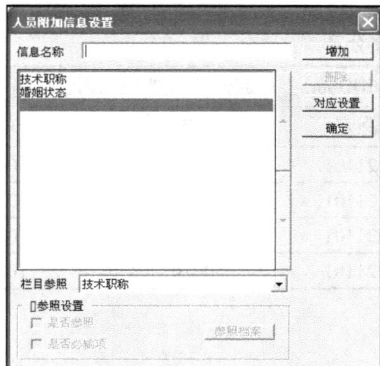

图 6-17　人员附加信息设置　　　　　　　　　图 6-18　录入人员附加信息

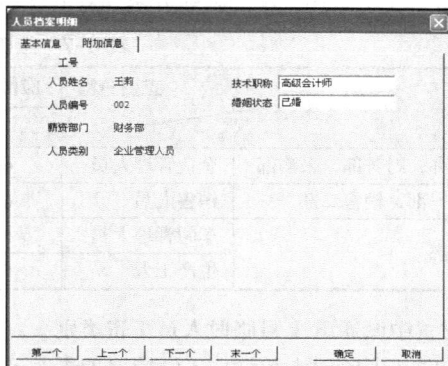

> **提示**
>
> 已使用过的人员附加信息可以修改，但不能删除。
>
> 不能对人员附加信息进行数据加工，如公式设置。

6.4　薪资管理日常业务处理实务

6.4.1　基本任务

薪资管理日常业务处理资料

1．中诚通讯 1 月正式人员工资类别

（1）1 月正式人员工资基本情况如表 6-6 所示。

表 6-6　1 月正式人员工资基本情况表

姓名	基本工资（元）	浮动工资（元）
马国华	10 000	3 000
王莉	7 000	1 000
方萌	3 500	1 000
白亚楠	5 500	1 000
范文芳	5 000	1 000

姓名	基本工资（元）	浮动工资（元）
高文庆	5 500	2 000
沈宝平	4 500	1 500
杜海涛	4 000	1 000
段博	3 000	1 000

（2）本月考勤统计如下。范文芳请假 2 天；段博请假 1 天。

（3）特殊激励。因去年销售部推广产品业绩较好，每人增加浮动工资 2 000 元。

（4）工资分摊及费用计提。应付工资总额等于工资项目"应发合计"，应付福利费也以此为计提基数。工资费用分配的转账分录如表 6-7 所示。

表 6-7　工资费用分配的转账分录

部门	工资分摊	应付工资（计提比例 100%）		应付福利费（计提比例 14%）	
		借方	贷方	借方	贷方
总经办，财务部，采购部	企业管理人员	660201	221101	660202	221102
销售一部，销售二部	销售人员	660101	221101	660102	221102
生产部	车间管理人员	510101	221101	510101	221102
	生产工人	500102	221101	500102	221102

2．中诚通讯 1 月临时人员工资类别

（1）1 月临时人员计件工资情况如表 6-8 所示。

表 6-8　1 月临时人员计件工资表

姓名	日期	组装工时/小时	检验工时/小时
吕元	2022-01-31	180	
李枫	2022-01-31		200

（2）其他略。

3．工资类别汇总

对正式人员和临时人员两个工资类别进行汇总。

薪资管理日常业务处理指导

由系统管理员在系统管理中引入"薪资初始化"账套。

1．正式职工工资处理

以账套主管王莉身份登录企业应用平台，进入薪资管理系统，打开正式职工工资类别。

（1）录入正式人员的基本工资数据。操作指导如下。

① 在薪资管理系统正式人员工资类别中，执行"业务处理"｜"工资变动"命令，进入"工资变动"窗口。

② 在"过滤器"下拉列表中选择"过滤设置"，打开"项目过滤"对话框。

③ 选择"工资项目"列表中的"基本工资"，单击 ▣ 按钮；同样再选择"浮动工资"，如图 6-19 所示。

④ 单击【确定】按钮，返回"工资变动"窗口，此时每个人的工资项目只显示基本工资和浮动工资两项。

⑤ 输入"正式人员"工资类别的工资数据。这里只需输入没有进行公式设定的项目，如基本工资、浮动工资和请假天数，其余各项由系统根据计算公式自动计算生成。

正式职工工资处理-
录入正式人员的基本
工资数据

⑥ 在"过滤器"下拉列表中选择"所有项目",屏幕上显示所有工资项目。

（2）输入正式人员工资变动数据。操作指导如下。

① 输入考勤情况：范文芳请假 2 天，段博请假 1 天。

② 单击【全选】按钮，人员前面的"选择"栏出现选中标记"Y"。

③ 在工具栏中单击【替换】按钮，在"将工资项目"下拉列表中选择"浮动工资"，在"替换成"文本框中输入"浮动工资+2 000"。

④ 在替换条件处分别选择"部门""＝""（4）销售部"，如图 6-20 所示。单击【确定】按钮，系统弹出提示"数据替换后将不可恢复。是否继续"，单击【是】按钮，系统弹出提示"2 条记录被替换，是否重新计算？"，单击【是】按钮，系统自动完成工资计算。

正式职工工资处理-输入正式人员工资变动数据

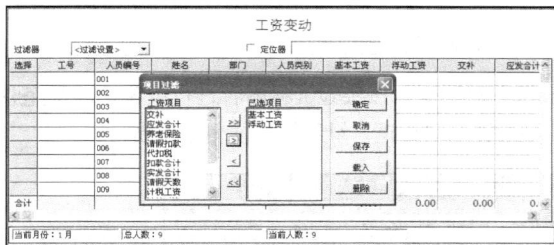

图 6-19　工资变动——项目过滤设置

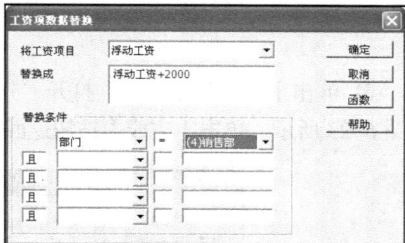

图 6-20　数据替换

（3）数据计算与汇总。操作指导如下。

① 在"工资变动"窗口的工具栏中单击【计算】按钮，计算工资数据。

② 在工具栏中单击【汇总】按钮，汇总工资数据。关闭"工资变动"窗口。

正式职工工资处理-数据计算与汇总

（4）查看个人所得税扣缴申报表。操作指导如下。

① 执行"业务处理"|"扣缴所得税"命令，打开"个人所得税申报模板"对话框。

② 选择"北京"地区"扣缴个人所得税报表"，单击【打开】按钮。打开"所得税申报"对话框，单击【确定】按钮，进入"北京扣缴个人所得税报表"窗口，如图 6-21 所示。

③ 查看完毕后退出。

正式职工工资处理-查看个人所得税扣缴申报表

北京扣缴个人所得税报表
2022年1月—2022年1月

总人数：9

序号	纳税人姓名	身份证照…	身份证照…	国家与地区	职业编码	所得项目	所得期间	收入额	免税收入额	允许扣除…	费用扣除…	准予扣除…	应纳税所…	税率	应纳税额	已扣税额	备注
1	马国华	身份证				工资	1	13300.00			5000.00		7500.00	10	540.00	540.00	
2	王莉	身份证				工资	1	8300.00			5000.00		2740.00	3	82.20	82.20	
3	方萌	身份证				工资	1	4800.00			5000.00		0.00	0	0.00	0.00	
4	白亚楠	身份证				工资	1	6800.00			5000.00		1360.00	3	40.80	40.80	
5	范文芳	身份证				工资	1	6300.00			5000.00		800.00	3	24.00	24.00	
6	高文庆	身份证				工资	1	9600.00			5000.00		4160.00	10	206.00	206.00	
7	沈宝平	身份证				工资	1	8100.00			5000.00		2740.00	3	82.20	82.20	
8	杜海清	身份证				工资	1	5300.00			5000.00		0.00	0	0.00	0.00	
9	段博	身份证				工资	1	4100.00			5000.00		0.00	0	0.00	0.00	
合计								66600.00			45000.00		19300.00		975.20	975.20	

图 6-21　扣缴个人所得税报表

（5）"正式职工"类别工资分摊。

工资分摊类型设置，操作指导如下。

① 执行"业务处理"|"工资分摊"命令，打开"工资分摊"对话框。

② 单击【工资分摊设置】按钮，打开"分摊类型设置"对话框。

③ 单击【增加】按钮，打开"分摊计提比例设置"对话框。

④ 输入计提类型名称"应付工资"。以上操作如图 6-22 所示。

图 6-22　工资分摊设置

⑤ 单击【下一步】按钮，打开"分摊构成设置"对话框。按实验资料内容进行设置，设置完成后如图 6-23 所示。单击【完成】按钮返回"分摊类型设置"对话框，继续设置应付福利费。

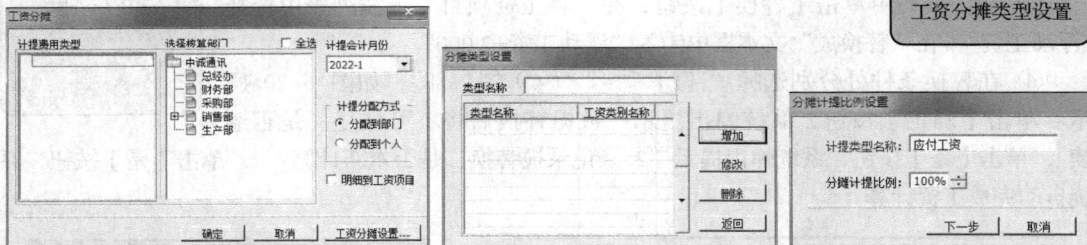

图 6-23　分摊构成设置

工资分摊操作指导如下。

① 执行"业务处理"|"工资分摊"命令，打开"工资分摊"对话框。

② 选择需要分摊的计提费用类型，确定分摊计提的月份"2022-1"。

③ 选择核算部门：总经办、财务部、采购部、销售部、生产部。

④ 选中"明细到工资项目"复选框，如图 6-24 所示。

⑤ 单击【确定】按钮，打开"应付工资一览表"对话框。

⑥ 选中"合并科目相同、辅助项相同的分录"复选框，如图 6-25 所示。单击【制单】按钮。

⑦ 单击凭证左上角的"字"处，选择"转账凭证"，输入附单据数，单击【保存】按钮，凭证左上角出现"已生成"标志，代表该凭证已传递到总账，如图 6-26 所示。

图 6-24　进行工资分摊

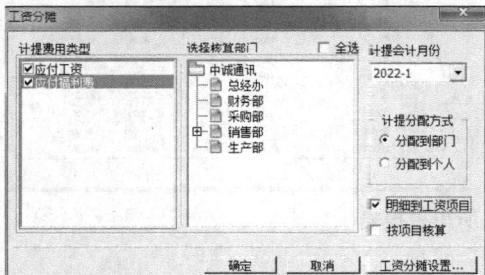

图 6-25　应付工资一览表

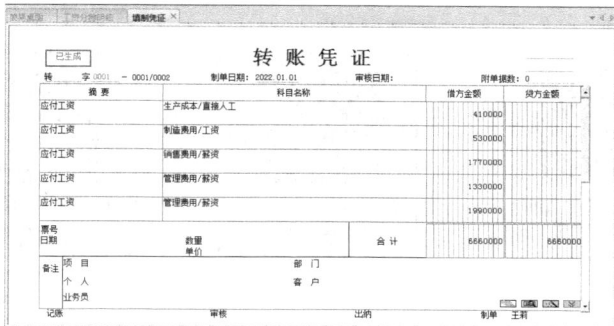

图 6-26 工资分摊生成凭证

提示

薪资管理系统生成的凭证在薪资管理系统中可以进行查询、删除、冲销等操作。传递到总账后需要在总账中进行审核、记账。

---

⑧ 从应付工资一览表"类型"下拉列表中选择"应付福利费",生成应付福利费凭证。

2. 临时人员工资处理

在完成正式职工工资数据处理后,打开"临时人员"工资类别,参照"正式职工"工资类别初始设置及数据处理方式完成"临时人员"工资处理。

(1)计件工资统计。操作指导如下。

① 在计件工资中,执行"个人计件"|"计件工资录入"命令,进入"计件工资录入"窗口。

② 选择工资类别"临时人员",部门"生产部",单击【批增】按钮,进入"计件数据录入"窗口。

③ 选择人员"吕元",选择计件日期"2022-01-31"。单击【增行】按钮,输入组装工时"180",如图 6-27 所示。

④ 单击【计算】按钮,计算计件工资。单击【确定】按钮返回,继续输入李枫的计件工资数据。

⑤ 全部输入完成后,单击【全选】按钮,再单击【审核】按钮,对录入的计件工资数据进行审核。

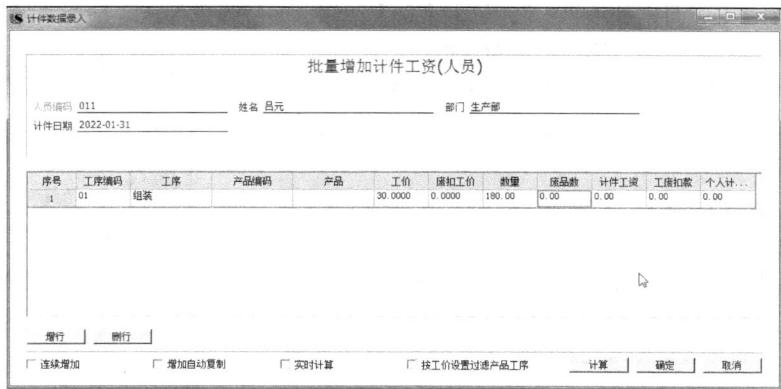

图 6-27 计件工资数据录入

(2)计件工资汇总处理。在计件工资中,执行"计件工资汇总"命令,选择工资类别"临时人员",部门"生产部",单击【汇总】按钮进行计件工资汇总处理。

(3)工资变动处理。在薪资管理系统中,打开临时人员工资类别,执行"业务处理"|"工资变动"命令,进行工资计算、汇总。

(4)工资分摊处理。在"业务处理"|"工资分摊"中进行工资分摊设置及工资分摊处理。只

设置应付工资分摊即可。

临时人员工资处理- 计件工资汇总处理	临时人员工资处理- 工资变动处理	临时人员工资处理- 工资分摊处理

3．汇总工资类别

操作指导如下。

① 执行"工资类别"|"关闭工资类别"命令关闭当前工资类别。

② 执行"维护"|"工资类别汇总"命令，打开"汇总工资类别"对话框。

③ 选择要汇总的工资类别，单击【确定】按钮，完成工资类别汇总。

④ 执行"工资类别"|"打开工资类别"命令，打开"打开工资类别"对话框。

⑤ 选择"998 汇总工资类别"，单击【确定】按钮，查看工资类别汇总后的各项数据。

汇总工资类别

提示

该功能必须在关闭所有工资类别时才可用。

所选工资类别中必须有汇总月份的工资数据。

如为第一次进行工资类别汇总，需在汇总工资类别中设置工资项目计算公式。如果每次汇总的工资类别一致，则公式无须重新设置。如果与上一次汇总所选择的工资类别不一致，则需重新设置计算公式。

汇总工资类别不能进行月末结算和年末结算。

4．账表查询

查看工资清单、个人所得税扣缴申报表、各种工资表。

5．月末处理

操作指导如下。

月末处理

① 打开正式职工人员类别，执行"业务处理"|"月末处理"命令，打开"月末处理"对话框。单击【确定】按钮，系统弹出提示"月末处理之后，本月工资将不许变动，继续月末处理吗？"，单击【是】按钮。系统弹出提示"是否选择清零项？"，单击【是】按钮，打开"选择清零项目"对话框。

② 在"请选择清零项目"列表中，选择"请假扣款""请假天数"，单击【>】按钮，将所选项目移动到右侧的列表框中，如图 6-28 所示。

③ 单击【确定】按钮，系统弹出提示"月末处理完毕"，单击【确定】按钮返回。

④ 用同样的方法完成"临时人员"工资类别月末处理。

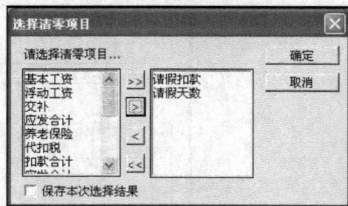

图 6-28　选择清零项目

提示

月末结转只能在会计年度的 1—11 月进行。

若设置多个工资类别，则应打开工资类别，分别进行月末结算。

若本月工资数据未汇总，系统将不允许进行月末结转。

进行月末处理后，当月数据将不再允许变动。

月末处理功能只有主管人员才能执行。

6．账套备份

全部完成后，将账套输出至"薪资日常业务"文件夹中。

6.4.2　拓展任务

薪资管理系统可以生成与职工薪资相关的业务凭证，如应付工资分摊、计提福利费、与工资相关的"五险一金"等凭证，并传递给总账。对总账来说，这些凭证属于外部凭证。在薪资管理系统中，可以对这些凭证进行查看、修改、冲销、删除等操作。

【拓展】删除正式工资类别中计提职工福利费的凭证。

操作指导如下。

① 在薪资管理系统中，执行"统计分析"|"凭证查询"命令，打开"凭证查询"对话框。

② 选中要删除的凭证，单击【删除】按钮，弹出"是否要删除当前凭证"对话框。

③ 单击【是】按钮，删除凭证。在总账系统中查看，该凭证已被打上"作废"标记。

提示　　如果希望在总账中彻底删除凭证，可进行凭证整理。

6.5　单元测试

判断题

1. 薪资管理系统仅提供以人民币作为发放工资的唯一货币。（　　　）

2. 某单位实行多工资类别核算，工资项目公式设置只能在打开某工资类别的情况下进行增加。（　　　）

3. 在薪资管理系统中，定义公式时可不考虑计算的先后顺序，系统可以自动识别。（　　　）

4. 个人所得税税率表已经按国家规定预置，不得修改。（　　　）

5. 工资业务处理完毕后，需要经过记账处理才能生成各种工资报表。（　　　）

6. 用友 U8 既支持计件工资核算，又支持计时工资核算。（　　　）

7. 系统预置的工资项目不允许删除。（　　　）

8. 如果某员工停薪留职，需要在薪资管理系统中将该员工删除。（　　　）

选择题

1. 关于建立工资账套，以下说法不正确的是（　　　）。

　A. 可以选择本工资账套处理单个工资类别还是处理多个工资类别

　B. 可以选择是否代扣个人所得税

　C. 可以选择发放工资的货币币种

　D. 可以选择是否要对职工进行编码

2. 以下（　　　）工资项目可以根据用户在建立工资账套时选择的选项自动生成。

　A. 基本工资　　　　　B. 代扣税　　　　　C. 应发合计　　　　　D. 扣款合计

3. 如果奖金的计算公式为 "奖金＝iff(人员类别＝"企业管理人员" and　部门＝"总经理办公室",800,iff(人员类别="车间管理人员",500,450))"。如果某职工属于一般职工，则他的奖金为（　　　）元。

　A. 800　　　　　　　B. 500　　　　　　　C. 450　　　　　　　D. 0

4. 如果设置某工资项目为数字型，长度为 8，小数位为 2，则该工资项目中最多可以输入（　　　）整数。

　A. 5 位　　　　　　　B. 6 位　　　　　　　C. 7 位　　　　　　　D. 任意位

5. 增加工资项目时，如果在"增减项"一栏选择"其他"，则该工资项目的数据（　　　）。

　　A. 自动计入应发合计

　　B. 自动计入扣款合计

　　C. 既不计入应发合计，也不计入扣款合计

　　D. 既计入应发合计，也计入扣款合计

6. 如果只想输入"奖金"和"缺勤天数"两个工资项目的数据，最佳方法是利用系统提供的（　　　）功能。

　　A. 页编辑　　　　　B. 筛选　　　　　C. 替换　　　　　D. 过滤器

7. 在薪资管理系统中进行数据替换时，如果未输入替换条件，则系统默认为（　　　）。

　　A. 本工资类别的全部人员　　　　　　B. 本工资账套的全部人员

　　C. 不做任何替换　　　　　　　　　　D. 提示输入替换条件

8. 标志为（　　　）的人员，将不再参与工资发放和汇总。

　　A. 停发　　　　　B. 计税　　　　　C. 中方人员　　　　　D. 调出

9. 薪资管理系统中，下列（　　　）工资项目的公式为系统默认。

　　A. 应发合计　　　　　B. 扣款合计　　　　　C. 实发合计　　　　　D. 基本工资

10. 对于薪资管理系统传递到总账中的凭证，在总账系统中可以进行（　　　）。

　　A. 修改　　　　　B. 删除　　　　　C. 记账　　　　　D. 审核

问答题

1. 薪资管理系统的基本功能有哪些？

2. 哪些情况需要使用多工资类别进行管理？

3. 如何进行代扣个人所得税的处理？

4. 如何进行与工资相关的"五险一金"的处理？

5. 如何进行计件工资处理？

6. 在图 6-9"人员档案明细"对话框中，有一个"计税"复选框，在什么情况下需要去掉"计税"选中标记呢？

第 7 章　固定资产管理

7.1　工作情景

❓ 企业中固定资产的管理涉及资产管理部门、财务部门和资产的使用部门。其中财务部门负责对固定资产增减变动、计提折旧等进行核算，并会同资产管理部门定期对固定资产进行盘点。用友 U8 中的固定资产管理系统可支持完整的固定资产管理活动，还是仅提供对固定资产进行核算？

用友 U8 固定资产管理系统支持完整的固定资产管理活动。固定资产管理系统具体功能在本书 7.2 节中阐释。

❓ 企业购置了一项大型资产，供多个部门使用，在计算折旧时是否能分摊到各个使用部门呢？

用友 U8 固定资产管理系统为多部门使用同一项资产提供了记录和核算手段，可以将设备折旧精确分摊到各使用部门。

❓ 前期已经学习了总账，固定资产增加、变动、折旧计算等全部需要在总账中填制凭证，如果企业同时使用总账系统和固定资产管理系统，两者之间的业务区隔和业务关联是什么？

在企业同时使用总账系统和固定资产管理系统的情况下，有关固定资产的全部管理活动均在固定资产管理系统处理，并生成业务凭证传递给总账系统，总账系统中不再手工填制该类凭证。总账系统中可以查询固定资产和累计折旧的总账、明细账。固定资产管理系统中各原始卡片上固定资产原值的合计，即为总账系统中固定资产科目期初余额，固定资产管理系统中各原始卡片上累计折旧的合计，即为总账系统中累计折旧科目期初余额。

7.2　固定资产管理系统认知

7.2.1　固定资产管理系统基本功能

固定资产管理系统具有资产管理、折旧计算、统计分析等功能。其中资产管理主要包括原始设备的管理、新增资产的管理、资产减少的处理、资产变动的管理等，并提供资产评估及计提固定资产减值准备功能，支持折旧方法的变更；可以按月自动计算折旧，生成折旧分配凭证，同时输出有关的报表和账簿。固定资产核算系统可以用于固定资产总值、累计折旧数据的动态管理，协助设备管理部门做好固定资产实体的各项指标的管理、分析工作。具体包括以下内容。

1. 初始设置

固定资产管理系统的初始设置，是指根据用户的具体情况，建立一个合适的固定资产子账套的过程。初始设置包括系统初始化、部门设置、类别设置、使用状况定义、增减方式定义、折旧方法定义、卡片项目定义、卡片样式定义等。

2. 卡片管理

固定资产管理在企业中分为两部分：一是固定资产卡片台账管理；二是固定资产的会计处理。系统提供了卡片管理的功能，主要从卡片、变动单及资产评估 3 个方面来实现卡片管理，主要包括卡片录入、卡片修改、卡片删除、资产增加及资产减少等功能。卡片管理不仅实现了固定资产文字资料的管理，而且还实现了固定资产的图片管理。

3．折旧管理

固定资产管理系统能自动计提折旧，形成折旧清单和折旧分配表，按分配表自动制作记账凭证，并传递到总账系统。在对折旧进行分配时可以在单位和部门之间进行分配。

4．月末对账结账

固定资产管理系统在月末按照系统初始设置的账务系统接口，自动与账务系统进行对账，并根据对账结果和初始设置决定是否结账。

5．账表查询

固定资产管理系统能通过"我的账表"对系统所能提供的全部账表进行管理，资产管理部门可随时查询分析表、统计表、账簿和折旧表，提高资产管理效率。另外，还提供固定资产的多种自定义功能。

7.2.2 固定资产管理系统初始化

固定资产管理系统初始化的工作流程如图 7-1 所示。

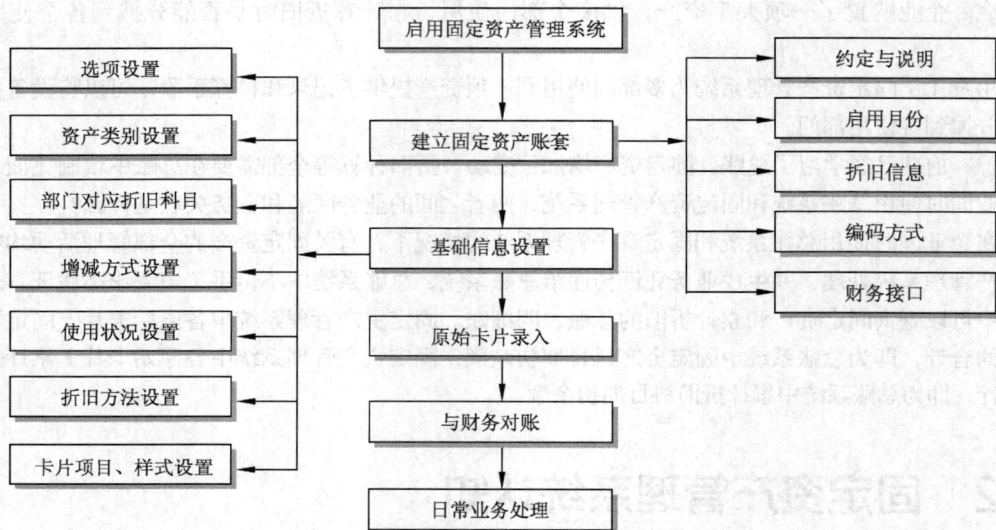

图 7-1 固定资产管理系统初始化的工作流程示意图

固定资产管理系统初始化的主要内容包括建立固定资产账套、基础信息设置和原始卡片录入。

1．建立固定资产账套

建立固定资产账套是根据企业的具体情况，在已经建立的企业会计核算账套的基础上，设置企业进行固定资产核算的必需参数，包括关于固定资产折旧计算的一些约定与说明、启用月份、折旧信息、编码方式、账务接口等。

建账完成后，当需要对账套中的某些参数进行修改时，可以在"设置"|"选项"中修改；也有些参数无法通过"选项"修改但又必须改正，那么只能通过"重新初始化"功能实现，重新初始化将清空对该固定资产账套所做的一切操作。

2．基础信息设置

固定资产管理系统的基础信息设置包括以下各项。

（1）资产类别设置。固定资产种类繁多、规格不一，为强化固定资产管理，及时准确地进行固定资产核算，需建立科学的资产分类核算体系，为固定资产的核算和管理提供依据。中华人民共和国国家质量监督检验检疫总局、中国国家标准化管理委员会联合发布了《固定资产分类与代码》国家标准（GB/T 14885—2010），其中规定的类别编码最多可以设置 4 级，编码总长度是 6 位，即2-1-1-2。参照此标准，企业可以根据自身的特点和要求，设定较为合理的资产分类方法。

（2）部门对应折旧科目设置。固定资产计提折旧后，需将折旧费用分配到相应的成本或费用中去，根据不同企业的情况可以按照部门或类别进行汇总。固定资产折旧费用的分配去向和其所属部门密切相关，如果给某个部门设定对应折旧科目，则属于该部门的固定资产在计提折旧时，应将折旧费用对应分配到其所属的部门。

（3）增减方式设置。固定资产增减方式设置即资产增加的来源和减少的去向。增减方式包括增加方式和减少方式两大类。增加方式主要包括直接购买、投资者投入、捐赠、盘盈、在建工程转入、融资租入。减少方式主要包括出售、盘亏、投资转出、捐赠转出、报废、毁损、融资租出。增减方式可根据用户的需要自行增加。在增减方式的设置中，还可以定义不同增减方式的对应入账科目；当发生相应的固定资产增减变动时，可以快速生成转账凭证，减少手工输入数据的业务量。

（4）使用状况设置。固定资产的使用状况一般分为使用中、未使用和不需用三大类，不同的使用状况决定了固定资产计提折旧与否。因此，正确定义固定资产的使用状况是准确计算累计折旧、进行资产数据统计分析、提高固定资产管理水平的重要依据。

（5）折旧方法设置。固定资产折旧的计算是固定资产管理系统的重要功能，固定资产折旧的计提由系统根据用户选择的折旧方法自动计算得出，因此折旧方法的定义是计算资产折旧的重要基础。根据财务制度的规定，企业固定资产的折旧方法包括平均年限法、工作量法、双倍余额递减法、年限总和法。企业可根据国家规定和自身条件选择采用其中的一种。如果系统中预置的折旧方法不能满足企业管理与核算的需要，用户也可以定义新的折旧方法与相应的计算公式。

由于计算机系统基本不必考虑处理能力的问题，因此在向计算机系统过渡时，只需根据企业细化会计核算的需要在会计制度允许的范围内选择折旧计算方法即可。一般来说，选用单台折旧方法核算固定资产折旧更合适。

（6）卡片项目、样式设置。固定资产卡片是固定资产管理系统中重要的管理工具，固定资产卡片文件是重要的数据文件。固定资产文件中包含的数据项目形成一个卡片项目，卡片项目也是固定资产卡片上用来记录固定资产资料的栏目。例如，原值、资产名称、所属部门、使用年限、折旧方法等是卡片上最基本的项目。固定资产管理系统提供的卡片上常用的项目称为系统项目，但这些项目不一定能满足所有单位的需求。为了增加固定资产管理系统的通用性，一般系统都为用户留下足够的增减卡片项目的余地。在初始设置中由用户定义的项目称为自定义项目。系统项目和自定义项目一起构成固定资产卡片的全部内容。

固定资产卡片样式指卡片的外观，即卡片的格式和卡片上包含的项目及项目的位置。不同资产核算管理的内容与重点各不相同，因此，卡片样式也可能不同。系统提供缺省的卡片样式一般能够满足企业日常管理的要求，用户可以在此基础上略做调整，形成新卡片模板，也可以自由定义新卡片样式。

3．原始卡片录入

固定资产管理系统的初始数据是指系统投入使用前企业现存固定资产的全部有关数据，主要是固定资产原始卡片的有关数据。固定资产原始卡片是固定资产管理系统处理的起点。因此，准确录入原始卡片内容是保证历史资料的连续性、正确进行固定资产核算的基本要求。为了保证所输入原始卡片数据的准确无误，应该在开始输入前对固定资产进行全面的清查盘点，做到账实相符。

在传统方式下，固定资产是按卡片进行管理的。固定资产卡片的原值合计应与总账系统固定资产科目余额数据相符；卡片已提折旧的合计应与总账系统累计折旧账户的余额相符。

7.2.3　固定资产管理系统日常业务处理

固定资产管理系统日常业务处理的工作流程如图 7-2 所示。

1．固定资产增减业务

当企业由于各种原因而增加或减少其固定资产时，就需要进行相应的处理，即根据固定资产增减变动记录更新固定资产卡片文件，以保证折旧计算的正确性。

（1）固定资产的增加。企业通过购买或其他方式取得固定资产时，要进行固定资产增加的处理。在固定资产管理系统中填制新的固定资产卡片，生成固定资产增加的凭证。

（2）固定资产的减少。固定资产的减少是指资产在使用过程中，由于毁损、出售、盘亏等各种原因而被淘汰。此时，需进行固定资产减少的处理，输入固定资产减少记录，说明减少的固定资产、减少方式、减少原因等。在资产减少信息经过确认后，系统搜索出相应的固定资产卡片，更新卡片文件数据，以反映固定资产减少的相关情况。

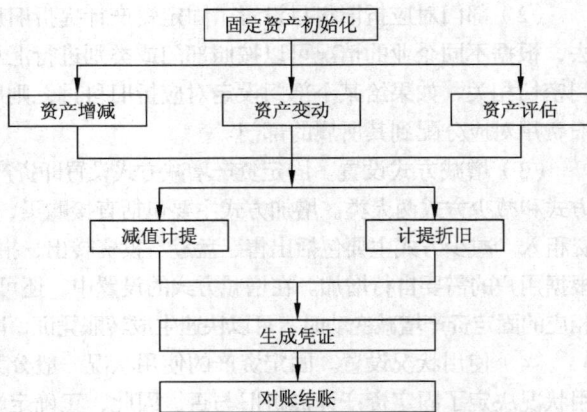

图 7-2　固定资产管理系统日常业务处理的工作流程示意图

只有在账套开始计提折旧后，才可以使用资产减少功能，否则，资产减少只能通过删除卡片来完成。

2．固定资产变动处理

若固定资产在日常使用中出现原值变动、部门转移、使用状况变动、使用年限调整、折旧方法调整、净残值（率）调整、工作总量调整、累计折旧调整、资产类别调整等情况，需通过变动单进行处理。变动单是指在资产使用过程中由于固定资产卡片上某些项目调整而编制的原始凭证。

（1）原值变动。资产在使用过程中，其原值增减有 5 种情况：根据国家规定对固定资产重新估价；增加补充设备或改良设备；将固定资产的一部分拆除；根据实际价值调整原来的暂估价值；发现原记录固定资产价值有误。原值变动包括原值增加和原值减少两部分。

（2）部门转移。资产在使用过程中，因内部调配而发生的部门变动应及时处理，否则将影响部门的折旧计算。

（3）使用状况调整。资产使用状况分为在用、未使用、不需用等。资产在使用过程中，可能会因为某种原因，使得资产的使用状况发生变化，这种变化会影响设备折旧的计算，因此应及时调整。

（4）使用年限调整。资产在使用过程中，资产的使用年限可能会由于资产的重估、大修等原因而调整。进行使用年限调整的资产在调整的当月就按调整后的使用年限计提折旧。

（5）资产折旧方法的调整。一般来说，资产折旧方法在一年之内很少改变，如有特殊情况确需调整改变的，也必须遵循一定的原则。例如，所属类别是"总提折旧"的资产调整后的折旧方法不能是"不提折旧"；相应地，所属类别是"总不提折旧"的资产折旧方法不能调整。一般来说，进行折旧方法调整的资产，调整的当月就按调整后的折旧方法计提折旧。

本月录入的卡片和本月增加的资产，不允许进行变动处理。

3．资产评估

随着市场经济的发展，企业在经营活动中，根据业务需要或国家要求需要对部分资产或全部资产进行评估和重估，而其中固定资产评估是资产评估很重要的部分。固定资产管理子系统中固定资产评估处理的主要功能有：将评估机构的评估数据手工录入或定义公式录入系统；根据国家要求手工录入评估结果或根据定义的评估公式生成评估结果，以及评估单的管理。

进行资产评估处理的主要步骤如下。

（1）对需要评估的项目进行选择。可以进行评估的项目包括固定资产的原值、累计折旧、使用年限等，每一次进行评估时可以根据评估的要求进行选择。

（2）对需要评估的资产进行选择。资产评估的目的各有不同，因此每次评估涉及的资产也不尽相同，可根据需要进行选择。

（3）制作评估单。在选择评估项目和评估资产，录入评估结果后，系统生成评估单，给出被评估资产评估前与评估后的数据。

（4）制作转账凭证。当评估后资产原值和累计折旧与评估前数据不等时，需通过转账凭证将变动数据传递到总账系统。

4．计提折旧

折旧的处理是固定资产管理子系统的基本处理功能之一，主要包括折旧的计提与分配。

（1）折旧计提。根据固定资产卡片中的基本资料，系统自动计算折旧，自动生成折旧分配表，根据折旧分配表编制转账凭证，将本期折旧费用登记入账。

（2）折旧分配。系统在计提折旧工作完成后进行折旧分配形成折旧费用，生成折旧清单。固定资产的使用部门不同，其折旧费用分配的去向也不同，折旧费用与资产使用部门间的对应关系主要通过部门对应折旧科目来实现。系统根据折旧清单及部门对应折旧科目生成折旧分配表，而折旧分配表是将累计折旧分配到成本与费用中，及编制转账凭证将折旧数据传递到总账系统的重要依据。

（3）进行折旧处理需注意的问题。固定资产管理子系统中进行折旧处理时一般应注意以下几点。

如果在一个期间内多次计提折旧，每次计提折旧后，只是将计提的折旧累加到月初的累计折旧上，则不会重复累计。计提折旧后又对账套进行影响折旧计算分配的操作，必须重新计提折旧，以保证折旧计算的正确性。

如果上一次计提的折旧已经制单但尚未记账，必须删除该凭证；如果已经记账，必须冲销该凭证重新计提折旧。如果月折旧率或月折旧额出现负数，系统会自动中止计提。

折旧分配表有部门折旧分配表和类别折旧分配表两种类型。部门折旧分配表中的部门可以不等同于使用部门，使用部门必须是明细部门，而部门折旧分配表中的部门指汇总时使用的部门。因此要在计提折旧后分配折旧费用时做出选择。

当企业有固定资产按工作量法计提折旧时，在计提折旧之前，需输入该固定资产当期的工作量，为系统提供计算累计折旧所需要的信息。

5．凭证处理

固定资产管理系统的凭证处理功能主要是根据固定资产各项业务数据自动生成转账凭证传递到总账系统进行后续处理。一般，当固定资产发生资产增加、资产减少、原值变动、累计折旧调整、资产评估（涉及原值和累计折旧时）、计提折旧等业务时就要编制转账凭证。

编制凭证可以采用"立即制单"和"批量制单"两种方法。在编制转账凭证的过程中，系统会根据固定资产和累计折旧入账科目设置、增减方式设置、部门对应折旧科目设置以及业务数据来自动生成转账凭证，凭证中不完整的部分可由用户进行补充。

6．卡片管理

利用卡片管理可以对固定资产管理系统中所有卡片进行综合管理，包括修改卡片、删除卡片等。

（1）修改卡片。修改卡片需要注意以下问题。

① 原始卡片的原值、使用部门、工作总量、使用状况、累计折旧、净残值（率）、折旧方法、使用年限、资产类别在没有做变动单或评估单情况下，录入当月可修改。如果做过变动单，只有删除变动单才能修改。

② 通过"资产增加"录入系统的卡片如果没有制作凭证和变动单、评估单，录入当月可修改。如果做过变动单，只有删除变动单才能修改。如果已制作凭证，要修改原值或累计折旧必须删除凭证后，才能修改。

③ 原值、使用部门、使用状况、累计折旧、净残值（率）、折旧方法、使用年限、资产类别各项目在做过一次月末结账后，只能通过变动单或评估单调整，不能通过卡片修改功能改变。

（2）删除卡片。删除卡片是指把卡片资料彻底从系统内清除，不是资产清理或减少。该功能只有在下列两种情况下有效。

① 卡片录入当月若发现卡片录入有错误，想删除该卡片，可通过"卡片删除"功能实现，删除后如果该卡片不是最后一张，卡片编号保留空号。不是本月录入的卡片，不能删除。已制作过凭

证的卡片删除时，必须先删除相应凭证，然后才能删除卡片。卡片做过一次月末结账后不能删除。删除做过变动单或评估单的卡片时，系统会提示用户先删除相关的变动单或评估单。

② 通过"资产减少"功能减少的资产的资料，会计档案管理要求必须保留一定的时间，所以，本系统在账套"选项"中让用户设定删除的年限，减少的资产的卡片只有在超过了该年限后，才能通过"卡片删除"功能将原始资料从系统中彻底清除，在设定的年限内，不允许删除。

7．固定资产账表

固定资产管理系统提供的报表可以分为账簿、统计分析表、统计表和折旧表四大类。

（1）固定资产账簿。固定资产账簿一般用于提供资产管理所需要的基本信息，主要包括固定资产总账、固定资产明细账、固定资产登记簿等基础报表。

（2）固定资产统计分析表。固定资产统计分析表用于从资产的构成情况、分布情况、使用状况等角度提供统计分析数据，为管理人员进行决策提供信息。固定资产统计分析表主要包括，固定资产部门构成分析表、固定资产使用状况分析表、固定资产价值结构分析表、固定资产类别构成分析表等报表。

（3）固定资产统计表。固定资产统计表用于提供各种统计信息，主要包括评估汇总表、固定资产统计表、盘盈盘亏报告表、固定资产原值统计表等报表。

（4）固定资产折旧表。固定资产折旧表用于提供与固定资产折旧相关的明细信息与汇总信息，主要包括部门折旧计算汇总表、固定资产折旧清单表、折旧计算明细表、固定资产及累计折旧表等报表。

8．对账

对账是将固定资产管理系统中记录的固定资产和累计折旧数额与总账系统中固定资产和累计折旧科目的数值核对，验证是否一致，寻找可能产生差异的原因。对账在任何时候都可以进行，系统在执行月末结账时自动进行对账，给出对账结果，并根据初始化中是否设置"在对账不平情况下允许固定资产月末结账"选项判断是否允许结账。

9．月末结转

固定资产管理系统完成当月全部业务后，便可以进行月末结账，以便将当月数据结转至下月。月末结账后当月数据不允许再进行改动。月末结账后如果发现有本月未处理的业务或需要修改的事项，可以通过系统提供的"恢复月末结账前状态"功能进行反结账。

7.3　固定资产管理系统初始化设置实务

7.3.1　基本任务

固定资产管理系统初始化资料

1．建立固定资产账套

账套参数设置如表 7-1 所示。

表 7-1　固定资产建账设置

建账向导	参数设置
约定与说明	我同意
启用月份	2022.01
折旧信息	本账套计提折旧。 折旧方法：年数总和法。 折旧汇总分配周期：1 个月。 当（月初已计提月份=可使用月份-1）时将剩余折旧全部提足

建账向导	参数设置
编码方式	资产类别编码方式：2-1-1-2。 固定资产编码方式： 　　按"类别编码+部门编码+序号"自动编码； 　　卡片序号长度为 3
财务接口	与账务系统进行对账。 对账科目： 　　固定资产对账科目为 1601 固定资产； 　　累计折旧对账科目为 1602 累计折旧。 在对账不平情况下允许固定资产月末结账

2. 初始设置

（1）选项。

业务发生后立即制单；

月末结账前一定要完成制单登账业务；

固定资产缺省入账科目，1601；累计折旧缺省入账科目，1602；固定资产减值准备缺省入账科目，1603；增值税进项税额缺省入账科目，22210101；固定资产清理缺省入账科目，1606。

（2）资产类别如表 7-2 所示。

表 7-2 资产类别表

编码	类别名称	净残值率	单位	计提属性	卡片样式
01	通用设备			正常计提	含税卡片样式
011	计算机设备	3%	台	正常计提	含税卡片样式
012	办公设备	3%		正常计提	含税卡片样式
013	运输设备	5%	辆	正常计提	含税卡片样式
02	专用设备			正常计提	含税卡片样式
021	仪器仪表	3%		正常计提	含税卡片样式

（3）部门及对应折旧科目如表 7-3 所示。

表 7-3 部门及对应折旧科目表

部门	对应折旧科目
总经办，财务部，采购部	660206 管理费用/折旧费
销售部	660106 销售费用/折旧费
生产部	510102 制造费用/折旧费

（4）增减方式的对应入账科目如表 7-4 所示。

表 7-4 增减方式的对应入账科目表

增减方式目录	对应入账科目
增加方式	
直接购入	10020101，工行存款/人民币户
投资者投入	4001，实收资本
在建工程转入	1604，在建工程
减少方式	
出售	1606，固定资产清理
毁损	1606，固定资产清理

3．原始卡片

原始卡片相关信息如表 7-5 所示。

表 7-5　原始卡片资料表

固定资产名称	类别编号	所在部门	增加方式	使用年限（月）	开始使用日期	原值/元	累计折旧/元	对应折旧科目名称
恒温恒湿箱	021	生产部	直接购入	72	2021-8-1	21 500	2 720.22	制造费用/折旧费
冷热冲击试验箱	021	生产部	直接购入	72	2020-8-1	68 900	27 098.04	制造费用/折旧费
静电放电发生器	021	生产部	直接购入	72	2021-8-1	26 000	3 290	制造费用/折旧费
长城货车	013	生产部	直接购入	72	2021-8-1	31 500	3 985	制造费用/折旧费
帕萨特轿车	013	销售一部	直接购入	72	2020-8-1	180 000	70 795	管理费用/折旧费
多功能一体机	012	总经办	直接购入	60	2021-8-1	12 000	1 806	管理费用/折旧费
笔记本电脑	011	总经办	直接购入	60	2021-8-1	8 000	1 205	管理费用/折旧费
合计						347 900	110 899.26	

注：使用状况均为"在用"，折旧方法均采用年数总和法。

固定资产管理系统初始化设置指导

由系统管理员在系统管理模块中引入"总账初始化"账套作为基础数据。以账套主管身份登录企业应用平台，登录日期为 2022-01-01，进行固定资产管理系统初始化设置。

1．启用固定资产管理系统

以账套主管王莉的身份登录企业应用平台，启用固定资产管理系统，启用日期为 2022-01-01。

启用固定资产管理系统

2．固定资产管理系统初始化

操作指导如下。

① 在企业应用平台"业务工作"选项卡中，执行"财务会计"|"固定资产"命令，系统弹出提示"这是第一次打开此账套，还未进行过初始化，是否进行初始化？"，单击【是】按钮，打开"固定资产初始化向导"对话框。

② 在"初始化账套向导——约定及说明"填写界面中，仔细阅读相关条款，选中"我同意"单选按钮。

固定资产管理系统初始化

③ 单击【下一步】按钮，打开"初始化账套向导——启用月份"填写界面，确认账套启用月份"2022.01"。

④ 单击【下一步】按钮，打开"初始化账套向导——折旧信息"填写界面。选中"本账套计提折旧"复选框；选择折旧方法"年数总和法"，折旧分配周期"1 个月"；选中"当（月初已计提月份=可使用月份-1）时将剩余折旧全部提足"复选框，如图 7-3 所示。

提示　如果是行政事业单位，不选"本账套计提折旧"复选框，则账套内所有与折旧有关的功能都会被屏蔽，该选项在初始化设置完成后不能修改。

虽然这里选择了某种折旧方法，但在设置资产类别或定义具体固定资产时可以更改该设置。

⑤ 单击【下一步】按钮，打开"初始化账套向导——编码方式"填写界面。确定资产类别编码长度"2112"；选中"自动编码"单选按钮，选择固定资产编码方式"类别编号+部门编号+序号"，选择序号长度"3"，如图 7-4 所示。

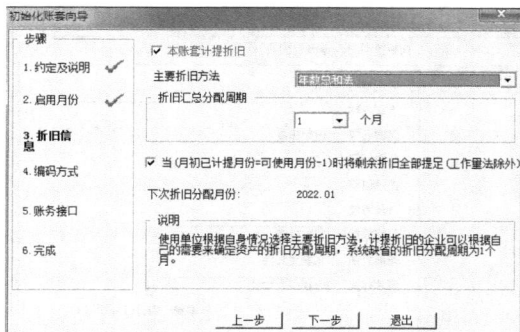

图 7-3 固定资产初始化——折旧信息

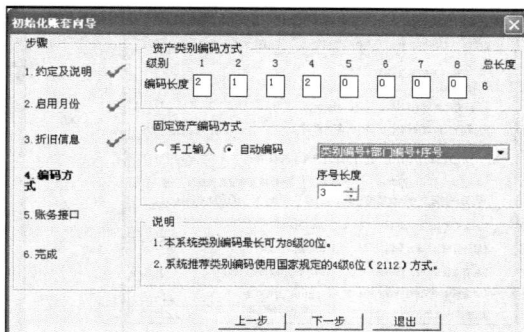

图 7-4 固定资产初始化——编码方式

⑥ 单击【下一步】按钮，打开"初始化账套向导——账务接口"填写界面。选中"与账务系统进行对账"复选框；选择固定资产对账科目"1601 固定资产"，累计折旧对账科目"1602 累计折旧"；选中"在对账不平情况下允许固定资产月末结账"复选框，如图 7-5 所示。

⑦ 单击【下一步】按钮，打开"初始化账套向导——完成"填写界面。单击【完成】按钮，完成本账套的初始化，系统弹出提示"是否确定所设置的信息完全正确并保存对新账套的所有设置"，单击【是】按钮。

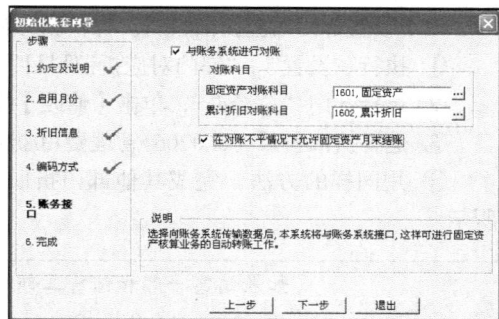

图 7-5 固定资产初始化——账务接口

⑧ 系统弹出提示"已成功初始化本固定资产账套"，单击【确定】按钮。

> **提示**
>
> 初始化设置完成后，有些参数不能修改，所以要慎重设置。
>
> 如果发现参数有错，必须改正，只能通过在固定资产管理系统执行"维护"|"重新初始化账套"命令实现，该操作将清空用户对该子账套所做的一切工作。

3. 基础信息设置

（1）选项设置。完成固定资产管理系统初始化后还要进行补充参数设置。操作指导如下。

① 执行"设置"|"选项"命令，进入"选项"窗口。

② 单击【编辑】按钮，单击"与账务系统接口"选项卡。选中"业务发生后立即制单""月末结账前一定要完成制单登账业务"复选框；设置各个缺省入账科目，如图 7-6 所示，单击【确定】按钮。

（2）设置资产类别。操作指导如下。

① 执行"设置"|"资产类别"命令，进入"固定资产类别编码表"窗口。

② 单击【增加】按钮，输入类别名称"通用设备"，选择卡片样式为"含税卡片样式"，如图 7-7 所示，单击【保存】按钮。

③ 用同样的方法，完成其他资产类别的设置。

基础信息设置-选项设置

基础信息设置-设置资产类别

> **提示**
>
> 资产类别编码不能重复，同一级的类别名称不能相同。
>
> 类别编码、名称、计提属性、卡片样式不能为空。
>
> 已使用过的类别不能设置新下级。

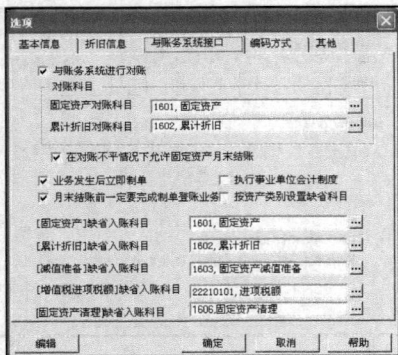

图 7-6　设置——选项

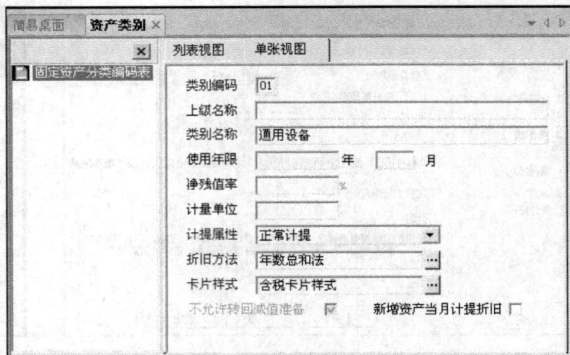

图 7-7　增加资产类别

（3）设置部门对应折旧科目。操作指导如下。

① 执行"设置"|"部门对应折旧科目"命令，进入"部门编码表"窗口。

② 选择部门"总经办"，单击【修改】按钮。

③ 选择折旧科目"660206 管理费用/折旧费"，单击【保存】按钮。

④ 用同样的方法，完成其他部门折旧科目的设置。设置完成后如图 7-8 所示。

基础信息设置-设置部门对应折旧科目

提示

如果销售一部和销售二部对应的折旧科目相同，可以将折旧科目设置在销售部，保存后，单击【刷新】按钮，其下属部门自动继承。

图 7-8　部门对应折旧科目设置

（4）设置增减方式的对应科目。操作指导如下。

① 执行"设置"|"增减方式"命令，进入"增减方式"窗口。

② 在左边列表框中，选择增加方式"直接购入"，单击【修改】按钮 。

③ 输入对应入账科目"10020101 工行存款/人民币户"，单击【保存】按钮。

④ 用同样的方法，输入减少方式"损毁"的对应入账科目"1606 固定资产清理"。

基础信息设置-设置增减方式的对应科目

提示

当固定资产发生增减变动系统生成凭证时，会默认采用这些科目。

4．原始卡片录入

操作指导如下。

① 执行"卡片"|"录入原始卡片"命令，进入"固定资产类别档案"窗口。

原始卡片录入

② 选择固定资产类别"021 仪器仪表"，单击【确定】按钮，进入"固定资产卡片"录入窗口。

③ 输入固定资产名称"恒温恒湿箱"；选择使用部门"生产部"，增加方式"直接购入"，使用状况"在用"；输入使用年限（月）"72"，开始使用日期"2021-08-01"，原值"21 500.00"元，累计折旧"2 720.22"元；其他信息自动算出，如图 7-9 所示。

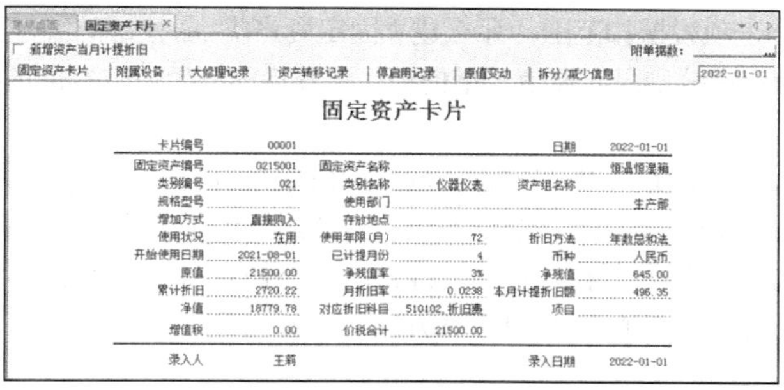

图 7-9　原始卡片录入

④ 单击【保存】按钮，系统弹出提示"数据成功保存"，单击【确定】按钮。

⑤ 用同样的方法，完成其他固定资产卡片的录入。

> **提示**
>
> 　　卡片编号：系统根据初始化时定义的编码方案自动设定，不能修改。如果删除一张卡片，且此卡片又不是最后一张，系统将保留空号。
>
> 　　已计提月份：系统将根据开始使用日期自动算出，但可以修改，需将使用期间停用等不计提折旧的月份扣除。
>
> 　　月折旧率、月折旧额：与计算折旧有关的项目录入后，系统会按照输入的内容自动算出并显示在相应项目内，可与手工计算的值比较，核对是否有错误。

5．期初对账

全部原始卡片录入完成后，可以执行"处理"|"对账"命令，打开"与账务对账结果"对话框，查看在固定资产管理系统中录入的所有原始卡片固定资产原值合计和累计折旧合计是否与在总账系统中录入的固定资产科目和累计折旧科目的期初余额相符，以验证固定资产明细与总账平衡关系。

6．账套备份

全部完成后，将账套输出至"固定资产初始化"文件夹中。

7.3.2　拓展任务

1．固定资产进项税抵扣

从 2009 年 1 月 1 日起，我国全面实施增值税转型改革，扩大了增值税一般纳税人购进生产性固定资产抵扣进项税的范围。固定资产是否可以抵税将影响固定资产增加的自动会计分录中是否包含进项税额。

在用友 U8 中新增资产时需要录入固定资产卡片，每一项固定资产都属于特定的固定资产分类。在建立固定资产分类时已指定该类资产的卡片样式，执行"卡片"|"卡片样式"命令，打开"卡片样式"窗口，可以看到卡片样式包含通用样式、标签样式和含税卡片样式等，如图 7-10 所示。

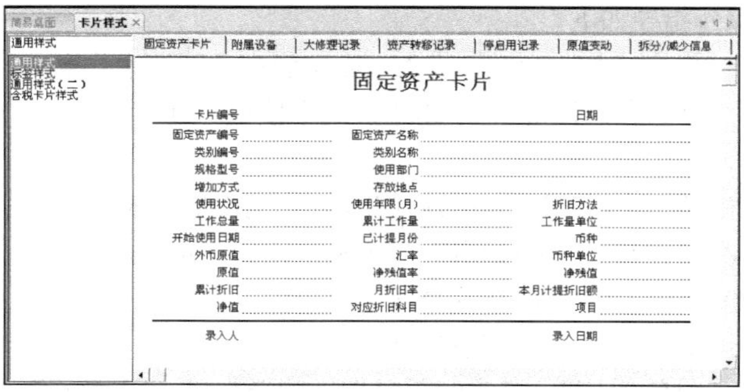

图 7-10　固定资产卡片样式

如果固定资产符合进项税抵扣范围，那么建立固定资产类别时选择"含税卡片样式"，这样在录入具体的固定资产时就可以分别录入原值、增值税，保存后即可生成带有进项税的自动会计分录。

2．资产组

资产组是企业可以认定的最小资产组合，认定的依据是可以产生独立的现金流入。例如，我们可以把同一个生产线中的资产划分为一个资产组。资产组与固定资产类别不同，同一资产组中的资产可以分属不同的固定资产类别。在计提减值准备时，企业有时需要以资产组为单位进行计提。企业可根据自身管理要求确定合理的资产组分类方法。

7.4 固定资产日常业务处理实务

7.4.1 基本任务

固定资产日常业务处理资料

1．中诚通讯 2022 年 1 月发生以下业务

（1）1 月 10 日，销售二部购买投影仪一台，取得增值税专用发票，价款 8 000 元，增值税 1 040 元，款项已付。预计使用年限 5 年，净残值率为 3%。

（2）1 月 12 日，将生产部使用的恒温恒湿箱的使用年限由 6 年调整为 5 年。

（3）1 月 31 日，计提本月折旧费用。

（4）1 月 31 日，生产部静电放电发生器毁损。

（5）查询折旧计提汇总表。

（6）与总账对账。

（7）结账。

2．2022 年 2 月发生以下业务

（1）2 月 16 日，长城货车添置新配件，取得普通发票一张，金额 6 000 元，用工行转账支票支付，票号为 17555。

（2）2 月 16 日，总经办的笔记本电脑转移到采购部。

（3）2 月 28 日，对长城货车计提 1 000 元的减值准备。

固定资产日常业务处理指导

由系统管理员在系统管理中引入"固定资产初始化"账套。

1．2022 年 1 月业务

（1）资产增加。操作指导如下。

① 执行"卡片"|"资产增加"命令，进入"固定资产类别档案"窗口。

② 选择资产类别"012 办公设备"，单击【确定】按钮，进入"固定资产卡片"窗口。

1 月业务-资产增加

③ 输入固定资产名称"投影仪"；选择使用部门"销售二部"，增加方式"直接购入"，使用状况"在用"；输入原值"8 000"元，增值税"1 040"元，使用年限"60"月，开始使用日期"2022-01-10"，如图 7-11 所示。

④ 单击【保存】按钮，进入"填制凭证"窗口。

⑤ 选择凭证类型"付款凭证"，修改制单日期、附单据数，单击【保存】按钮，生成的凭证

如图 7-12 所示。

图 7-11　新增资产

图 7-12　资产增加生成凭证

> 新增资产和原始卡片的区别是资产的开始使用日期。
>
> 固定资产原值一定要输入卡片录入月月初的价值，否则会出现计算错误。
>
> 新卡片第一个月不提折旧，累计折旧为空或 0。
>
> 卡片输入完后，也可以不立即制单，待月末再批量制单。
>
> 固定资产卡片上的附属设备、大修理记录、资产转移记录、停启用记录、原值变动、拆分/减少信息选项卡的内容无须录入，若固定资产发生增减变动，相应的变动单保存后会自动写入。

（2）使用年限调整。操作指导如下。

① 执行"卡片"|"变动单"|"使用年限调整"命令，进入"固定资产变动单"窗口。

② 选择卡片编号为"00001"的卡片，系统显示该资产的相关信息。

③ 输入变动后使用年限为"60"月，变动原因为"使用年限调整"，如图 7-13所示。

④ 单击【保存】按钮，系统弹出提示"数据保存成功"，单击【确定】按钮退出。

（3）折旧处理。操作指导如下。

① 执行"处理"|"计提本月折旧"命令，系统弹出提示"是否要查看折旧清单"，单击【否】按钮。系统弹出提示"本操作将计提本月折旧，并花费一定时间，是否要继续"，单击【是】按钮。

② 系统计提折旧完成后显示折旧分配表，如图 7-14 所示。

1 月业务-使用
年限调整

1 月业务-折旧处理

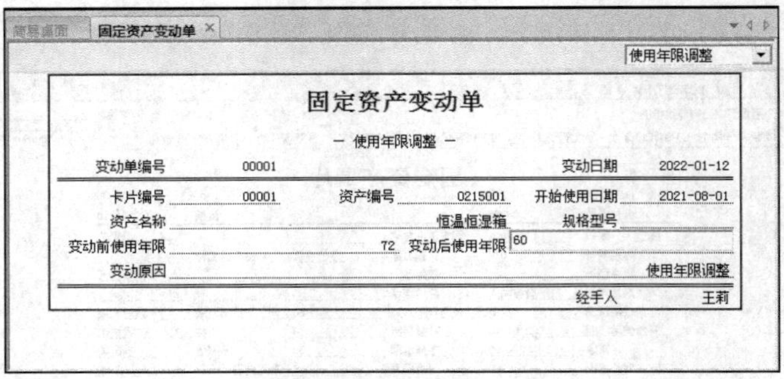

图 7-13　固定资产变动单

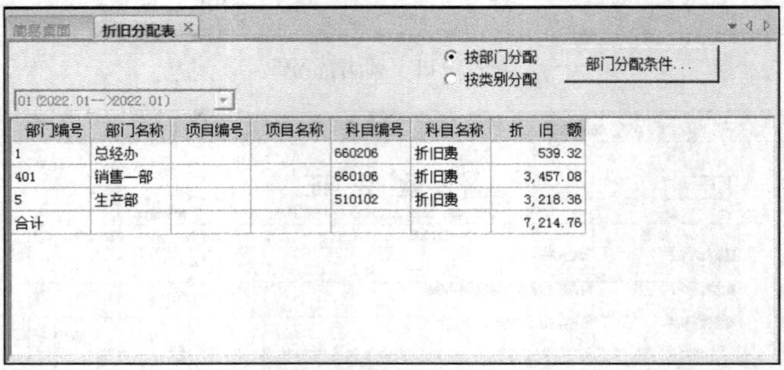

图 7-14　折旧分配表

③ 单击【凭证】按钮，进入"填制凭证"窗口，选择"转账凭证"，修改其他项目，单击【保存】按钮，计提折旧凭证如图 7-15 所示。

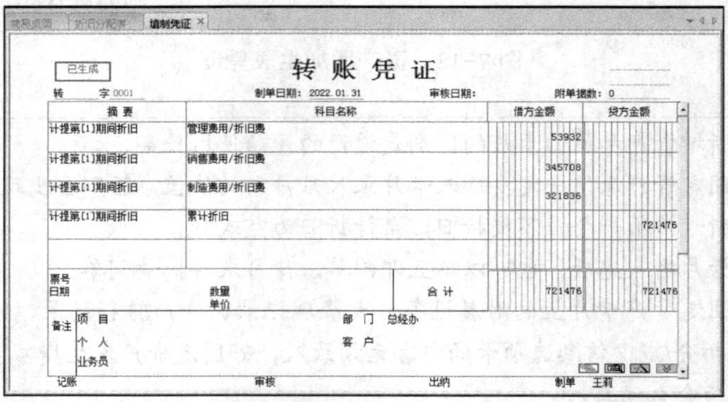

图 7-15　计提折旧凭证

> **提示**
>
> 如果上次计提折旧已通过记账凭证把数据传递到总账系统，则必须删除该凭证才能重新计提折旧。
>
> 如果计提折旧后又对账套进行了影响折旧计算或分配的操作，必须重新计提折旧，否则系统不允许结账。

（4）资产减少。操作指导如下。

① 执行"卡片"|"资产减少"命令，进入"资产减少"窗口。

② 选择卡片编号"00003"，单击【增加】按钮。选择减少方式"毁损"，如图 7-16 所示。

③ 单击【确定】按钮，系统弹出"所选卡片已经减少成功"信息提示框。单击【确定】按钮，进入"填制凭证"窗口。

④ 选择"转账凭证"，修改其他项目，单击【保存】按钮，如图 7-17 所示。

1 月业务-资产减少

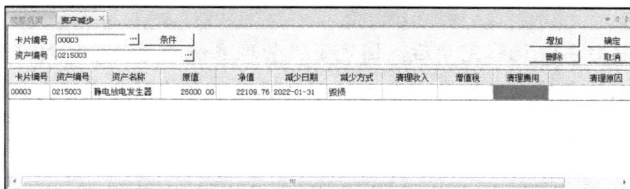

图 7-16　资产减少

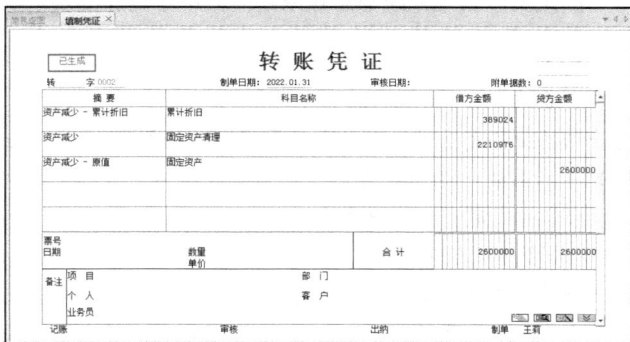

图 7-17　资产减少生成凭证

> **提示**
>
> 本账套需要进行计提折旧后，才能减少资产。
>
> 如果要减少的资产较少或没有共同点，则通过输入资产编号或卡片号，单击【增加】按钮，将资产添加到资产减少表中。
>
> 如果要减少的资产较多并且有共同点，则通过单击【条件】按钮，输入一些查询条件，将符合该条件的资产挑选出来进行批量减少操作。

（5）账表管理。操作指导如下。

① 执行"账表"|"我的账表"命令，进入"报表"窗口。

② 单击"折旧表"，选择"（部门）折旧计提汇总表"。

③ 选择【打开】按钮，打开"条件"对话框。

④ 选择期间"2022.01"，部门级次"1—2"，单击【确定】按钮，如图 7-18 所示。

图 7-18　（部门）折旧计提汇总表

（6）对账

固定资产管理系统生成的凭证自动传递到总账系统，在总账系统中，由方萌对出纳凭证进行签字，白亚楠对传递过来的凭证进行审核和记账。

由账套主管重新登录固定资产管理系统。

① 执行"处理"|"对账"命令，系统弹出"与账务对账结果"信息提示框，如图 7-19 所示。

② 单击【确定】按钮。

图 7-19　与账务对账结果

当总账系统记账完毕后，固定资产管理系统与总账系统对账才可能对账平衡。

若在账务接口中选中"在对账不平情况下允许固定资产月末结账"，则可以直接进行月末结账。

难点　固定资产管理系统与总账系统对账不平的原因及解决方案

从图 7-19 中可知，固定资产管理系统与总账系统对账主要是核对固定资产科目和累计折旧科目的期末数。对账不平可能存在以下两种原因。

第一，企业固定资产相关业务发生时在固定资产管理系统生成了凭证传递到总账系统，但总账系统未做审核、记账，因此总账系统中的固定资产科目和累计折旧科目的余额仍保留期初状态，未做更新。如果是这种情况，只需将固定资产管理系统传递过来的凭证在总账系统中审核、记账即可。

第二，在总账系统中填制凭证时使用了固定资产科目或累计折旧科目。企业启用固定资产管理系统后，所有与固定资产相关的业务，如固定资产增减、变动、计提折旧、计提减值等均应在固定资产管理系统进行记录，再通过自动凭证机制传递到总账系统。这样才能保持固定资产管理系统的明细和总账系统数据的一致性。如果是这种情况，需要在总账系统中删除这些凭证，重新在固定资产管理系统中处理。

（7）结账。操作指导如下。

① 执行"处理"|"月末结账"命令，打开"月末结账"对话框。

② 单击【开始结账】按钮，系统自动检查与账务系统的对账结果，单击【确定】按钮后，系统弹出提示"月末结账成功完成！"。

③ 单击【确定】按钮。

1 月业务-结账

本会计期间月末结账后，所有数据资料将不能再进行修改。

本会计期间不进行结账，系统将不允许处理下一个会计期间的数据。

月末结账前一定要进行数据备份，否则数据一旦丢失，将造成无法挽回的损失。

假如在结账后发现结账前操作有误，必须修改结账前的数据，则可以执行"处理"|"恢复结账前状态"命令（又称"反结账"），即将数据恢复到月末结账前状态，此时结账时所做的所有工作都将被无痕迹删除。

在总账系统未进行月末结账时才可以使用"恢复结账前状态"功能。

一旦成本系统提取了某期的数据，该期不能反结账。如果当前的账套已经做了年末处理，那么就不允许再执行"恢复结账前状态"命令。

2．2022 年 2 月业务

（1）资产增加配件。操作指导如下。

① 执行"卡片"|"变动单"|"原值增加"命令，进入"固定资产变动单"窗口。

② 输入卡片编号"00004"，增加金额"6 000"，变动原因"增加配件"，如图 7-20 所示。

2 月业务-资产增加配件

③ 单击【保存】按钮，弹出"数据成功保存！"信息提示框，单击【确定】按钮，进入"填制凭证"窗口。

④ 选择凭证类型"付款凭证"，填写修改其他项目，单击【保存】按钮，生成如下凭证。

借：固定资产　　　　　　　　　　　　　　　　　　　　　　　　　6 000

　　贷：银行存款/工行存款/人民币户　　　　　　　　　　　　　　　　　6 000

图 7-20　固定资产变动单——原值增加

> **提示**
>
> 资产变动主要包括原值变动、部门转移、使用状况变动、使用年限调整、折旧方法调整、净残值（率）调整、工作总量调整、累计折旧调整、资产类别调整等。系统对已做出变动的资产，要求输入相应的变动单来记录资产调整结果。
>
> 变动单不能修改，只有当月可删除重做，所以请仔细检查后再保存。
>
> 必须保证变动后的净值大于变动后的净残值。

（2）资产部门转移。操作指导如下。

① 执行"卡片"|"变动单"|"部门转移"命令，进入"固定资产变动单"窗口。

② 输入卡片编号"00007"，选择变动后部门"采购部"，输入变动原因"调拨"。

③ 单击【保存】按钮。

> 2月业务-资产部门转移

（3）计提减值准备。操作指导如下。

① 执行"卡片"|"变动单"|"计提减值准备"命令，进入"固定资产变动单"窗口。

② 输入卡片编号"00004"，减值准备金额"1 000"，变动原因"发生减值"。

③ 单击【保存】按钮，进入"填制凭证"窗口。

④ 选择凭证类型"转账凭证"，填写修改其他项目，单击【保存】按钮，如图 7-21 所示。

图 7-21　计提减值准备凭证

> 2月业务-计提减值准备

3．账套备份

全部实验完成后，将账套输出至"固定资产管理日常业务"文件夹中。

7.4.2　拓展任务

1．多部门分摊

企业中一项固定资产被多个部门使用，为正确核算，折旧费用也应该分摊到不同的成本中心。

【拓展 1】企业购进一台 3D 打印机，价款 30 000 元，增值税 3900 元，价税合计 33900 元，用转账支票支付。该打印机由采购部 20%、生产部 80% 共同使用。

操作指导如下。

① 在固定资产管理系统中，执行"卡片"|"资产增加"命令，进入"资产类别参照"窗口。

② 选择资产类别"012 办公设备"，单击【确定】按钮，进入"固定资产卡片新增"窗口。

③ 输入固定资产名称"3D 打印机"，单击【使用部门】按钮，选择"多部门使用"，单击【确定】按钮，打开"使用部门"对话框。单击【增加】按钮，增加使用部门信息，如图 7-22 所示。

④ 其他操作略。

2．批量制单

固定资产管理系统提供两种制单方式，即业务发生后立即制单和批量制单。

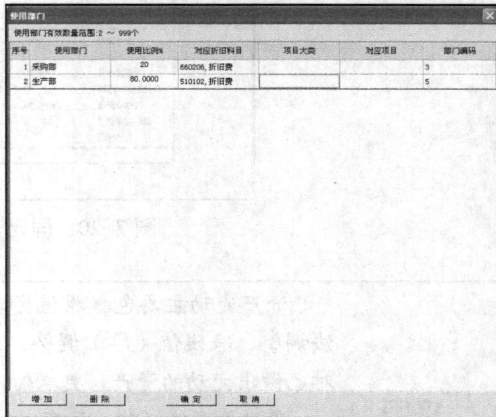

图 7-22　多部门共同使用一项资产

【拓展 2】采用批量制单生成 2 月业务凭证。

操作指导如下。

① 执行"处理"|"批量制单"命令，打开"查询条件选择"对话框，单击【确定】按钮，进入"批量制单"窗口。

② 在"制单选择"选项卡中，单击【全选】按钮，选中要制单的业务。

③ 在"制单设置"选项卡中，补充录入缺失的科目信息。

④ 单击【凭证】按钮，生成业务凭证。

7.5　单元测试

判断题

1．固定资产管理系统提供整个账套不提折旧的功能。（　　　）

2．计提折旧在固定资产管理系统中每月只能做一次，否则会重复计提。（　　　）

3．新增固定资产时需要录入固定资产卡片。（　　　）

4．固定资产月末与总账对账不平不能结账。（　　　）

5．固定资产管理系统建账时选择的折旧方法，可以在设置资产类别或定义具体固定资产时进行更改。（　　　）

6．企业将一台在用机床转为不需用，在填写变动单的同时，应修改相应的固定资产卡片。（　　　）

7．在固定资产管理系统中，本月增加的资产不能进行变动处理。如需变动可直接修改卡片。（　　　）

8．一项固定资产可以由多个部门共同使用。（　　　）

选择题

1．固定资产管理系统对固定资产管理采用严格的序时管理，序时到（　　　）。

A．日　　　　　　　　B．月　　　　　　　　C．季　　　　　　　　D．年

2. 总账系统中固定资产和累计折旧科目的期初余额对应的是固定资产管理系统中（　　）操作产生的数据。

    A. 资产增加　　　　　　　　　　B. 原始卡片录入

    C. 资产变动　　　　　　　　　　D. 资产评估

3. 由于误操作，本月 1 日固定资产管理系统计提了一次折旧，并已制单且传递到总账系统。要重新计提本月折旧，则下列描述正确的是（　　）。

    A. 先在固定资产管理系统中删除本月计提折旧生成的凭证，再重新计提本月折旧

    B. 先在总账系统中删除本月计提折旧生成的凭证，再重新计提本月折旧

    C. 直接在固定资产管理系统中重新计提折旧

    D. 下月再补提折旧

4. 在某项固定资产使用中，下列项目发生了变动，不需要通过变动单就可以修改的项目是（　　）。

    A. 原值调整　　　　　　　　　　B. 累计折旧调整

    C. 部门转移　　　　　　　　　　D. 固定资产名称变动

5. 在固定资产卡片录入中，项目（　　）是自动给出的，不能更改。

    A. 录入人　　　　　　　　　　　B. 固定资产名称

    C. 存放地点　　　　　　　　　　D. 对应折旧科目

6. 固定资产管理系统与总账系统对账不平，可能的原因有（　　）。

    A. 总账系统还没有记账

    B. 在总账系统中手工录入了固定资产业务

    C. 固定资产管理系统产生的凭证还没有传递到总账系统

    D. 与基础设置有关

7. 需要用固定资产变动单记录的业务是（　　）。

    A. 固定资产原值变化　　　　　　B. 计提折旧

    C. 资产类别调整　　　　　　　　D. 资产减少

8. 可以选择固定资产折旧方法的环节是（　　）。

    A. 固定资产建账　　　　　　　　B. 设置资产类别

    C. 设置资产使用状况　　　　　　D. 录入固定资产卡片

问答题

1. 固定资产管理系统的主要功能包括哪些？
2. 固定资产管理系统是否适用于行政事业单位固定资产管理？如何设置？
3. 固定资产管理的基本原则是什么？
4. 固定资产日常业务处理主要包括哪些内容？
5. 固定资产变动包括哪些类型？
6. 固定资产折旧计提有哪些注意事项？
7. 固定资产期末处理有哪些工作？
8. 固定资产管理系统与总账系统对账不平的可能原因有哪些？
9. 固定资产管理系统中哪些业务可以生成凭证传给总账系统？

第 8 章　供应链管理初始化

8.1　工作情景

❓ 前期已经学习了总账、UFO 报表等财务会计中的子系统，现在即将学习供应链管理，那么供应链管理是指企业与外部客户、供应商、分销机构等组成的供应链呢，还是指企业内部的购销存业务管理呢？

供应链管理有广义和狭义之分。广义供应链是指围绕核心企业，通过对信息流、物流、资金流的控制，从采购原材料开始，制成中间产品以及最终产品，最后由销售网络把产品送到消费者手中的，将供应商、制造商、分销商、零售商，直到最终用户连成一个整体的功能网链结构。供应链管理的理念是从消费者的角度，通过企业间的协作，谋求供应链整体最佳化。成功的供应链管理能够协调并整合供应链中所有的活动，最终成为无缝连接的一体化过程。

狭义的供应链也即企业内部的供应链。内部供应链是指企业内部产品生产和流通过程中所涉及的采购部门、生产部门、仓储部门、销售部门等组成的供需网络。其目的是通过计划、协调、控制、优化，使供应链成本最低。本书所指供应链是指企业内部的供应链。

❓ 具体来说，供应链管理是一个子系统，还是若干个子系统呢？

与财务会计类似，供应链管理在用友 U8 系统中也是一个功能组，其中主要包括合同管理、采购管理、委外管理、销售管理、库存管理、存货核算、售前分析、质量管理等子系统。在财务信息化的基础上应用供应链管理系统，可以实现企业财务业务一体化全面管理。本书将重点介绍供应链管理中的采购管理、销售管理、库存管理、存货核算 4 个子系统。

❓ 前期已经学习了总账系统，与企业购销存相关的业务处理，如材料入库、领料生产、产品销售等都是在总账系统中直接填制凭证。如果企业同时使用总账系统和供应链管理系统，那么与之前的应用主要有哪些区别？

在企业同时使用总账系统和供应链管理系统的情况下，企业购销存的全部管理活动均在供应链管理系统中记录并处理，最后经由存货核算系统生成业务凭证传递给总账系统，总账系统中不再手工填制此类凭证。如果企业仅仅实现了财务工作信息化，业务活动发生后业务部门不能及时传递业务凭证，对于业务活动财务部门就只能事后核算，无法进行事中控制。而在财务业务一体化应用模式下，当业务事件发生时，利用事件驱动来记录业务；业务事件处理器按业务和信息处理规则，将企业的财务、业务和管理信息集中于一个数据库。当需要信息时，各类经过授权的人员通过报告工具自动输出所需信息，实现了物流、资金流管理的统一。

8.2　供应链管理系统基本认知

8.2.1　供应链管理系统构成

用友 U8 供应链管理系统以企业购销存业务环节中的各项活动为对象，记录各项业务的发生，有效跟踪其发展过程，为财务核算、业务分析、管理决策提供依据，并实现财务业务一体化全面管理，实现物流、资金流、信息流管理的统一。

用友 U8 供应链管理系统主要包括合同管理、采购管理、委外管理、销售管理、库存管理、存货核算、售前分析、质量管理几个模块。其主要功能在于增加预测的准确性，减少库存，提高发货供货能力；减少工作流程周期，提高生产效率，降低供应链成本；减少总体采购成本，缩短生产周期，加快市场响应速度。同时，在这些模块中提供了对采购、销售等业务环节的控制，以及对库存资金占用的控制，从而完成对存货出入库成本的核算。

考虑到教学学时限制及企业实际应用的需求，本书将重点介绍供应链管理中的采购管理、销售管理、库存管理、存货核算 4 个子系统。由于应付与付款是采购完整流程的构成部分、应收与收款是销售完整流程的构成部分，同时业务处理的结果是经由存货核算系统生成财务凭证传递到总账的，因此我们把财务会计中的应收款管理、应付款管理和总账也作为企业财务业务一体化应用的必要组成部分。总账已经学习过，其他各子系统的主要功能简述如下。

1．采购管理

采购管理帮助企业对采购业务的全部流程进行管理，提供请购、订货、到货、检验、入库、开票、采购结算的完整采购流程，支持普通采购、受托代销、直运等多种类型的采购业务，支持按询价、比价方式选择供应商，支持以订单为核心的业务模式。企业还可以根据实际情况进行采购流程的定制，既可选择按规范的标准流程操作，又可按最简约的流程来处理实际业务，便于企业构建自己的采购业务管理平台。

2．销售管理

销售管理帮助企业对销售业务的全部流程进行管理，提供报价、订货、发货、开票的完整销售流程，支持普通销售、委托代销、分期收款、直运、零售、销售调拨等多种类型的销售业务，支持以订单为核心的业务模式，并可对销售价格和信用进行实时监控。企业可以根据实际情况进行销售流程的定制，构建自己的销售业务管理平台。

3．库存管理

库存管理主要是从数量的角度管理存货的出入库业务，能够满足采购入库、销售出库、产成品入库、材料出库、其他出入库、盘点管理等业务需要，提供多计量单位使用、仓库货位管理、批次管理、保质期管理、出库跟踪、入库管理、可用量管理等全面的业务应用。企业可通过对存货的收、发、存业务处理，及时动态地掌握各种库存存货信息，对库存安全性进行控制，提供各种储备分析，从而避免库存积压占用资金，或材料短缺影响生产。

4．存货核算

存货核算是从资金的角度管理存货的出入库业务，掌握存货耗用情况，及时准确地把各类存货成本归集到各成本项目和成本对象上。存货核算主要用于核算企业的入库成本、出库成本、结余成本；反映和监督存货的收发、领退和保管情况；反映和监督存货资金的占用情况，动态反映存货资金的增减变动，提供存货资金周转和占用分析，以降低库存，减少资金积压。

5．应收款管理

应收款管理主要用来核算和管理客户往来款项，记录审核企业在日常销售活动中所形成的各项应收信息，及时收回欠款。应收款核算和管理可以明细到产品、地区、部门和业务员，可以从多个维度对应收账款进行统计分析。

6．应付款管理

应付款管理主要用来核算和管理供应商往来款项，记录审核企业在日常采购活动中所形成的各项应付信息，及时付清货款。应付款核算和管理可以明细到产品、地区、部门和业务员，可以从多个维度对应付账款进行统计分析。

8.2.2　供应链管理系统应用方案

财务业务一体化管理系统的每个子系统既可以单独应用，也可与其他子系统联合应用。单独应用及与其他系统集成使用在业务处理范围和业务处理流程上是不同的，归纳如表 8-1 所示。

表 8-1 应用方案

应用方案	应用方案要点
总账独立应用	所有业务均在总账中填制凭证
总账+应收应付	应收款应付款形成、收付款处理等在应收、应付系统管理
采购独立应用	所有的采购发票、入库业务均在采购系统处理，在总账中制单
销售独立应用	所有的发货、出库管理均在销售系统处理，在总账中制单
采购+应付+总账	采购中管理发票及入库业务；应付中审核发票，进行付款处理及制单，传递给总账
销售+应收+总账	销售中管理发票及出库业务；应收中审核发票，进行收款处理及制单，传递给总账
库存单独应用	所有的出入库办理均在库存管理系统完成，在总账中制单
存货独立应用	所有的出入库办理均在存货核算系统完成，制单传递给总账
库存+存货	所有的出入库办理在库存中完成，在存货核算中进行记账、制单，传递给总账
采购、销售、库存、存货、应收、应付、总账集成应用	采购中处理订货、到货、开票和结算；销售中处理报价、订货、发货、开票；库存中办理存货出入库；存货中核算存货的出入库成本，记存货明细账，生成出入库凭证；应收款应付款形成、收付款处理等在应收、应付系统管理，生成凭证传给总账

8.2.3　供应链管理初始化

供应链管理初始化包括供应链管理系统选项设置、基础档案设置、设置自动凭证科目及期初数据录入 4 项工作。

1．供应链管理系统选项设置

企业所属行业不同、业务范围不同、管理精细程度不同，在财务业务一体化应用方案上就会有所区别。用友 U8 的供应链管理系统是通用管理系统，这意味着系统内设计了丰富的选项、个性化设置细节等，不同的选项设置将会影响企业的业务处理流程和业务处理方式。为了能更清晰地了解各项选项与业务之间的关系，参数设置将在业务处理时一并介绍。

2．基础档案设置

本章之前设计的实验中，都有基础信息的设置，但基本限于与财务相关的信息。除此以外，供应链管理系统还需要增设与业务处理、查询统计、财务连接相关的基础信息。

使用供应链管理系统之前，应做好手工基础数据的准备工作，如对存货合理分类、准备存货的详细档案、进行库存数据的整理及与账面数据的核对等。供应链管理系统需要增设的基础档案信息包括以下几项。

（1）存货分类。如果企业存货较多，需要按照一定的方式进行分类管理。存货分类是指按照存货固有的特征或属性将存货划分为不同的类别，以便于分类核算与统计。如工业企业可以将存货划分为原材料、产成品、应税劳务；商业企业可以将存货分为商品、应税劳务等。

在企业日常购销业务中，经常会发生一些劳务费用，如运输费、装卸费等，这些费用也是构成企业存货成本的一个组成部分，并且它们可以拥有不同于一般存货的税率。为了能够正确反映和核算这些劳务费用，一般我们在存货分类中单独设置一类，如"应税劳务"或"劳务费用"。

（2）计量单位。企业中存货种类繁多，不同的存货存在不同的计量单位。有些存货财务计量单位、库存计量单位、销售发货单位是一致的，如自行车的 3 种计量单位均为"辆"。而有些存货的这 3 种计量单位可能不同。如对某种药品来说，其核算单位是"板"，也就是说，财务上按板计价；而其库存单位是"盒"，1 盒=20 板；对客户发货时可能按"箱"计量，1 箱=100 盒。因此，在开展企业日常业务之前，需要定义存货的计量单位。

（3）存货档案。在"存货档案"窗口中有 8 个选项卡，即基本、成本、控制、其他、计划、MPS/MRP、图片和附件。以下仅介绍前 3 个选项卡。

① "基本"选项卡。基本选项卡中记录了存货的基本信息。

窗口下方系统为存货设置了多种存货属性供用户选择。设置存货属性的目的是在填制单据过程中，参照存货时缩小参照范围。常用属性简介如下。

内销：用于发货单、销售发票、销售出库单等与销售有关的单据参照使用，表示该存货可用于销售。

外销：用于出口子系统填制相关单据时参照使用。

外购：用于购货所填制的采购入库单、采购发票等与采购有关的单据参照使用，在采购发票、运费发票上一起开具的采购费用，也应设置为外购属性。

生产耗用：存货可在生产过程被领用、消耗。生产耗用包括生产产品时耗用的原材料、辅助材料等，在开具材料领料单时参照。

自制：由企业生产自制的存货，如产成品、半成品等，主要用在开具产成品入库单时参照。

在制：指尚在制造加工中的存货。

应税劳务：指在采购发票上开具的运输费、包装费等采购费用及开具在销售发票或发货单上的应税劳务、非应税劳务等。

②"成本"选项卡。该页签中各种属性主要用于在进行存货的成本核算过程中提供价格计算的基础依据。常用属性简介如下。

最高进价：指进货时用户参考的最高进价，为采购进行进价控制。如果用户在采购管理系统中选择要进行最高进价控制，则在填制采购单据时，如果最高进价高于此价，系统会要求用户输入口令，口令输入正确，方可高于最高进价采购，否则不行。

参考成本：该成本指非计划价或售价核算的存货填制出入库成本时的参考成本。采购商品或材料暂估时，参考成本可作为暂估成本。存货出库时，参考成本可作为出库成本。该属性比较重要，建议都进行填写。

最低售价：指存货销售时的最低销售单价，为销售进行售价控制。用户在录入最低售价时，根据报价是否含税录入无税售价或含税售价。

参考售价：录入"大于零"。客户价格、存货价格中的批发价，根据报价是否含税录入"无税售价或含税售价"。

③"控制"选项卡。该选项卡设置与存货管理相关的控制。

是否批次管理：对存货是否按批次出入库进行管理。该项必须在库存系统账套参数中选中"有批次管理"后，方可设定。

是否保质期管理：有保质期管理的存货必须按批次管理。因此该项也必须在库存系统账套参数中选中"有批次管理"后，方可设定。

是否呆滞积压：存货是否呆滞积压，完全由用户自行决定。

（4）仓库档案。存货一般是存放在仓库保管的。对存货进行核算管理，就必须建立仓库档案。

（5）收发类别。收发类别用来表示存货的出入库类型，便于对存货的出入库情况进行分类汇总统计。

（6）采购类型/销售类型。定义采购类型和销售类型，能够按采购、销售类型对采购、销售业务数据进行统计和分析。采购类型和销售类型均不分级次，根据实际需要设立。

（7）产品结构。产品结构用来定义产品的组成，包括组成成分和数量关系，以便用于配比出库、组装拆卸、消耗定额、产品材料成本、采购计划、成本核算等引用。产品结构中引用的物料必须首先在存货档案中定义。

（8）费用项目。销售过程中有很多不同的费用发生，如代垫费用、销售支出等，在系统中将其设为费用项目，以方便记录和统计。

3．设置自动凭证科目

在财务业务一体化集成应用模式下，购销业务在采购、销售、库存系统处理后，最终通过存货核算系统、应收款管理系统和应付款管理系统生成与业务相关的凭证传递给总账，那么就需要在这3个系统中预先设置好凭证模板。

（1）存货核算系统。存货核算系统是联系供应链管理系统与财务系统的桥梁，各种存货的购进、销售及其他出入库业务，均在存货核算系统中生成凭证。

① 设置存货科目。存货科目是设置生成凭证所需要的各种存货科目和差异科目。存货科目可以按仓库也可以按存货分类分别进行设置。

② 设置对方科目。对方科目是设置生成凭证所需要的存货对方科目，可以按收发类别设置。

（2）应收款管理系统。如果企业应收款业务类型比较固定，生成的凭证类型也较固定，为了简化凭证生成操作，可将各业务类型凭证中的常用科目预先设置好。凭证科目设置一般包括以下几个方面的内容。

① 基本科目设置。基本科目是指在核算应收款项时经常用到的科目，可以作为常用科目设置，而且所设置的科目必须是末级科目。核算应收款项时经常用到的科目包括应收账款、预收账款、销售收入、应交税费——销项税额、销售退回等。除上述基本科目外，银行承兑科目、商业承兑科目、现金折扣科目、票据利息科目、票据费用科目、汇兑损益科目、币种兑换差异科目和坏账准备科目等都可以作为企业核算某类业务的基本科目。

② 控制科目的设置。在核算客户的赊销欠款时，如果针对不同的客户（客户分类、地区分类）分别设置不同的应收账款科目和预收账款科目，可以先在账套参数中选择设置的依据，即选择是针对不同的客户设置、针对不同的客户分类设置，还是按不同的地区分类设置。然后再依次将往来单位按客户、客户分类或地区分类的编码、名称、应收科目和预收科目等内容进行设置。

如果某个往来单位核算应收账款或预收账款的科目与常用科目设置中的一样，则可以不设置，否则，应进行设置。科目必须是有客户往来辅助核算的末级最明细科目。

③ 产品科目的设置。如果针对不同的存货（存货分类）分别设置不同的销售收入科目、应交增值税销项税额科目和销售退回科目，则也应先在账套参数中选择设置的依据，即选择是针对不同的存货设置，还是针对不同的存货分类设置。然后再按存货的分类编码、名称、销售收入科目、应交增值税销项税额科目和销售退回科目进行存货销售科目的设置。

如果某个存货（存货分类）的科目与常用科目设置中的一样，则可以不设置，否则，应进行设置。

④ 结算方式科目的设置。这不仅可以设置常用的科目，还可以为每种结算方式设置一个默认的科目，以便在应收账款核销时，直接按不同的结算方式生成相应的账务处理中所对应的会计科目。

（3）应付款管理系统。应付款管理系统凭证科目设置类似于应收款管理系统，此处不再赘述。

4．供应链管理系统期初数据录入

在供应链管理系统中，期初数据录入是一个非常关键的环节，期初数据的录入内容及顺序如表 8-2 所示。

表 8-2 供应链管理系统期初数据表

系统名称	操作	内容	说明
采购管理	录入	期初暂估入库 期初在途存货	暂估入库是指货到票未到 在途存货是指票到货未到
	期初记账	采购期初数据	没有期初数据也要执行期初记账，否则不能开始日常业务
销售管理	录入并审核	期初发货单 期初委托代销发货单 期初分期收款发货单	已发货、出库，但未开票 已发货未结算的数量 已发货未结算的数量
库存	录入（取数） 审核	库存期初余额 不合格品期初	库存和存货共用期初数据 未处理的不合格品结存量
存货	录入（取数） 记账	存货期初余额 期初分期收款发出商品余额	

8.3　供应链管理初始化实务

8.3.1　基本任务

供应链管理初始化资料

1. 设置基础档案

（1）存货分类如表 8-3 所示。

表 8-3　存货分类表

存货类别编码	存货类别名称
1	原材料
2	产成品
3	应税劳务

（2）计量单位组及计量单位如表 8-4 所示。

表 8-4　计量单位组及计量单位表

计量单位组编号	计量单位组名称	计量单位组类别	计量单位编号	计量单位名称
01	基本计量单位	无换算率	01	个
			02	部
			03	千米

（3）存货档案如表 8-5 所示。

表 8-5　存货档案表

存货编码	存货名称	所属分类	计量单位组	计量单位编码及名称	税率/%	存货属性
1001	高清摄像头	1	01	01 个	13	外购、生产耗用
1002	普通摄像头	1	01	01 个	13	外购、生产耗用
1003	主板	1	01	01 个	13	外购、生产耗用
1004	机壳	1	01	01 个	13	外购、生产耗用
2001	云米手机	2	01	02 部	13	内销、自制
2002	云易手机	2	01	02 部	13	内销、自制
2003	乐士对讲机	2	01	02 部	13	内销、自制
3001	运费	3	01	03 千米	9	内销、外购、应税劳务

（4）仓库档案如表 8-6 所示。

表 8-6　仓库档案表

仓库编码	仓库名称	计价方式
1	原料库	移动平均法
2	成品库	移动平均法

（5）收发类别如表 8-7 所示。

（6）采购类型如表 8-8 所示。

表 8-7 收发类别表

收发类别编码	收发类别名称	收发标志	收发类别编码	收发类别名称	收发标志
1	入库	收	2	出库	发
101	采购入库	收	201	销售出库	发
102	产成品入库	收	202	材料领用出库	发
103	其他入库	收	203	其他出库	发

表 8-8 采购类型表

采购类型编码	采购类型名称	入库类别	是否默认值
01	普通采购	采购入库	是

（7）销售类型如表 8-9 所示。

表 8-9 销售类型表

销售类型编码	销售类型名称	出库类别	是否默认值
01	普通销售	销售出库	是

（8）非合理损耗类型如表 8-10 所示。

表 8-10 非合理损耗类型表

非合理损耗类型编码	非合理损耗类型名称	是否默认值
01	运输部门责任	是

（9）付款条件如表 8-11 所示。

表 8-11 付款条件表

付款条件编码	信用天数	优惠天数 1	优惠率 1	优惠天数 2	优惠率 2	优惠天数 3	优惠率 3
01	30	10	4	20	2	30	0
02	60	20	2	40	1	60	0

（10）本单位开户银行信息。

编码：001。

银行账号：110001134608。

账户名称：工行人民币户。

开户银行：工商银行丰台分理处。

2．单据设计

设置销售发票、采购发票，单据编号为手工编号。

3．凭证科目

（1）存货科目如表 8-12 所示。

表 8-12 存货科目表

仓库编码	仓库名称	存货编码及名称	存货科目编码及名称
1	原料库	1001 高清摄像头	140301 高清摄像头
1	原料库	1002 普通摄像头	140302 普通摄像头
1	原料库	1003 主板	140303 主板
1	原料库	1004 机壳	140304 机壳
2	成品库		1405 库存商品

（2）存货对方科目如表 8-13 所示。

表 8-13　存货对方科目表

收发类别编码及名称	存货对方科目编码及名称	暂估科目编码及名称
101 采购入库	1402 在途物资	220202 暂估应付款
102 产成品入库	500101 直接材料	
201 销售出库	6401 主营业务成本	
202 材料领用出库	500101 直接材料	

（3）非合理损耗类型科目

非合理损耗类型"01 运输部门责任"对应的会计科目为"1901 待处理财产损溢"。

（4）应收款管理相关科目。

基本科目设置：应收科目为 1122；预收科目为 2203；商业承兑科目和银行承兑科目为 1121；销售收入及销售退回科目为 6001；税金科目为 22210105；票据利息科目为 660301。

结算方式科目设置：现金结算对应 1001，现金支票、转账支票、电汇、银行承兑汇票均对应 10020101。

（5）应付款管理相关科目。

基本科目设置：应付科目为 220201；预付科目为 1123；采购科目为 1402；税金科目为 22210101；商业承兑科目和银行承兑科目为 2201；票据利息科目为 660301。

结算方式科目设置：现金结算对应 1001，现金支票、转账支票、电汇、银行承兑汇票均对应 10020101。

4．设置采购选项

设置单据默认税率为 13%。

5．设置应付款管理系统选项

选中"自动计算现金折扣"选项。

6．供应链管理期初数据

（1）采购模块期初数据。2021 年 12 月 20 日，收到向新锐科技购买的主板 100 个，商品已验收入原料库。截至月底尚未收到发票，暂估主板价格 320 元/个。

（2）库存和存货系统期初数据。2021 年 12 月 31 日，对各个仓库进行了盘点，结果如表 8-14 所示。

表 8-14　库存盘点结果表

仓库名称	存货编码	存货名称	数量	结存单价/元	结存金额/元
原料库 合计 167 600 元	1001	高清摄像头	220	50	11 000
	1002	普通摄像头	165	30	4 950
	1003	主板	450	320	144 000
	1004	机壳	170	45	7 650
成品库 合计 1 287 000 元	2001	云米手机	600	1 400	840 000
	2002	云易手机	420	1 000	420 000
	2003	乐士对讲机	300	90	27 000

（3）应收款管理系统期初数据。销售普通发票的资料如表 8-15 所示。

表 8-15　销售普通发票资料

开票日期	发票号	客户	销售部门	货物名称	数量	含税单价/元	价税合计/元
2021-10-22	00212254	慧童	销售一部	云易手机	30	1 400	42 000

销售专用发票的资料如表 8-16 所示。

表 8-16　销售专用发票资料

开票日期	发票号	客户	销售部门	货物名称	数量	无税单价/元	价税合计/元
2021-11-11	10432823	苏华	销售二部	云米手机	32	1 800	65 088

其他应收单的资料如表 8-17 所示。

表 8-17　其他应收单资料

单据日期	客户	销售部门	金额/元	摘要
2021-11-11	苏华	销售二部	112	代垫运费

（4）应付款管理系统期初数据。采购专用发票的资料如表 8-18 所示。

表 8-18　采购专用发票资料

开票日期	发票号	供应商	业务员	科目	货物名称	数量	单价/元	价税合计
2021-10-10	1000200	美安	范文芳	220201	1003 主板	50	310	17 515

供应链管理初始化设置指导

由系统管理员在系统管理模块中引入"总账初始化"账套作为基础数据。以账套主管身份登录企业应用平台，登录日期为 2022-01-01，进行供应链管理系统的初始化设置。

1．启用相关系统

操作指导如下。

（1）以账套主管"401 王莉"的身份登录企业应用平台。在"基础设置"选项卡中执行"基本信息"|"系统启用"命令，打开"系统启用"对话框。

（2）启用"应收款管理""应付款管理""销售管理""采购管理""库存管理""存货核算"系统，启用日期为"2022-01-01"。

启用相关系统

2．设置基础档案

（1）设置存货分类。操作指导略。

在企业日常购销业务中，经常会发生一些劳务费用，如运输费、装卸费等，这些费用也是构成企业存货成本的一个组成部分，并且它们拥有不同于一般存货的税率。为了能够正确反映和核算这些劳务费用，一般我们在存货分类中单独设置一类，如"应税劳务"或"劳务费用"。

设置基础档案-设置存货分类

（2）设置计量单位组及计量单位。操作指导如下。

① 在企业应用平台基础设置中，执行"基础档案"|"存货"|"计量单位"命令，打开"计量单位"对话框。

② 单击【分组】按钮，打开"计量单位组"对话框。

③ 单击【增加】按钮，录入计量单位组编码"01"，录入计量单位组名称"基本计量单位"，单击"计量单位组类别"栏的下三角按钮，选择"无换算率"，如图 8-1 所示。

④ 单击【保存】按钮，再单击【退出】按钮。

设置基础档案-设置计量单位组及计量单位

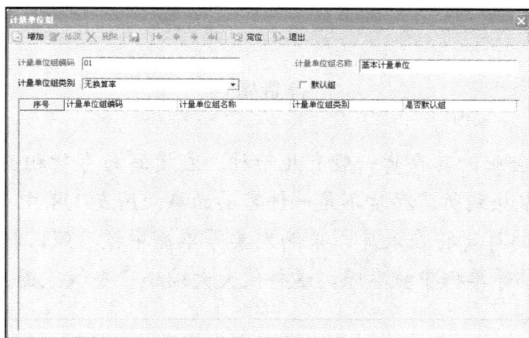

图 8-1　增加计量单位组

难点　　　　　　　计量单位及其换算率

在企业实际的经营活动中，不同部门对某种存货会采用不同的计量方式。例如，大家熟悉的可口可乐，销售部对外发货时用箱计量，听装的每箱有 24 听，2L 瓶装的每箱有 12 瓶。

用友 U8 中的计量单位组类别包括 3 种，即无换算率、固定换算率和浮动换算率。

无换算率计量单位组中的计量单位都以单独形式存在，即相互之间没有换算关系，全部为主计量单位。

固定换算率计量单位组中可以包括多个计量单位：一个主计量单位、多个辅计量单位。主辅计量单位之间存在固定的换算率，如 1 箱=24 听。

浮动换算率计量单位组中只能包括两个计量单位：一个主计量单位、一个辅计量单位。

主计量单位作为财务上的计量单位，换算率自动置为 1。每个辅计量单位都是和主计量单位进行换算。数量（按主计量单位计量）＝件数（按辅计量单位计量）×换算率。

⑤ 单击【单位】按钮，打开"计量单位"对话框。

⑥ 单击【增加】按钮，录入计量单位相关信息，如图 8-2 所示。

> 提示　　　在设置存货档案之前必须先到企业应用平台的基础档案中设置计量单位，否则，存货档案中没有备选的计量单位，存货档案不能保存。

（3）存货档案。操作指导如下。

① 在企业应用平台基础设置中，执行"基础档案"|"存货"|"存货档案"命令，进入"存货档案"窗口。

② 单击【增加】按钮，打开"增加存货档案"对话框。在"基本"选项卡中按实验资料输入各项信息，如图 8-3 所示。单击【保存】按钮。

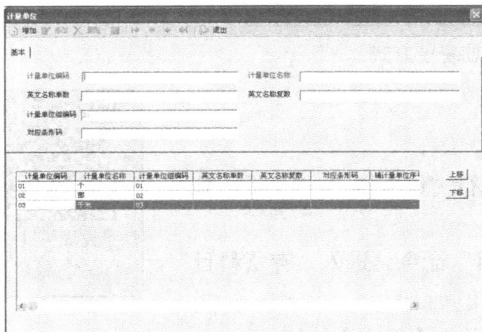

设置基础档案-设置存货档案

图 8-2　增加计量单位

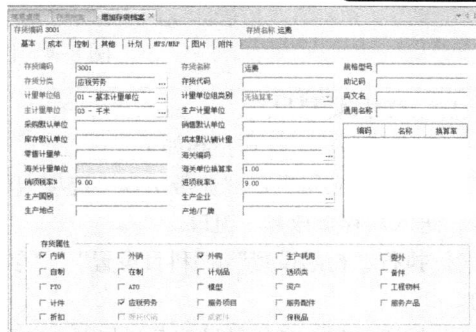

图 8-3　增加存货档案

难点 存货属性

一个规模中等的制造企业，其存货一般有几千种。在填写与存货相关的单据如出入库单、发票等时，需要从几千种存货中找到所需存货不是一件容易的事。用友 U8 中存货属性是对存货的一种分类。标记了"外购"属性的存货将在入库、采购发票等单据中被参照，标记了"销售"属性的存货将在发货、出库、销售发票等单据中被参照，这样便大大缩小了查找范围。

提示 目前，交通运输业已全部完成营业税改增值税改革。改革后，交通运输业一般纳税人增值税税率为 9%。

（4）业务档案。

在企业应用平台"基础设置"|"基础档案"|"业务"下，设置仓库档案、收发类别、采购类型、销售类型。

设置基础档案-设置业务档案

（5）收付结算

在企业应用平台"基础设置"|"基础档案"|"收付结算"下，设置付款条件、本单位开户银行。

3．设置单据编号方式

操作指导如下。

① 在企业应用平台"基础设置"选项卡中，执行"单据设置"|"单据编号设置"命令，打开"单据编号设置"对话框。

② 在"销售管理"单据类型中选择"销售专用发票"，单击 ✍ 按钮，【修改】按钮，选中"完全手工编号"复选框。单击【保存】按钮，如图 8-4 所示。

设置单据编号方式

③ 同理，设置"销售普通发票"、采购管理中的"采购普通发票""采购专用发票"的编号方式为完全手工编号。

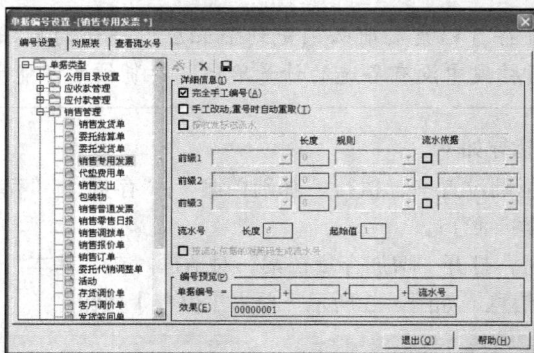

图 8-4 设置单据编号方式

4．设置凭证科目

（1）存货科目。操作指导如下。

① 在企业应用平台"业务工作"选项卡中，执行"供应链"|"存货核算"命令，进入"存货核算"窗口。

② 执行"初始设置"|"科目设置"|"存货科目"命令，进入"存货科目"窗口。

设置凭证科目-设置存货科目

③ 按资料输入存货科目信息，如图 8-5 所示，单击【保存】按钮。

图 8-5　设置存货科目

（2）存货对方科目。执行"初始设置"|"科目设置"|"对方科目"命令，按资料输入存货对方科目信息。

（3）非合理损耗科目。执行"初始设置"|"科目设置"|"非合理损耗科目"命令，按资料输入非合理损耗科目信息。

（4）应收款管理科目设置。操作指导如下。

① 在财务会计下的应收款管理系统中，执行"设置"|"初始设置"命令，进入"初始设置"窗口。

② 单击左侧的"基本科目设置"，单击【增加】按钮，按资料输入应收基本科目信息，如图 8-6 所示。

图 8-6　应收款管理系统基本科目设置

③ 单击左侧的"结算方式科目设置"，双击右侧的结算方式栏，从下拉列表中选择"1 现金结算"，币种"人民币"，科目"1001"。同理设置其他结算方式科目信息。

（5）应付款管理相关科目。在财务会计下的应付款管理系统中，执行"设置"|"初始设置"|"基本科目设置"命令，按资料输入应付基本科目信息。然后执行"结算方式科目设置"命令，设置结算方式科目信息。

5．设置采购选项

操作指导如下：

① 在采购管理系统中，执行"设置"|"采购选项"命令，打开"采购系统选项设置"对话框。

② 单击"公共及参照控制"选项卡，设置单据默认税率为"13"。

③ 单击【确定】按钮返回。

6．设置应付款管理系统选项

操作指导如下。

① 在应付款管理系统中，执行"设置"|"选项"命令，打开"账套参数设置"对话框。

② 单击【编辑】按钮，在"常规"选项卡中选中"自动计算现金折扣"复选框。

③ 单击【确定】按钮返回。

7．录入采购管理期初数据

采购管理系统有可能存在两类期初数据：一类是货到票未到即暂估入库业务，对于这类业务应调用期初采购入库单录入；另一类是票到货未到即在途业务，对于这类业务应调用期初采购发票功能录入。

（1）货到票未到业务的处理。操作指导如下。

① 在企业应用平台"业务工作"选项卡中，执行"供应链"｜"采购管理"｜"采购入库"｜"采购入库单"命令，进入"期初采购入库单"窗口。

② 单击【增加】按钮，输入入库日期"2021-12-20"，选择仓库"原料库"，供货单位"新锐科技"，部门和业务员自动带出，输入入库类别"采购入库"。

③ 选择存货编码"1003"，输入数量"100"个，单价"320"元，单击【保存】按钮，如图8-7所示。完成后退出即可。

图8-7　录入期初采购入库单

（2）采购管理系统期初记账。操作指导如下。

① 执行"设置"｜"采购期初记账"命令，打开"期初记账"对话框。

② 单击【记账】按钮，稍候片刻，系统弹出"期初记账完毕！"信息提示框。

③ 单击【确定】按钮返回。

提示

采购管理系统如果不执行期初记账，则无法开始日常业务处理，因此，即使没有期初数据，也要执行期初记账。

采购管理系统如果不执行期初记账，库存管理系统和存货核算系统不能记账。

采购管理若要取消期初记账，可执行"设置"｜"期初记账"命令，单击【取消记账】按钮即可。

8．录入库存/存货期初数据

各个仓库存货的期初余额既可以在库存管理系统中录入，也可以在存货核算系统中录入。因为涉及总账对账，所以建议在存货核算系统中录入。

（1）录入存货期初数据并记账。操作指导如下。

① 进入存货核算系统，执行"初始设置"｜"期初数据"｜"期初余额"命令，进入"期初余额"窗口。

② 选择仓库"原料库"，单击【增加】按钮，输入存货编码"1001"，输入数量"220"个，单价"50"元。用同样的方法，输入原料库的其他期初数据。结果如图8-8所示。

③ 选择仓库"成品库"，按实验资料输入期初数据。

图 8-8　录入存货期初数据

④ 单击【记账】按钮，系统对所有仓库进行记账，记账完成后，系统弹出提示"期初记账成功"，单击【确定】按钮返回。

（2）录入库存期初数据。操作指导如下。

① 进入库存管理系统，执行"初始设置"|"期初结存"命令，进入"期初结存"窗口。

② 选择"原料库"，单击【修改】按钮，单击【取数】按钮，单击【保存】按钮。

③ 单击【批审】按钮，系统弹出提示"批量审核完成"，单击【确定】按钮。

④ 用同样的方法，通过取数方式输入成品库存货期初数据。

⑤ 完成后，单击【对账】按钮，核对库存管理系统和存货核算系统的期初数据是否一致，若一致，系统弹出提示"对账成功！"，单击【确定】按钮返回。

9．录入应收款管理系统期初数据

（1）录入期初销售发票。

操作指导如下。

① 在应收款管理系统中，执行"设置"|"期初余额"命令，打开"期初余额——查询"对话框。

② 单击【确定】按钮，进入"期初余额明细表"窗口。

③ 单击【增加】按钮，打开"单据类别"对话框。

④ 选择单据名称"销售发票"，单据类型"销售普通发票"。单击【确定】按钮，进入"期初销售发票"窗口。

⑤ 单击【增加】按钮，输入发票号"00212254"、开票日期"2021-10-22"、客户名称"慧童"，其他信息自动带出。

⑥ 选择货物名称"2002 云易手机"；输入数量"30"个、含税单价"1 400"元，金额自动算出，单击【保存】按钮，如图 8-9 所示。

⑦ 同理，录入销售专用发票和其他应收单。

图 8-9　录入应收期初销售数据

提示　输入期初销售发票时，要确定科目，以方便与总账系统的应收账款对账。

（2）期初对账。

① 在"期初余额"窗口，单击【对账】按钮，进入"期初对账"窗口。

② 查看应收款管理系统与总账系统的期初余额是否平衡，如图 8-10 所示。

科目		应收期初		总账期初		差额	
编号	名称	原币	本币	原币	本币	原币	本币
1121	应收票据	0.00	0.00	0.00	0.00	0.00	0.00
1122	应收账款	107,200.00	107,200.00	107,200.00	107,200.00	0.00	0.00
2203	预收账款	0.00	0.00	0.00	0.00	0.00	0.00
	合计		107,200.00		107,200.00		0.00

图 8-10　应收款管理系统期初余额与总账对账

提示　应收款管理系统与总账系统的期初余额的差额应为零，即两个系统的客户往来科目的期初余额应完全一致。

10．录入应付款管理系统期初数据

用同样的方法，在应付款管理系统中录入应付款管理系统期初数据并进行期初对账。

11．账套备份

全部实验完成后，备份"供应链初始化"账套数据。

录入应付款系统
期初数据并对账

8.3.2　拓展任务

1．单据格式设计

单据是企业经济业务发生的证明。用友 U8 系统中预置了各类常用单据的模板，企业可以根据实际需要对单据格式进行调整。

【拓展 1】采购入库单上不仅要显示主计量单位，还要求显示辅计量单位"件数"及"换算率"。操作指导如下。

（1）在企业应用平台基础设置中，执行"单据设置"|"单据格式设置"命令，进入"单据格式设置"窗口。

（2）在左侧单据类型窗口中，选择"库存管理"|"采购入库单"|"显示"|"采购入库单显示模板"，此时右侧窗口中出现用友 U8 系统预置的采购入库单模板。

（3）单击【表体项目】按钮，打开"表体"对话框。选中"件数""换算率"复选框，如图 8-11 所示，单击【确定】按钮。

（4）单击【保存】按钮。

2．业务流程配置

企业对某种采购业务有规定的业务流程时（如业务类型是普通采购时，计划性材料采购根据采购计划发起采购流程；非计划性采购根据请购发起采购流程），可以按"业务类型+采购类型"将规定的业务流程固化在系统中，以便日常操作时可按规定的流程执行。

【拓展 2】企业规定计划性材料的采购流程为 MPS/MRP 计划→请购单→采购订单→采购入库单→采购发票，但需要质检的存货需要做到货；计划性材料采购允许超计划下达请购单，不允许超请购订货，允许超订单入库；计划性材料采购供应商存货控制规则是严格控制，取价方式是取自供应商存货价格表。

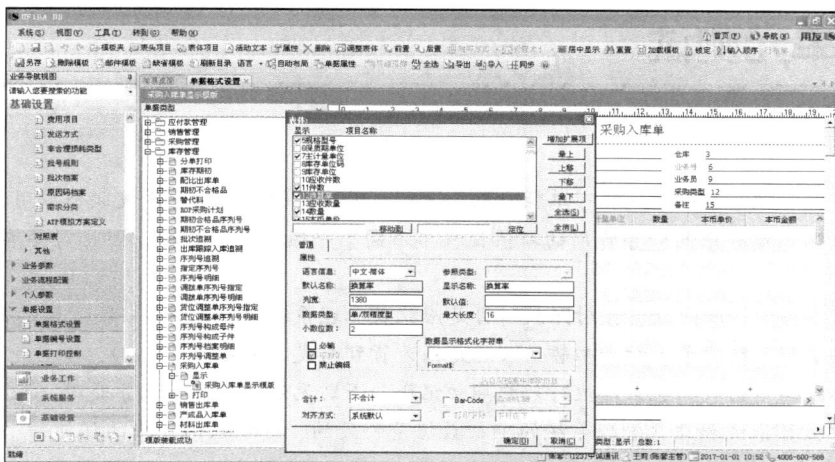

图 8-11　设置单据格式

操作指导如下。

（1）在企业应用平台基础设置中，执行"业务流程配置"|"采购业务流程"命令，进入"采购业务流程"窗口。

（2）单击【增加】按钮，流程模式描述为"计划性材料采购"，采购类型为"计划性材料采购"。

主要栏目说明如下。

请购：选择"必有请购"，请购来源选择"按 MPS/MRP 计划请购"。

订货：选择"必有订单"，订货来源选择"按请购单订货"。选择"允许超计划订货"。不允许超请购订货。

收货：不选择必有到货，到货来源选择"按订单到货"（以便质检存货可以根据订单录入到货单）。选择"允许超订单到货及入库"。

退货：退货来源选择"手工输入退货单""按订单退货"（假如企业退货可以不必有订单）。

入库：入库来源选择"按订单入库"。

开票：开票来源选择"按入库单开票"。

供应商存货控制选择"严格控制"。

取价方式选择"取自供应商存货价格表价格"。

（3）单击【保存】按钮，如图 8-12 所示。

图 8-12　采购业务流程配置

8.4 单元测试

判断题

1. 供应链管理每个子系统既可单独应用，也可与供应链管理其他子系统联合应用。（　　　）

2. 企业购销业务中的劳务费用的增值税税率不同于一般存货的税率，因此需要单独设置为一类存货。（　　　）

3. 应收票据、应收账款、预付账款科目是应收款管理系统的受控科目。（　　　）

4. 采购管理系统中录入的期初暂估入库是因为货到而发票未到。（　　　）

5. 没有采购期初数据也必须执行采购期初记账，否则无法开始日常业务处理。（　　　）

6. 存货核算系统和库存管理系统的期初数据是一致的，可以从两者中的任何一个系统录入，再从另外一个系统获取。（　　　）

选择题

1. 如果某种药品"1盒=20板"，"1箱=100盒"，那么存货档案中的主计量单位是（　　　）。

    A. 板   B. 盒   C. 箱

2. 产成品入库单上可以参照的存货，必须具有的属性是（　　　）。

    A. 外购   B. 内销   C. 生产耗用

    D. 自制   E. 应税劳务

3. 以下与总账间存在凭证传递关系的子系统是（　　　）。

    A. 采购管理   B. 销售管理   C. 库存管理

    D. 存货核算   E. 应收款管理   F. 应付款管理

4. 在发票上开具的运输费，必须具有的属性是（　　　）。

    A. 外购   B. 内销   C. 生产耗用

    D. 自制   E. 应税劳务

5. 存货计价方式可以按（　　　）设置。

    A. 部门   B. 存货分类   C. 存货   D. 收发类别

6. 应收款管理系统录入的期初数据与总账中有对账关系的科目是（　　　）。

    A. 应收账款   B. 应付账款   C. 预收账款   D. 预付账款

问答题

1. 供应链管理系统包括哪些子系统，各子系统的主要功能是什么？

2. 供应链管理初始化主要包括哪几项主要工作？

3. 在存货档案中设置存货属性有何意义？

4. 设置存货科目和对方科目的意义是什么？

5. 供应链管理期初数据的主要内容是什么，以什么方式录入系统？

6. 银行档案和本单位开户银行是一回事吗？

7. 库存管理系统的期初数据与总账系统的哪些科目存在关联？

8. 应付款管理系统的期初数据与总账系统的哪些科目存在关联？

第 9 章　采购管理与应付款管理

9.1　工作情景

❓　由前期介绍已知，采购管理和应付款管理是两个不同的系统，那么都是采购部门要使用的吗？

把采购管理和应付款管理合并到一章来介绍是因为企业采购业务形成对供应商的应付，并向供应商支付货款是企业完整的一套采购流程。采购部门客户端安装采购管理系统，负责采购业务流程中的请购、订货、到货、开票、结算处理；仓储部客户端安装库存管理系统，负责采购入库业务的办理，登记库存台账；财务部门客户端安装应付款管理系统和存货核算系统，应付款管理系统负责采购发票及其他应付单据的审核、付款等工作，存货核算系统负责登记存货明细账，生成入库凭证。

❓　一个完整的采购业务涉及企业采购、仓储、财务等多个部门，在整个业务过程中，各部门如何相互协作呢？

财务业务一体化系统的复杂性就在于突破了单一部门应用的局限，把财务和业务整合应用，由业务发生驱动信息流动。我们用图 9-1 来描述采购业务流程与部门（岗位）之间的关系。

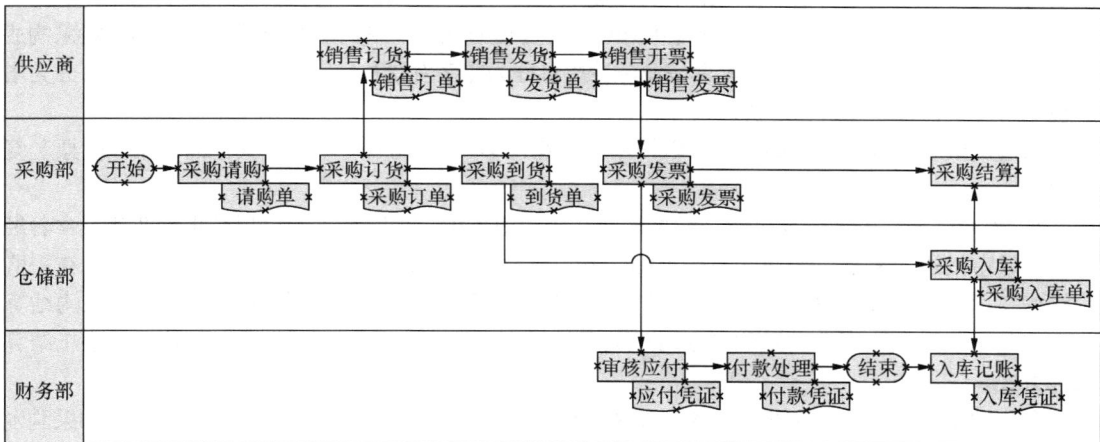

图 9-1　采购业务流程与部门（岗位）之间的关系

9.2　采购管理系统与应付款管理系统基本认知

9.2.1　采购管理系统基本认知

1．采购管理系统的主要功能

（1）采购管理系统初始设置。采购管理系统初始设置包括设置采购管理系统业务处理所需要的采购参数、基础信息及采购期初数据。

（2）采购业务处理。采购业务处理主要包括对请购、订货、到货、入库、采购发票、采购结算等采购业务全过程的管理。采购管理根据企业应用可分为 4 种业务类型，即普通采购业务、代管采购业务、受托代销业务、直运业务。

（3）提供采购账簿及采购分析。采购管理系统可以提供各种采购明细表、增值税抵扣明细表、各种统计表及采购账簿供用户查询，同时提供采购成本分析、供应商价格对比分析、采购类型结构分析、采购资金比重分析、采购费用分析、采购货龄综合分析等功能。

2．普通采购业务

（1）普通采购业务全流程。普通采购业务处理适合大多数企业的日常采购业务，提供对采购请购、订货、到货处理、入库处理、采购发票、采购结算全过程的管理。

① 采购请购。采购请购是指企业内部各部门向采购部门提出采购申请，或采购部门汇总企业内部采购需求列出采购清单。请购是采购业务的起点，可以依据审核后的采购请购单生成采购订单。在采购业务流程中，请购环节是可省略的。

② 采购订货。采购订货是指企业与供应商签订采购合同或采购协议，确定要货需求。供应商根据采购订单组织货源，企业依据采购订单进行验收。在采购业务流程中，订货环节是可选的。

③ 到货处理。采购到货是采购订货和采购入库的中间环节，一般由采购业务员根据供方通知或送货单填写到货单，确定对方所送货物的数量、价格等信息，并传递到仓库作为保管员收货的依据。在采购业务流程中，到货处理是可选的。

④ 入库处理。采购入库是指对供应商提供的物料进行检验（也可以免检）并确定合格后，放入指定仓库的业务。当采购管理系统与库存管理系统集成使用时，入库业务在库存管理系统中进行处理。当采购管理系统不与库存管理系统集成使用时，入库业务在采购管理系统中进行处理。在采购业务流程中，入库处理是必需的。

采购入库单是仓库管理员根据采购到货签收的实收数量填制的入库单据。采购入库单既可以直接填制，也可以通过复制采购订单或采购到货单生成。

⑤ 采购发票。采购发票是供应商开出的销售货物的凭证，采购系统根据采购发票确定采购成本，并据以登记应付账款。采购发票按业务性质可分为蓝字发票和红字发票；按发票类型可分为增值税专用发票、普通发票和运费发票。

采购发票既可以直接填制，也可以根据"采购订单""采购入库单"或其他的"采购发票"复制生成。

⑥ 采购结算。采购结算也称采购报账。在手工业务中，采购结算的过程是采购业务员拿着经主管领导审批过的采购发票和仓库确定的入库单到财务部门，由财务人员确定采购成本。在采购系统中，采购结算根据采购入库单和采购发票确定采购成本。采购结算的结果是生成采购结算单，它是记载采购入库单与采购发票对应关系的结算对照表。采购结算分为自动结算和手工结算两种方式。

自动结算是由计算机系统自动将相同供货单位的、存货相同且数量相等的采购入库单和采购发票进行结算。

手工结算可以进行正数入库单与负数入库单结算、正数发票与负数发票结算、正数入库单与正数发票结算，以及费用发票单独结算。手工结算时可以先结算入库单中的部分货物，未结算的货物可以在今后取得发票后再结算；也可以同时对多张入库单和多张发票进行报账结算。手工结算还支持到下级单位采购、付款给其上级主管单位的结算，并支持三角债结算（即支持甲单位的发票可以结算乙单位的货物）。

在实际工作中，有时费用发票在货物发票已经结算后才收到，为了将该笔费用计入对应存货的采购成本，需要采用费用发票单独结算的方式。

（2）普通采购业务类型。按货物和发票到达的先后，普通采购业务可分为单货同行、货到票未到（暂估入库）、票到货未到（在途存货）3 种类型，不同的业务类型对应的处理方式也不同。

① 单货同行业务。当采购管理、库存管理、存货核算、应付款管理、总账集成使用时，单货同行的采购业务处理流程（省略请购、订货、到货等可选环节）如图 9-2 所示。

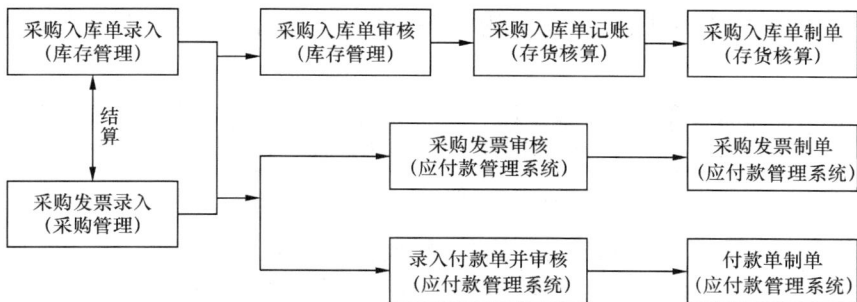

图 9-2　单货同行业务的处理流程示意图

② 货到票未到（暂估入库）业务。暂估入库是指本月存货已经入库，但采购发票尚未收到，不能确定存货的入库成本。月底时为了正确核算企业的库存成本，需要将这部分存货暂估入账，形成暂估凭证。对暂估入库业务，系统提供了 3 种不同的处理方法。

方法一，月初回冲。进入下月后，存货核算系统自动生成与暂估入库单完全相同的"红字回冲单"，同时登录相应的存货明细账，冲回存货明细账中上月的暂估入库。对"红字回冲单"制单，冲回上月的暂估凭证。

收到采购发票后，录入采购发票，对采购入库单和采购发票做采购结算。结算完毕后，进入存货核算系统，执行"暂估处理"功能，进行暂估处理后，系统根据发票自动生成一张"蓝字回冲单"，其上的金额为发票上的报销金额。同时登记存货明细账，使库存增加。对"蓝字回冲单"制单，生成采购入库凭证。

方法二，单到回冲。下月初不做处理，采购发票收到后，先在采购管理系统中录入并进行采购结算，再到存货核算系统中进行"暂估处理"，系统自动生成"红字回冲单""蓝字回冲单"，同时据以登记存货明细账。"红字回冲单"的入库金额为上月暂估金额，"蓝字回冲单"的入库金额为发票上的报销金额。在"存货核算"｜"生成凭证"中，选择"红字回冲单""蓝字回冲单"制单，生成凭证，传递到总账。

方法三，单到补差。下月初不做处理，采购发票收到后，先在采购管理系统中录入并进行采购结算，再到存货核算系统中进行"暂估处理"。如果报销金额与暂估金额的差额不为零，则产生调整单，一张采购入库单生成一张调整单，用户确定后，自动记入存货明细账；如果差额为零，则不生成调整单。最后对"调整单"制单，生成凭证，传递到总账。

以单到回冲为例，暂估业务的处理流程如图 9-3 所示。

对于暂估业务要注意的是，在月末暂估入库单记账前，要对所有的没有结算的入库单填入暂估单价，然后才能记账。

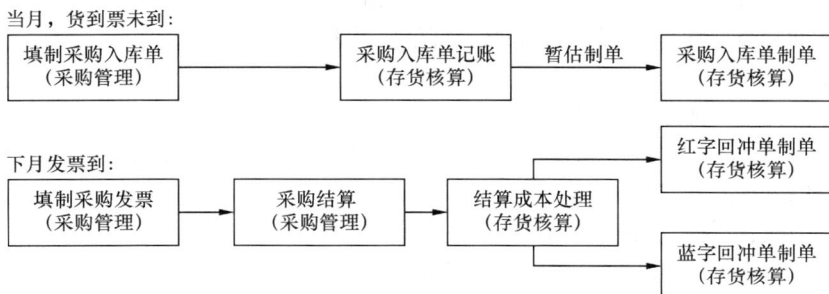

图 9-3　暂估业务的处理流程示意图

③ 票到货未到（在途存货）业务。如果先收到了供货单位的发票，而没有收到供货单位的货物，可以对发票进行压单处理，待货物到达后，再一并输入计算机做报账结算处理。但如果需要实时统计在途货物的情况，就必须将发票输入计算机，待货物到达后，再填制入库单并做采购结算。

（3）现付业务。所谓现付业务，是当采购业务发生时，立即付款，由供货单位开具发票。现付业务处理流程如图9-4所示。

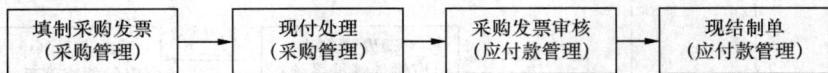

```
填制采购发票   →   现付处理   →   采购发票审核   →   现结制单
（采购管理）       （采购管理）     （应付款管理）      （应付款管理）
```

图9-4　现付业务处理流程示意图

（4）采购退货处理。由于材料质量不合格、企业转产等原因，企业可能发生退货业务。针对退货业务发生的不同时机，系统采用了不同的解决方法。总结如表9-1所示。

表9-1　采购退货处理

退货背景	用友 U8 系统目前状态	解决方案
收到货未办理入库	未录入采购入库单	把货退还给供应商，与用友 U8 系统无关
收到货已办理入库，入库单未记账	未录入发票	修改或删除采购入库单
	已录入发票未结算	修改或删除采购入库单、采购发票
	已录入发票已结算未付款	先取消采购结算，再修改或删除入库单、发票
	已录入发票已结算已付款	录入退货单
收到货已办理入库，入库单已记账		录入退货单

退货业务处理流程如图9-5所示。

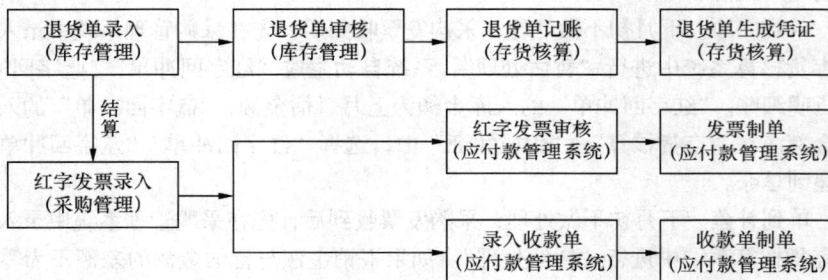

```
退货单录入   →   退货单审核   →   退货单记账   →   退货单生成凭证
（库存管理）       （库存管理）     （存货核算）      （存货核算）
    │
  结算
    ↓                          红字发票审核   →   发票制单
红字发票录入  →                  （应付款管理系统）   （应付款管理系统）
（采购管理）
                               录入收款单    →   收款单制单
                               （应付款管理系统）   （应付款管理系统）
```

图9-5　退货业务的处理流程示意图

3．直运采购业务

直运采购业务是指产品无须入库即可完成的购销业务，由供应商直接将商品发给企业的客户，没有实物的入库处理，财务结算由供销双方通过直运销售发票和直运采购发票分别与企业结算。直运采购业务适用于大型电器、汽车和设备等产品的购销。

直运采购业务类型有普通直运业务和必有订单直运业务两种。

4．受托代销业务

受托代销业务是一种先销售后结算的采购模式，是指商业企业接受其他企业的委托，为其代销商品，代销商品售出后，本企业与委托方进行结算，开具正式的销售发票，商品的所有权实现转移。这种业务的处理流程如下。

（1）受托方接收货物，填制受托代销入库单。

（2）受托方售出代销商品后，手工开具代销商品清单交委托方。

（3）委托方开具发票。

（4）受托方进行"委托代销结算"，计算机自动生成"受托代销发票"和"受托代销结算单"。

用友 U8 中，只有在建账时选择企业类型为"商业"，才能处理受托代销业务。对于受托代销商品，必须在存货档案中选中"是否受托代销"复选框，并把存货属性设置为"外购""销售"。

5．代管采购业务

代管采购是一种新的采购模式。该模式的主要特点是，企业替供应商保管其提供的物料，先使用物料，然后根据实际使用定期汇总、挂账，最后根据挂账数与供应商进行结算、开票以及后续的财务支付。

代管采购既类似于普通采购，又不同于普通采购。它的实际业务流程与普通采购相似，也有订货、到货、入库、开票、结算等环节。其不同之处主要体现在结算上，即"先使用后结算"。

6．采购综合查询

灵活运用采购管理系统提供的各种查询功能，可以有效提高信息利用效率和采购管理水平。

（1）单据查询。通过"入库单明细列表""发票明细列表""结算单明细列表""凭证列表查询"可以分别对入库单、发票、结算单、凭证进行查询。

（2）账表查询。通过对采购管理系统提供的采购明细表、采购统计表、余额表及采购分析表的对比分析，可以掌握采购环节业务的情况，为事中控制、事后分析提供依据。

9.2.2　应付款管理系统基本认知

1．应付款管理系统的主要功能

应付款管理系统主要实现对企业与供应商的往来账款进行核算与管理。在应付款管理系统中以采购发票、其他应付单等原始单据为依据，记录采购业务及其他业务形成的应付款项，处理应付款项的支付、核销等情况；提供票据处理的功能。

（1）初始化设置。系统初始化包括系统参数设置、基础信息设置和期初数据录入。

（2）日常业务处理。日常业务处理是对应付款项业务的处理工作，主要包括应付单据处理、付款单据处理、票据管理和转账处理等内容。

① 应付单据处理：应付单据包括采购发票和其他应付单，是确认应付账款的主要依据。应付单据处理主要包括单据录入和单据审核。

② 付款单据处理：付款单据主要指付款单。付款单据处理包括付款单据的录入、审核和核销。单据核销的主要作用是解决在支付供应商的付款项后，核销该供应商应付款的处理，建立付款与应付款的核销记录，监督应付款及时核销，加强往来款项的管理。

③ 票据管理：票据管理主要是对银行承兑汇票和商业承兑汇票进行管理。票据管理可以提供票据登记簿，记录票据的利息、贴现、背书、结算和转出等信息。

④ 转账处理：转账处理是在日常业务处理中经常发生的应付冲应收、应付冲应付、预付冲应付及红票对冲的业务处理。

（3）信息查询和系统分析。信息查询和系统分析，是指用户对信息的查询以及在各种查询结果的基础上所进行的各项分析。信息查询包括单据查询、凭证查询及账款查询等。统计分析包括欠款分析、账龄分析、综合分析及收款预测分析等，便于用户及时发现问题，加强对往来款项动态的监督管理。

（4）期末处理。期末处理指用户在月末进行的结算汇兑损益以及月末结账工作。如果企业有外币往来，在月末需要计算外币单据的汇兑损益并对其进行相应的处理。如果当月业务已全部处理完毕，就需要执行月末结账处理，只有月末结账后，才可以开始下月工作。期末处理主要包括汇兑损益结算和月末结账。

2．应付款管理系统初始化

系统初始化包括选项设置、初始设置和期初数据录入3个部分。

（1）选项设置。在使用应付款管理系统前，需要首先设置运行所需要的账套参数，以便系统根据所设定的选项进行相应的处理。

应付款管理系统的选项较多，系统按照参数性质分为常规、凭证、权限与预警、核销设置4个选项卡。每个选项卡中包括若干参数。每个参数的含义可查阅系统中的帮助。

（2）应付款管理系统的业务处理核算规则设置（初始设置）。

① 凭证科目的设置。如果企业应付款业务类型比较固定，生成的凭证类型也较固定，则为了简化凭证生成操作，可将各业务类型凭证中的常用科目预先设置好。凭证科目设置一般包括以下几个方面的内容。

a. 基本科目设置。基本科目是指在核算应付款项时经常用到的科目，可以作为常用科目设置，而且所设置的科目必须是末级科目。核算应付款项时经常用到的科目包括应付账款、预付账款、采购科目、应交税费/进项税额等。除上述基本科目外，银行承兑科目、商业承兑科目、票据利息科目、票据费用科目、汇兑损益科目、币种兑换差异科目等都可以作为企业核算某类业务的基本科目。

b. 控制科目的设置。在核算供应商的往来款项时，如果针对不同的供应商（供应商分类、地区分类）分别设置不同的应付账款科目和预付账款科目，可以先在账套参数中选择设置的依据，即选择是针对不同的供应商设置、针对不同的供应商分类设置，还是按不同的地区分类设置。然后再依次将往来单位按供应商、供应商分类或地区分类的编码、名称、应付科目和预付科目等内容进行设置。

如果某个往来单位核算应付账款或预付账款的科目与常用科目设置中的一样，则可以不设置，否则应进行设置。科目必须是有供应商往来辅助核算的末级最明细科目。

c. 产品科目的设置。如果针对不同的存货（存货分类）分别设置不同的采购科目、应交增值税进项税额科目，则也应先在账套参数中选择设置的依据，即选择是针对不同的存货设置，还是针对不同的存货分类设置。然后再按存货的分类编码、名称、采购科目、应交增值税进项税额科目进行采购科目的设置。

如果某个存货（存货分类）的科目与常用科目设置中的一样，则可以不设置，否则应进行设置。

d. 结算方式科目的设置。结算方式不仅可以设置常用的科目，还可以为每种结算方式设置一个默认的科目，以便在应付账款核销时，直接按不同的结算方式生成相应的账务处理中所对应的会计科目。

② 账龄区间的设置。为了对应付账款进行账龄分析，需设置账龄区间。在进行账龄区间的设置时，直接输入账龄区间的总天数和起始天数，系统会根据输入的总天数自动生成相应的区间。

③ 报警级别的设置。通过对报警级别的设置，系统会将往来单位按欠款余额与其授信额度的比例分为不同的类型，以便于掌握各个往来单位的信用情况。

如果企业要对应付账款的还款期限做出相应的规定，则可使用超期报警功能。在运行此功能时，系统将自动列出到当天为止超过规定期限的应付账款清单，从而使企业可以及时还款维护企业信誉。

在进行报警级别设置时，直接输入级别名称和各区间的比率。其中，级别名称可以采用编号或者其他形式，但名称最好能够上下对应。

④ 单据类型设置。单据可分为发票和应付单两种类型。如果同时使用采购系统，则发票的类型包括增值税专用发票、普通发票和运费发票等。如果单独使用应付款管理系统，则发票的类型只包括前面两种。

应付单是记录采购业务之外的应付款情况的单据，可划分为不同的类型，以与应付货款之外的其他应付款进行区分。

（3）应付款管理系统的期初数据录入。在第一次使用系统时，在建立供应商档案后，为了能使计算机顺利完成清理核销工作，必须把手工方式下尚未结清的供应商往来款项输入计算机中。只有当往来期初数据准确输入后，才能正确地进行往来账的各种统计和分析。当进入第二年度时，系统会自动将上年度未全部结清的单据转成下一年度的期初余额。

在应付款管理系统中，往来款余额是按单据形式录入的。如应付账款余额通过发票录入、预付账款余额通过付款单录入。输入完成后，要与总账系统中相应的供应商账户余额核对，以检查输入的往来未达账与相应往来科目余额是否相等。

3．应付单据处理

应付单据处理包括单据输入和单据管理工作。应付单据处理是应付款管理系统处理的起点，在应付单据处理中可以输入采购业务中的各类发票以及采购业务之外的应付单据。在单据输入后，单据管理可查阅各种应付业务单据，完成应付业务管理的日常工作。其基本操作流程是单据输入——单据审核——单据制证——单据查询。

（1）单据输入。单据包括采购发票及其他应付单据。如果和采购管理系统集成应用，采购发票在采购管理系统录入。

（2）单据审核。单据审核是在单据保存后对单据的正确性进行审核确认。单据输入后必须经过审核才能参与结算。审核人和制单人可以是同一个人。单据被审核后，将从单据处理功能中消失，但可以通过单据查询功能查看此单据的详细资料。

（3）单据制证。单据制证可在单据审核后由系统自动编制凭证，也可以集中处理。在应付款管理系统中生成的凭证将由系统自动传送到账务系统中，并由有关人员进行审核和记账等账务处理工作。

（4）单据查询。单据查询是对未审核单据的查询。通过"单据查询"功能可以查看全部单据。

4．付款单据处理

付款单据处理是对已付款项的单据进行输入，并进一步核销的过程。单据结算功能包括输入付款单、收款单，并对发票及应付单进行核销，形成预付款并核销预付款，处理代付款。

（1）输入结算单据。应付款管理系统的付款单用来记录企业支付的供应商往来款项，款项性质包括应付款、预付款、其他费用等。其中应付款、预付款性质的付款单将与发票、应付单、付款单进行核销处理。

应付款管理系统的收款单用来记录发生采购退货时，企业收到的供应商退付的款项。该收款单可与应付、预付性质的付款单、红字应付单、红字发票进行核销处理。

（2）单据核销。单据核销是对往来已达账做删除处理的过程，即确定付款单与原始发票之间的对应关系后，进行机内自动冲销的过程。单据核销表示本业务已经结清。明确核销关系后，可以进行精确的账龄分析，更好地管理应付账款。

如果结算金额与上期余额相等，则销账后余额为零。如果结算金额比上期余额小，则其余额为销账后的余额。单据核销可以由计算机自动进行，也可以手工进行。

由于计算机系统采用建立往来辅助账的方式进行往来业务的管理，为了避免辅助账过于庞大而影响计算机运行速度，因而对于已核销的业务应进行删除。删除工作通常在年底结账时进行。

核销往来账时，应在确认往来已达账后，再进行核销处理，删除已达账。为了防止出现因操作不当而误删记录的问题，会计信息系统软件中一般都会设计放弃核销或核销前做两清标记功能。如有的财务软件中设置有往来账两清功能，即在已达账项上打上已结清标记，待核实后才执行核销功能，经删除后的数据不能恢复；有的财务软件则设置了放弃核销功能，一旦发现操作失误，可通过此功能把被删除掉的数据恢复。

5．票据管理

用户可以在票据管理中对银行承兑汇票和商业承兑汇票进行管理，其主要功能包括记录票据详细信息和记录票据处理情况。如果要进行票据登记簿管理，必须将应付票据科目设置成带有供应商往来辅助核算的科目。

当开具银行承兑汇票或商业承兑汇票时，应将该汇票在应付款管理系统的票据管理中录入。系统会自动根据票据生成一张付款单，用户可以对付款单进行查询，并可以与应付单据进行核销勾对，冲减供应商应付账款。在票据管理中，还可以对该票据进行计息、贴现、转出、结算、背书等处理。

6．转账处理

转账处理是在日常业务处理中经常发生的应付冲应收、应付冲应付、预付冲应付及红票对冲的业务处理。

（1）应付冲应收。应付冲应收是指用某供应商的应付账款冲抵某客户的应收款项。系统通过应付冲应收功能将应付业务在供应商和客户之间进行转账，实现应付业务的调整，解决应付债务与应收债权的冲抵。

（2）应付冲应付。应付冲应付是指将一家供应商的应付款转到另一家供应商中。应付冲应付功能，可将应付款业务在供应商之间进行转入、转出，实现应付业务的调整，解决应付款业务在不同供应商之间入错户或合并户的问题。

（3）预付冲应付。预付冲应付是指处理供应商的预付款和该供应商应付欠款的转账核销业务。即某一个供应商有预付款时，可用该供应商的一笔预付款冲其一笔应付款。

（4）红票对冲。红票对冲可实现某供应商的红字应付单与其蓝字应付单、付款单与收款单之间的冲抵。如当发生退款时，用红字发票对冲蓝字发票。红票对冲通常可以分为系统自动冲销和手工冲销两种处理方式。自动冲销可同时对多个供应商依据红票对冲规则进行红票对冲，提高红票对冲的效率。手工冲销可对一个供应商进行红票对冲，并自行选择红票对冲的单据，提高红票对冲的灵活性。

7．制单处理

使用制单功能批量处理制单，可以快速地、成批地生成凭证。制单类型包括应付单据制单、结算单制单、转账制单、汇兑损益制单等。企业可根据实际情况选取需要制单的类型。

8．信息查询和统计分析

应付款管理系统的信息查询主要包括单据查询、凭证查询及账款查询等。用户在各种查询结果的基础上可以进行各项统计分析。统计分析包括欠款分析、账龄分析、综合分析及付款预测分析等。通过统计分析，用户可以按定义的账龄区间，进行一定期间内应付账款账龄分析、付款账龄分析、往来账龄分析，了解各个供应商应付款的周转天数、周转率和各个账龄区间内应付款、付款及往来情况，以便及时发现问题，加强对往来款项的动态管理。

（1）凭证查询。凭证查询，可以查看、修改、删除、冲销应付款管理系统传递到账务系统中的凭证。同时还可查询凭证对应的原始单据。

（2）单据查询。单据查询包括对发票、应付单及结算单的查询。用户可以查询已经审核的各类型应付单据的付款情况、结余情况；也可以查询结算单的使用情况。

（3）业务账表查询。业务账表查询可以进行业务总账、业务明细账、业务余额表和对账单的查询，并可以实现总账、明细账、单据之间的联查。

业务账表查询，可以查看供应商、供应商分类、地区分类、部门、业务员、供应商总公司、主管业务员、主管部门在一定期间所发生的应付、付款及余额情况。

（4）业务账表分析。业务账表分析是应付款管理的一项重要功能，对于资金往来比较频繁、业务量和业务金额比较大的企业，业务账表分析功能能更好地满足企业的需要。业务账表分析功能主要包括应付账款的账龄分析、付款账龄分析、欠款分析、付款预测等。

9．应付款管理系统期末处理

企业在期末主要应完成计算汇兑损益和月末结账两项业务处理工作。

（1）汇兑损益。如果供应商往来有外币核算，且在应付款管理系统中核算供应商往来款项，则在月末需要计算外币单据的汇兑损益并进行相应的处理。在计算汇兑损益之前，应首先在系统初始设置中选择汇兑损益的处理方法。通常系统会提供两种汇兑损益的处理方法，即月末计算汇兑损益和单据结清时计算汇兑损益。

（2）月末结账。如果确认本月的各项业务处理已经结束，可以选择执行月末结账功能。结账后本月不能再进行单据、票据、转账等任何业务的增加、删除、修改等处理。另外，如果上个月没有结账，则本月不能结账，并且一次只能选择一个月进行结账。

如果用户觉得某月的月末结账有错误，可以取消月末结账，但取消结账操作只有在该月账务系统未结账时才能进行。如果启用了采购系统，采购系统结账后，应付款管理系统才能结账。

结账时还应注意本月的单据（发票和应收单）在结账前应该全部审核；若本月的结算单还有未核销的，则不能结账；如果结账期间是本年度最后一个期间，则本年度进行的所有核销、坏账、转账等处理必须制单，否则不能向下一个年度结转，而且对于本年度外币余额为零的单据必须将本币余额结转为零，即必须执行汇兑损益。

9.3 采购管理实务

9.3.1 基本任务

采购业务资料

2022 年 1 月中诚通讯发生如下采购业务。

1．普通采购业务

（1）1 月 1 日，采购员向美安电子（简称"美安"）询问机壳的价格（45 元/个），觉得价格合适，随后向公司上级主管提出请购要求，请购数量为 300 个 。业务员据此填制请购单，需求日期为 2022-01-03，建议订货日期为 2022-01-02。

（2）1 月 2 日，上级主管同意向美安电子订购机壳 300 个，单价 45 元，要求到货日期为 2022-01-03。

（3）1 月 3 日，收到所订购的机壳 300 个。采购员填制到货单。

（4）1 月 3 日，收到该笔货物的专用发票一张，发票号为 17001。

（5）1 月 3 日，将所收到的货物验收入原料库。库管员填制采购入库单，记存货台账。

（6）业务部门将采购发票交给财务部门，财务部门确定此业务所涉的应付账款及采购成本，材料会计记材料明细账。

（7）财务部门开出转账支票一张，金额为 15 255 元，付清采购货款，核销应付。

2．采购现结业务

1 月 5 日，采购部向新锐科技（简称"新锐"）购买高清摄像头 500 个，单价为 50 元/个，验收入原料库。同时收到专用发票一张，票号为 17011。财务部门立即以转账支票形式（票号 Z0011）支付货款。

3．采购运费（采购结算后收到）处理

1 月 8 日，收到 1 月 3 日向美安电子（简称"美安"）购买机壳发生的运费专用发票一张，发票号为 Y001，共计 50 元，税率为 9%。将该笔运费计入机壳的采购成本。

4．暂估入库报销处理

1 月 10 日，收到新锐科技提供的上月已验收入库的 100 个主板的专用发票一张，票号为 17210，主板单价为 310 元。进行暂估报销处理，确定采购成本及应付账款。

5．暂估入库处理

1 月 10 日，收到向美安电子采购的普通摄像头 200 个，入原料库。由于到了月底发票仍未收到，故暂估普通摄像头单价为 30 元，并进行暂估记账处理。

6．采购结算后退货

1 月 12 日，仓库发现 1 月 5 日购买的高清摄像头 8 个有质量问题，要求退回给供应商。新锐科技同意退货、退款，退货 8 个，单价 50 元，开具红字专用发票一张，其发票号为 17504。

7．采购运费及采购折扣处理

1 月 8 日，向新锐科技订购普通摄像头 400 个，单价 30 元，要求本月 12 日到货，合同约定，10 天之内付清货款优惠 4%，10～20 天之内付款优惠 2%，产生的运杂费由本公司承担。

1 月 12 日，收到新锐科技发来的主板及开具的专用发票，发票号 17918，发票载明普通摄像头 400 个，单价 30 元，增值税税率 13%，同时还收到 1 张新锐科技代垫的运费发票，票号 Y002，载明运费 100 元，增值税税率 9%。

1 月 14 日，财务部门开具转账支票，票号 Z0112，支付给新锐科技 13017.6 元（已扣除付款优惠=400×30×1.13×0.04=542.4）。

8．采购溢余短缺处理

1 月 14 日，向美安电子采购机壳 600 个，单价 40 元，要求本月 16 日到货。

1 月 16 日，收到美安电子发来的机壳及开具的专用发票，发票号 17334，载明机壳 600 个，单价 40 元，增值税税率 13%，验收入库时发现损坏 30 个，经查，10 个为合理损耗，20 个属于非合理损耗，确认是运输部门责任。

采购管理指导

由系统管理员在系统管理中引入"供应链初始化"账套作为基础数据。以账套主管"401 王莉"身份进行采购业务处理。

1．采购业务 1，普通采购业务——单货同行

（1）在采购管理系统中填制请购单并审核。操作指导如下。

① 在采购管理系统中，执行"请购"|"请购单"命令，进入"采购请购单"窗口。

② 单击【增加】按钮，输入请购单各项信息。

③ 单击【保存】按钮，如图 9-6 所示。

④ 单击【审核】按钮。关闭"采购请购单"窗口。

普通采购业务-
填制请购单并审核

图 9-6　采购请购单

（2）在采购管理系统中填制采购订单并审核。操作指导如下。

① 执行"采购订货"|"采购订单"命令，进入"采购订单"窗口。

② 单击【增加】按钮，单击【生单】按钮旁的下三角按钮打开可选列表，选择"请购单"，打开"查询条件选择"对话框，单击【确定】按钮，进入"拷贝并执行"窗口。

③ 选择需要参照的采购请购单，单击【OK 确定】按钮，将采购请购单相

普通采购业务-
填制采购订单并审核

关信息带入采购订单，补充供货商信息。

④ 确认订单日期为"2022-01-02"，计划到货日期为"2022-01-03"，单击【保存】按钮，如图 9-7 所示。

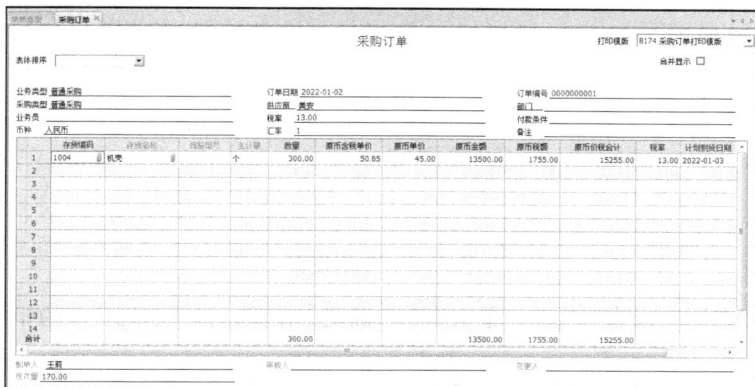

图 9-7 参照请购单生成采购订单

⑤单击【审核】按钮，订单底部显示审核人名字。关闭"采购订单"窗口。

提示

在填制采购订单时，单击鼠标右键可查看存货现存量。

如果在存货档案中设置了最高进价，那么当采购订单中货物的进价高于最高进价时，系统会自动报警。

如果企业要按部门或业务员进行考核，必须输入相关"部门"和"业务员"的信息。

采购订单审核后，可在"采购订单执行统计表"中查询。

（3）在采购管理系统中填制到货单并审核。操作指导如下。

① 执行"采购到货"|"到货单"命令，进入"到货单"窗口。

② 单击【增加】按钮，单击【生单】按钮旁的下三角按钮，打开可选列表，选择"采购订单"，打开"查询条件选择"对话框。单击【确定】按钮，进入"拷贝并执行"窗口。

③ 选择需要参照的采购订单，单击【OK 确定】按钮，将采购订单的相关信息带入采购到货单。

④ 补充输入部门"采购部"，单击【保存】按钮。

⑤ 单击【审核】按钮。关闭"到货单"窗口。

（4）在采购管理系统中填制采购专用发票。操作指导如下。

① 进入采购管理系统，执行"采购发票"|"专用采购发票"命令，进入"专用发票"窗口。

② 单击【增加】按钮，单击【生单】按钮旁的下三角按钮，打开可选列表，选择"采购订单"，打开"查询条件选择"对话框。单击【确定】按钮，进入"拷贝并执行"窗口。

③ 选择需要参照的采购订单，单击【OK 确定】按钮，将采购订单信息带入采购专用发票，输入发票号"17001"。

④ 单击【保存】按钮，如图 9-8 所示。单击【退出】按钮。

（5）在库存管理系统中填制采购入库单并审核。操作指导如下。

① 进入库存管理系统，执行"入库业务"|"采购入库单"命令，进入"采购入库单"窗口。

② 单击【生单】按钮旁的下三角按钮，打开可选列表，选择"采购到货单（蓝字）"，打开"查询条件选择"对话框，单击【确定】按钮，进入"到货单生单列表"窗口。

普通采购业务-填制到货单并审核

普通采购业务-填制采购专用发票

普通采购业务-填制采购入库单并审核

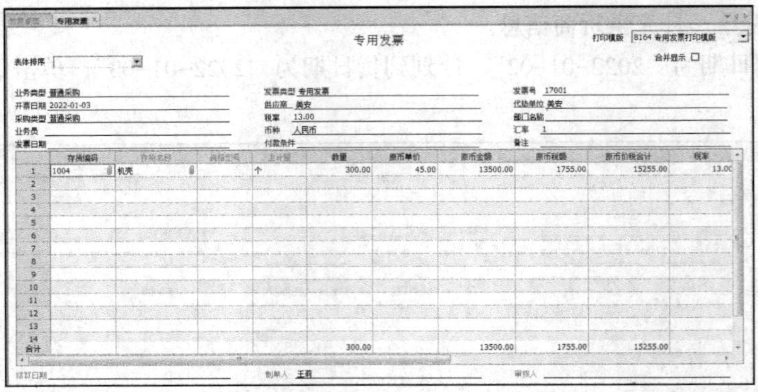

图 9-8　专用发票

③ 选择需要参照的采购到货单，单击【OK 确定】按钮，将采购到货单的相关信息带入采购入库单。

④ 输入仓库"原料库"，单击【保存】按钮。

⑤ 单击【审核】按钮，系统弹出提示"该单据审核成功!"，单击【确定】按钮返回，如图 9-9 所示。

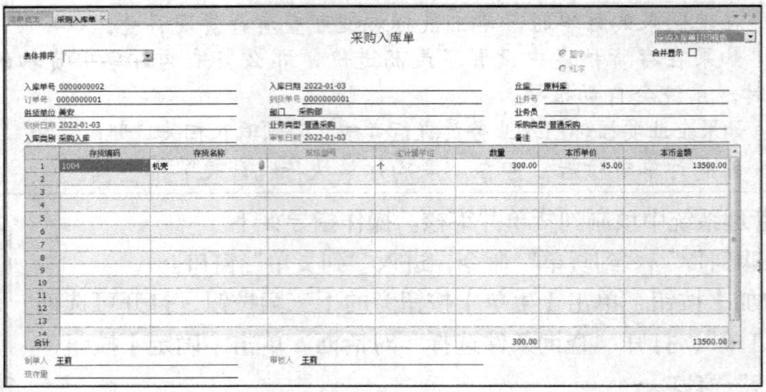

图 9-9　采购入库单

提示

生单时参照的单据是采购管理系统中已审核未关闭的采购订单和到货单。

采购管理系统如果设置了"必有订单业务模式"，不可手工录入采购入库单。

当入库数量与订单/到货单数量完全相同时，可不显示表体。

（6）在采购管理系统中执行采购结算。操作指导如下。

① 在采购管理系统中，执行"采购结算"|"自动结算"命令，打开"查询条件选择"对话框，选择结算模式"入库单和发票"，如图 9-10 所示。

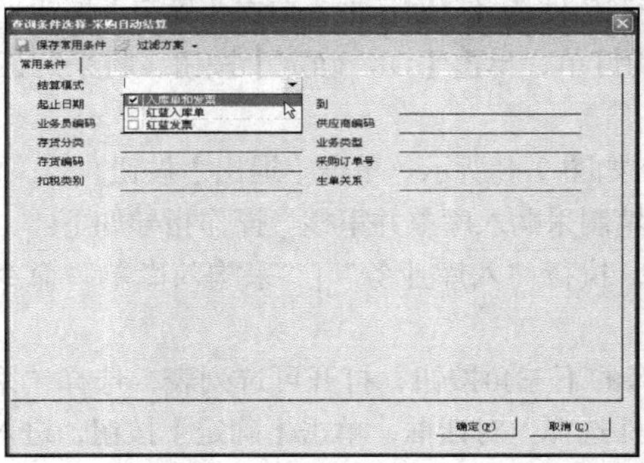

图 9-10　选择结算模式

普通采购业务-执行采购结算

② 单击【确定】按钮，系统自动进行结算，结算完成后系统弹出提示"结算成功"。

③ 单击【确定】按钮返回。

提示

结算结果可以在"结算单列表"中查询。

结算完成后，在"手工结算"窗口，将看不到已结算的入库单和发票。

由于某种原因需要修改或删除入库单、采购发票时，需先取消采购结算。取消采购结算的方法是删除对应的结算单。

（7）在存货核算系统中进行记账，生成入库凭证。操作指导如下。

① 在存货核算系统中，执行"业务核算"|"正常单据记账"命令，打开"查询条件选择"对话框。

② 选择查询条件，单击【确定】按钮，进入"正常单据记账"窗口。

③ 选择要记账的单据，单击【记账】按钮，系统弹出提示"记账成功"，单击【确定】按钮，关闭当前窗口。

普通采购业务-
生成入库凭证

④ 执行"财务核算"|"生成凭证"命令，进入"生成凭证"窗口。

⑤ 在工具栏上单击【选择】按钮，打开"查询条件"对话框。

⑥ 选择"采购入库单（报销记账）"，单击【确定】按钮，进入"未生成凭证一览表"窗口。

⑦ 选择要制单的记录行，单击【确定】按钮，进入"生成凭证"窗口。

⑧ 选择凭证类别为"转账凭证"，单击【生成】按钮，进入"填制凭证"窗口。

⑨ 单击【保存】按钮，凭证左上角出现"已生成"标志，表示凭证已传递到总账，如图 9-11 所示。

图 9-11 采购入库单生成凭证

提示

采购入库凭证的借方科目取自于存货科目，存货科目根据仓库及存货分类设置，因此采购入库单上的仓库必须输入，否则凭证上借方科目为空。

采购入库凭证的贷方科目取自于存货对方科目，存货对方科目根据收发类别设置。因此如果未在采购入库单上选择收发类别，则生成凭证时贷方科目为空，需要自行输入。

（8）在应付款管理系统中审核采购专用发票，确认应付。操作指导如下。

① 在应付款管理系统中，执行"应付单据处理"|"应付单据审核"命令，打开"应付单查询条件"对话框。

② 选择供应商"美安"，单击【确定】按钮，进入"应付单据列表"窗口。

普通采购业务-审核采购
专用发票，生成应付凭证

③ 选择需要审核的单据，单击【审核】按钮，系统弹出提示"审核成

功"，单击【确定】按钮返回。关闭当前窗口。

④ 执行"制单处理"命令，打开"制单查询"对话框，选择"发票制单"，单击【确定】按钮，进入"采购发票制单"窗口。

⑤ 单击【全选】按钮或在"选择标志"栏输入某数字作为选择标志，选择凭证类别为"转账凭证"，单击【制单】按钮，进入"填制凭证"窗口。

⑥ 单击【保存】按钮，凭证左上角出现"已生成"标志，表示凭证已传递到总账，如图 9-12 所示。

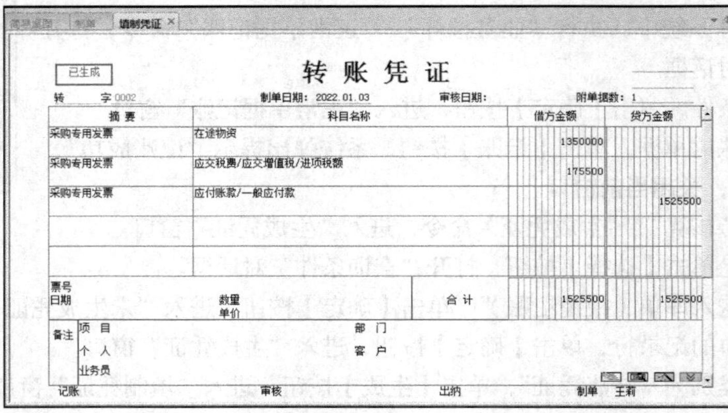

图 9-12 采购发票生成凭证

（9）在应付款管理系统中，进行付款处理并生成付款凭证。操作指导如下。

① 在应付款管理系统中，执行"付款单据处理"|"付款单据录入"命令，进入"付款单"窗口。

② 单击【增加】按钮，选择供应商"美安"，结算方式"转账支票"，金额"15 255"，单击【保存】按钮。

③ 单击【审核】按钮，系统弹出提示"是否立即制单"，单击【是】按钮，进入"填制凭证"窗口。

普通采购业务-进行付款处理并核销应付

④ 选择凭证类别"付款凭证"，单击【保存】按钮，凭证左上角出现"已生成"标志，表示凭证已传递到总账，如图 9-13 所示。

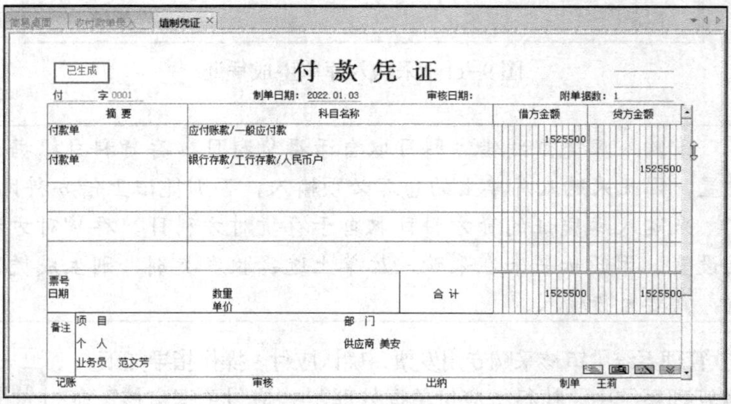

图 9-13 付款单生成凭证

⑤ 关闭填制凭证界面，返回收付款单录入界面。单击【核销】按钮，打开"核销条件"对话框，单击【确定】按钮返回。在 2022-01-03 采购专用发票行的"本次结算"栏中输入"15 255"，如图 9-14 所示，单击【保存】按钮。核销完成的单据不再显示。

单据日期	单据类型	单据编号	供应商	款项	结算方式	币种	汇率	原币金额	原币余额	本次结算	订单号
2022-01-03	付款单	0000000001	美安	应付款	转账支票	人民币	1.00000000	15,255.00	15,255.00	15,255.00	
合计								15,255.00	15,255.00	15,255.00	

单据日期	单据类型	单据编号	到期日	供应商	币种	原币金额	原币余额	可享受折扣	本次折扣	本次结算	订单号	凭证号
2021-10-10	采购专用发票	1000200	2021-10-10	美安	人民币	17,515.00	17,515.00	0.00				
2022-01-03	采购专用发票	17001	2022-01-03	美安	人民币	15,255.00	15,255.00	0.00	0.00	15,255.00	0000000001	转-0002
合计						32,770.00	32,770.00	0.00		15,255.00		

图 9-14　单据核销

（10）相关查询。

① 在采购管理系统中，执行"报表"|"统计表"命令，查询"到货明细表""入库明细表""采购明细表"等报表。

② 在库存管理系统中，执行"报表"|"库存账"|"库存台账"命令，查询"库存台账"。

③ 在存货核算系统中，执行"报表"|"汇总表"|"收发存汇总表"命令，查询"收发存汇总表"。

2．采购业务 2，采购现结业务

（1）在库存管理系统中直接填制采购入库单并审核。操作指导如下。

① 在库存管理系统中，执行"入库业务"|"采购入库单"命令，进入"采购入库单"窗口。

② 单击【增加】按钮，选择"原料库"，选择供应商"新锐"，入库类别"采购入库"，存货编码"1001 高清摄像头"，输入数量"500"，单价"50"，单击【保存】按钮。

③ 单击【审核】按钮，弹出提示"该单据审核成功！"，单击【确定】按钮返回。

（2）在采购管理系统中录入采购专用发票，进行现结处理和采购结算。操作指导如下。

① 在采购管理系统中，执行"采购发票"|"专用采购发票"命令，进入"专用发票"窗口。

② 单击【增加】按钮，单击【生单】按钮旁的下三角按钮，打开可选列表，选择"入库单"，打开"查询条件选择"对话框。单击【确定】按钮，进入"拷贝并执行"窗口。

③ 选择需要参照的采购入库单，单击【OK 确定】按钮，将采购入库单信息带入专用发票。修改发票号为"17011"。

④ 单击【保存】按钮，单击【现付】按钮，打开"采购现付"对话框。

⑤ 选择结算方式"202"，输入结算金额"28 250"，票据号"Z0011"，如图 9-15 所示。单击【确定】按钮，发票左上角显示"已现付"标记。

⑥ 单击【结算】按钮，自动完成采购结算，发票左上角显示"已结算"标记。

（3）在应付款管理系统中审核发票，进行现结制单。操作指导如下。

① 在应付款管理系统中，执行"应付单据处理"|"应付单据审核"命令，打开"应付单查询条件"对话框。

② 选择供应商"新锐"，选中"包含已现结发票"复选框，单击【确定】按钮，进入"单据处理"窗口。

③ 选择需要审核的单据，单击【审核】按钮，系统弹出提示"审核成功"，单击【确定】返回。

普通采购业务-相关查询

采购现结业务-填制采购入库单并审核

采购现结业务-现结处理和采购结算

采购现结业务-现结制单

图 9-15　采购现付

④ 执行"制单处理"命令，打开"制单查询"对话框，选择"现结制单"，单击【确定】按钮，进入"应付制单"窗口。

⑤ 选择凭证类别为"付款凭证"，选择要制单的记录行，单击【制单】按钮，进入"填制凭证"窗口。

⑥ 单击【保存】按钮，凭证左上角出现"已生成"标志，表示凭证已传递到总账。

现结生成的付款凭证为

借：在途物资　　　　　　　　　　　　　　　　　　　　　　　　25 000

　　应交税费/应交增值税/进项税额　　　　　　　　　　　　　　　3 250

　　贷：银行存款/工行存款/人民币户　　　　　　　　　　　　　　　28 250

（4）在存货核算系统中对采购入库单记账，生成入库凭证。操作指导略。

3．采购业务3，采购运费单独结算处理

（1）在采购管理系统中增加采购运费专用发票。操作指导如下。

① 在采购管理系统中，执行"采购发票"|"专用采购发票"命令，进入"专用发票"窗口。

② 单击【增加】按钮，输入发票号"Y001"，选择供应商"美安"，修改税率为9%。选择存货"3001 运费"，原币金额"50"，系统自动计算税额"4.5"及价税合计。

③ 单击【保存】按钮，保存发票。关闭返回。

采购运费单独结算–增加采购运费专用发票

难点　　　　　　运费发票的处理

用友 U8 中采购发票按业务性质分为蓝字发票、红字发票，按发票类型分为增值税专用发票、普通发票和运费发票。

① 增值税专用发票。增值税专用发票扣税类别默认为应税外加，不可修改。

② 普通发票。普通发票包括普通发票、废旧物资收购凭证、农副产品收购凭证、其他收据，其扣税类别默认为应税内含，不可修改。普通发票的默认税率为 0，可修改。

③ 运费发票。运费主要是指向供货单位或提供劳务单位支付的代垫款项、运输装卸费、手续费、违约金（延期付款利息）、包装费、包装物租金、储备费、进口关税等。运费发票的单价、金额都是含税的，运费发票的默认税率为7%，可修改。

如今，交通运输业已经全面实行"营改增"，交通运输公司适用一般纳税人 9%税率，小规模纳税人 3%的税率。因此，将运费 9%、3%作为存货建立档案，并用用友 U8 中采购专用发票的处理方式处理运费即可与现行制度一致。

（2）在采购管理系统中对运费发票单独进行采购结算。操作指导如下。

① 在采购管理系统中，执行"采购结算"|"费用折扣结算"命令，进入"费用折扣结算"窗口。

② 单击【查询】按钮，打开"条件输入"对话框。选择供应商"美安"，单击【确定】按钮。

采购运费单独结算-费用折扣结算

③ 单击【入库】按钮，打开"入库单选择"窗口，选择 1 月 3 日的入库单，单击【确定】按钮返回。单击【发票】按钮，打开"发票选择"窗口，选择 1 月 8 日的采购专用运费发票，单击【确定】按钮返回。

④ 选择费用分摊方式"按数量"，如图 9-16 所示。单击【分摊】按钮，单击【结算】按钮，系统弹出提示"结算成功"，单击【确定】按钮返回。

图 9-16 费用折扣结算

（3）在存货核算系统中进行结算成本处理并生成入库调整凭证。操作指导如下。

① 在存货核算系统中，执行"业务核算"|"结算成本处理"，打开"暂估处理查询"对话框。选择仓库"原料库"，单击【确定】按钮，进入"结算成本处理"窗口。

② 选中要结算的单据，单击【暂估】按钮，系统弹出提示"暂估处理完成"，单击【确定】按钮返回。

采购运费单独结算-入库调整

③ 在存货核算系统中，执行"财务核算"|"生成凭证"，选择"入库调整单"制单，生成凭证如下。

借：原材料/机壳　　　　　　　　　　　　　　　　　　　50
　　贷：在途物资　　　　　　　　　　　　　　　　　　　　　　50

④ 在存货核算系统中，执行"账表"|"账簿"|"明细账"，打开"明细账查询"对话框。选择仓库"原料库"、存货编码"（1004）机壳"，单击【确定】按钮，进入"明细账"窗口，如图 9-17 所示。从图 9-17 中可见，1 月 8 日，机壳的入库单价由 45.00 元调整到 45.11 元。

（4）在应付款管理系统中进行发票审核及制单处理。根据发票制单生成如下凭证。

借：在途物资　　　　　　　　　　　　　　　50
　　应交税费/应交增值税/进项税额　　　　　4.5
　　贷：应付账款/一般应付款　　　　　　　　　54.5

采购运费单独结算-审核发票并制单

明细账

仓库: (1) 原料库							规格型号:					
存货: (1004)机壳							存货代码:					
计量单位: 个							安全库存量:					
最高存量:		最低存量:										

记账日期 2022年			凭证号		摘要		收入			发出			结存		
月	日		凭证摘要	收发类别	数量	单价	金额	数量	单价	金额	数量	单价	金额
					期初结存							170.00	45.00	7,650.00
2022-01-03	1	3 转 1	采购入库单	采购入库	300.00	45.00	13,500.00				470.00	45.00	21,150.00
2022-01-08	1	8 转 4	0000000000	采购入库			50.00				470.00	45.11	21,200.00
				1月合计	300.00		13,550.00	0.00		0.00	470.00	45.11	21,200.00
				本年累计	300.00		13,550.00	0.00		0.00			

图 9-17　明细账查询

4．采购业务 4，上月暂估业务，本月发票已到，且发票单价与入库单单价不同

（1）在采购管理系统中填制采购发票。操作指导如下。

① 在采购管理系统中，执行"采购发票"|"专用采购发票"命令，进入"专用发票"窗口，复制 2022-12-20 的采购入库单生成专用发票。

② 输入发票号"17210"，修改主板单价"310"，单击【保存】按钮。

③ 单击【结算】按钮，采购专用发票上显示"已结算"。

暂估入库报销-填制采购发票-发票单价与入库单单价不同

（2）在存货核算系统中执行结算成本处理。操作指导如下。

① 在存货核算系统中，执行"业务核算"|"结算成本处理"命令，打开"暂估处理查询"对话框。选择"原料库"，单击【确定】按钮，进入"结算成本处理"窗口。

② 选择需要进行暂估结算的单据，单击【暂估】按钮，系统提示"暂估处理完成"，单击【确定】按钮返回。

暂估入库报销-结算成本处理

（3）在存货核算系统中对红字回冲单、蓝字回冲单制单。操作指导如下。

① 执行"财务核算"|"生成凭证"命令，进入"生成凭证"窗口。

② 单击【选择】按钮，打开"查询条件"对话框，选择"红字回冲单、蓝字回冲单（报销）"，单击【确定】按钮返回。

暂估入库报销——对红字回冲单、蓝字回冲单制单

③ 单击【全选】按钮，如图 9-18 所示，单击【确定】按钮，进入"生成凭证"窗口。

未生成凭证单据一览表

选择	记账日期	单据日期	单据类型	单据号	仓库	收发类别	记账人	部门	部门编码	业务类型	计价方式	备注	摘要	供应商	客户
1	2022-01-10	2021-12-20	红字回冲单	0000000001	原料库	采购入库	王莉			普通采购	移动平均法		红字回冲单	北京新锐科	
1	2022-01-10	2021-12-20	蓝字回冲单	0000000001	原料库	采购入库	王莉			普通采购	移动平均法		蓝字回冲单	北京新锐科	

共2条单据

图 9-18　选择红字回冲单和蓝字回冲单

④ 选择凭证类别为"转账凭证"，单击【生成】按钮，进入"填制凭证"窗口。单击【保存】按钮，保存红字回冲单生成的凭证。红字回冲单生成的凭证为

借：原材料/主板　　　　　　　　　　　　　　　　　　　　-32 000

　　贷：应付账款/暂估应付款　　　　　　　　　　　　　　-32 000

暂估入库报销-发票审核及制单处理

⑤ 单击【下张凭证】按钮，单击【保存】按钮，保存蓝字回冲单生成的凭证。蓝字回冲单生成的凭证为

借：原材料/主板   31 000

    贷：在途物资   31 000

（4）在应付款系统中进行发票审核及制单处理。操作指导略。

5．采购业务 5，暂估入库业务处理

（1）在库存管理系统中填制并审核采购入库单。采购入库单不必填写单价。

（2）月末发票未到，在存货核算系统中录入暂估入库成本并记账生成凭证。操作指导如下。

① 在存货核算系统中，执行"业务核算"|"暂估成本录入"命令，打开"查询条件选择"对话框。单击【确定】按钮，进入"暂估成本录入"窗口。

② 输入单价"30"，单击【保存】按钮，系统弹出提示"保存成功"，单击【确定】按钮返回。

③ 执行"业务核算"|"正常单据记账"命令，打开"正常单据记账条件"对话框。

④ 选择条件，单击【确定】按钮，进入"正常单据记账列表"窗口。

⑤ 选择要记账的单据，单击【记账】按钮，完成记账后退出。

⑥ 执行"财务核算"|"生成凭证"命令，进入"生成凭证"窗口。

⑦ 单击【选择】按钮，打开"查询条件"对话框。选择"采购入库单（暂估记账）"，单击【确定】按钮，进入"选择单据"窗口。

⑧ 选择要记账的单据，单击【确定】按钮，进入"生成凭证"窗口。

借：原材料/普通摄像头   6 000

    贷：应付账款/暂估应付款   6 000

⑨ 选择凭证类别"转账凭证"，单击【生成】按钮，保存生成的凭证。

6．采购业务 6，采购结算后退货

（1）在库存管理系统中填制红字采购入库单并审核。操作指导如下。

① 在库存管理系统中，执行"入库业务"|"采购入库单"命令，进入"采购入库单"窗口。

② 增加一张入库单，选中"红字"单选按钮，输入数量"-8"，单价"50"，单击【保存】按钮，单击【审核】按钮。

（2）在采购管理系统中填制红字采购专用发票并执行采购结算。操作指导如下。

① 在采购管理系统中，执行"采购发票"|"红字专用采购发票"命令，进入"专用发票（红字）"窗口。

② 参照红字入库单生成"红字专用发票"，输入发票号"17504"，单击【保存】按钮，单击【结算】按钮。

（3）在存货核算系统中对红字采购入库单记账并生成入库凭证。

操作步骤略。

（4）在应付款管理系统中审核红字专用发票并进行发票制单。

操作步骤略。

7．采购业务 7，采购运费及采购折扣处理

企业在采购过程中发生的市内运费需要计入采购成本。如果运费发票和货物发票一起到达，可以选择货物发票、运费发票同入库单进行手工结算；如果运费发票后到，可以采用费用发票单独结算的方式。按照采购合同约定，企业在规定时间内付清货款可享受一定的折扣优惠，企业可充分用该政策一方面合理降低采购成本，另一方面提高企业信誉度。

（1）8 日，进行采购订货。

在采购管理系统中填制采购订单并审核。采购订单表头中付款条件选择"01"。单【保存】按钮，单击【审核】按钮，如图 9-19 所示。

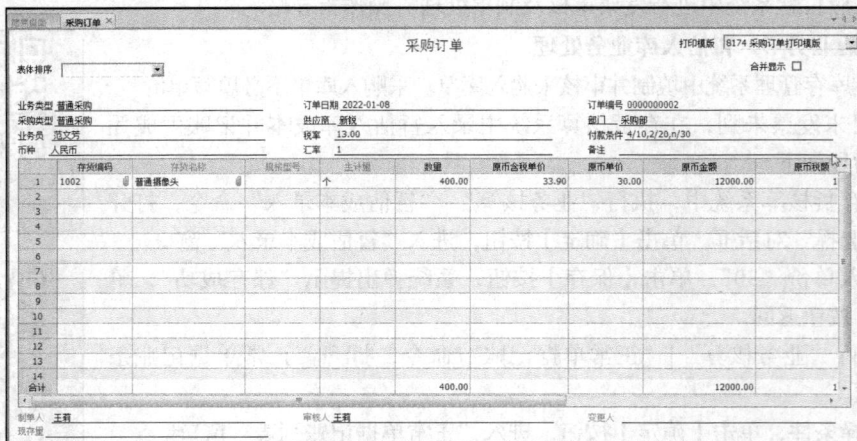

图 9-19　采购订单中约定付款条件

（2）12 日，办理采购入库。

① 在库存管理系统中，根据采购订单生成采购入库单并审核。

② 在采购管理系统中，根据采购入库单生成专用采购发票，发票号为 17918。

③ 在采购管理系统中，填制运费采购专用发票，发票号 Y002。

（3）进行手工结算，核算入库成本。操作指导如下。

① 在采购管理系统中，执行"采购结算"|"手工结算"命令，进入"手工结算"窗口。

② 单击【选单】按钮，进入"结算选单"窗口。

③ 单击【查询】按钮，打开"查询条件选择"对话框，单击【确定】按钮，出现待选择的发票列表和入库单列表。选择要结算的专用发票、运费发票和入库单，如图 9-20 所示。

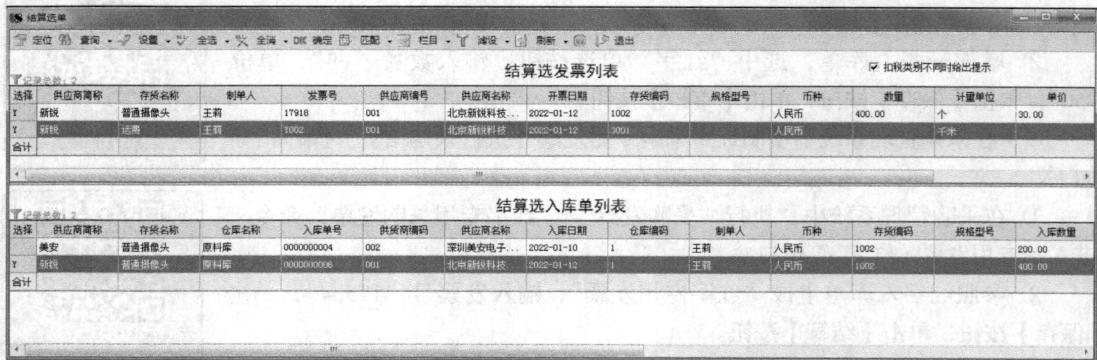

图 9-20　手工结算-选择入库单和发票

④ 单击【OK 确定】按钮，返回"手工结算"窗口，如图 9-21 所示。

⑤ 单击【分摊】按钮，系统弹出"选择按金额分摊，是否开始计算？"信息提示框，单击【是】按钮，系统弹出"费用分摊完毕，请检查"信息提示框，单击【确定】按钮返回。

⑥ 单击【结算】按钮，系统弹出信息提示框，单击【是】按钮，系统弹出"完成结算。"信息提示框，单击【确定】按钮。

⑦ 执行"采购结算"|"结算单列表"命令，打开"查询条件选择"对话框。单击【确定】按钮，进入"结算单列表"窗口。可看到结算单价为 30.25 元，可见运费已计入采购成本，如图 9-22 所示。

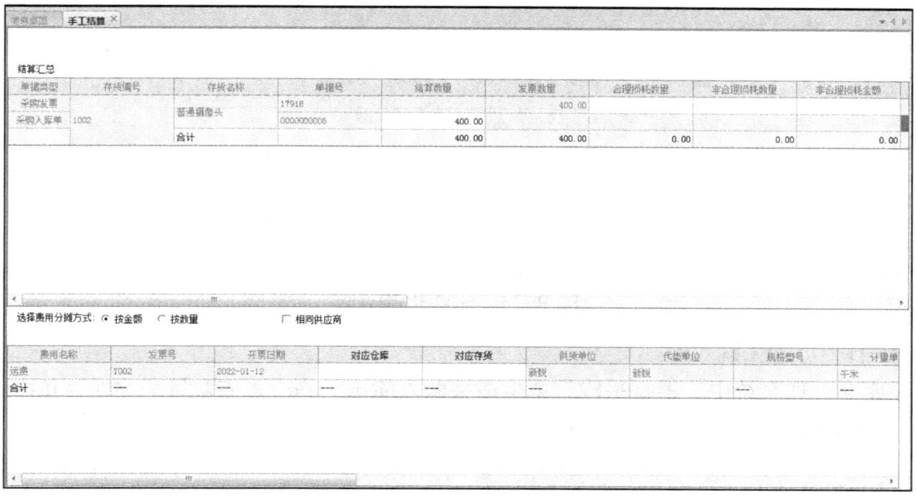

图 9-21 手工结算选单完成

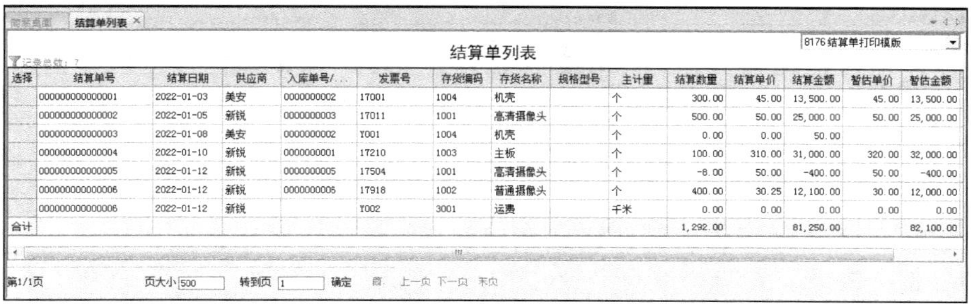

图 9-22 结算单列表

提示

- 运费发票只能手工录入。
- 采购入库单、运费发票与采购发票之间只能通过手工结算完成采购结算。
- 采购运费可以按金额分摊，也可以按数量进行分摊。
- 采购结算后，系统自动计算入库存货的采购成本。

（4）采购入库单记账，生成入库凭证。

操作指导略。

（5）审核货物发票和运费发票，确认应付。

操作指导略。

（6）14日，付款处理（考虑付款折扣）。操作指导如下。

① 在应付款管理系统中，执行"付款单据处理"｜"付款单据录入"命令，录入付款单并保存，付款单金额为13017.6，单击【保存】按钮保存。

② 单击【审核】按钮，审核付款单并生成付款凭证。

③ 在收付款单录入界面，单击【核销】按钮，打开"核销条件"对话框，单击【确定】按钮，进入"单据核销"窗口。

④ 在窗口下方采购专用发票可享受折扣中显示当前日期付款按照付款条件可享受的折扣。在本次结算栏中输入"13017.6"，系统自动填写本次折扣"542.4"，如图9-23所示。

⑤ 单击【保存】按钮，核销完成。本次付款金额完全核销应付金额。运费未付。

8．采购溢余短缺处理。操作指导如下。

（1）14日，进行采购订货。

在采购管理系统中，填制一张采购订单并审核。

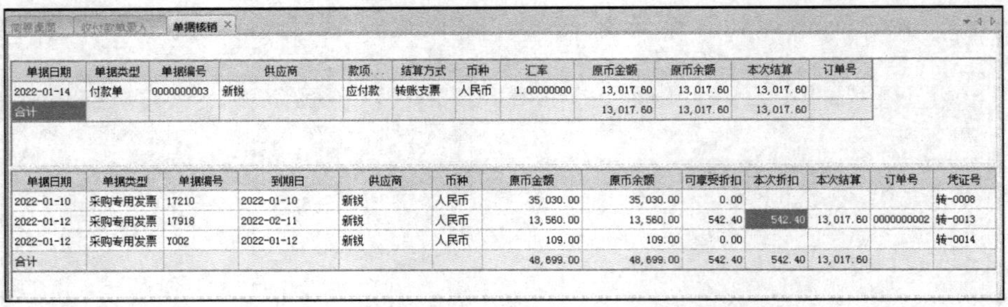

图 9-23　采购折扣处理

（2）16 日，办理采购入库。

① 在库存管理系统中，根据采购订单生成采购入库单，修改入库数量为 570，单击【保存】按钮，单击【审核】按钮，如图 9-24 所示。关闭退出。

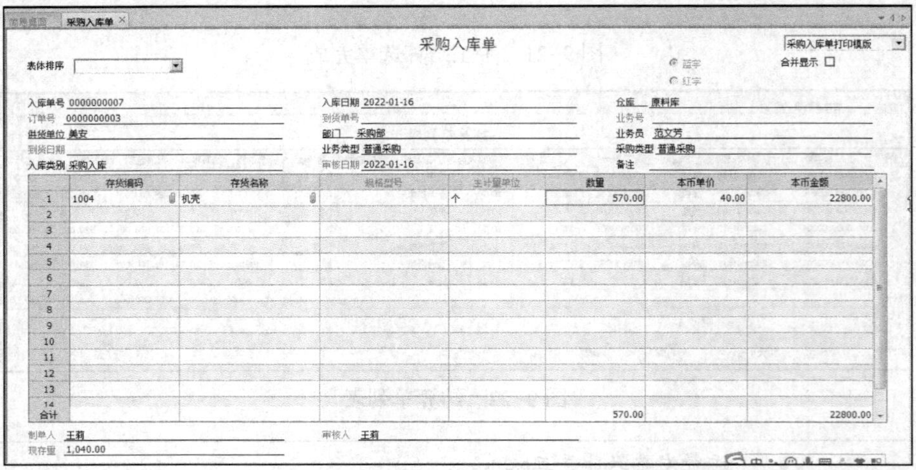

图 9-24　修改采购入库单入库数量

② 生成采购发票

在采购管理系统中，根据采购订单生成专用采购发票，修改发票号为 17334。

（3）手工结算，核算入库成本。操作指导如下。

① 执行"采购结算"|"手工结算"命令，进入"手工结算"窗口。

② 单击【选单】按钮，选择本笔业务的采购入库单和发票。在采购发票"合理损耗"一栏输入"10"，"非合理损耗数量"一栏输入"20"，"非合理损耗金额"一栏输入"800"，"非合理损耗类型"选择"01 运输部门责任"，"进项税转出金额"一栏系统自动显示 104 元（20×40×0.13），如图 9-25 所示。

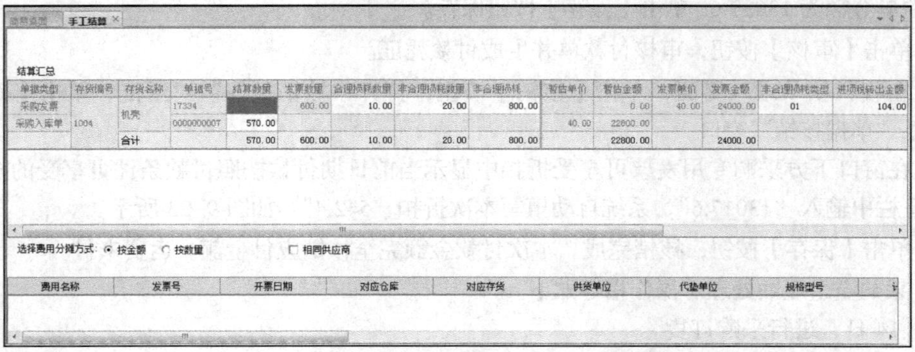

图 9-25　输入非合理损耗相关信息

③ 单击【结算】按钮，完成结算。

> **提示**
>
> ● 采购溢缺的结算只能采用手工结算。
>
> ● 只有当"发票数量 = 结算数量 + 合理损耗数量 + 非合理损耗数量"时，该条入库单记录与发票记录才能进行采购结算。
>
> ● 如果入库数量大于发票数量，则在选择发票时，在发票的附加栏"合理损耗数量""非合理损耗数量""非合理损耗金额"中输入溢余数量和溢余金额，数量、金额为负数。系统将多余数量按赠品处理，只是降低了入库货物的单价，与企业的分批结算概念不同。
>
> ● 如果入库数量小于发票数量，则在选择发票时，在发票的附加栏"合理损耗数量""非合理损耗数量""非合理损耗金额"中输入短缺数量、短缺金额，数量、金额为正数。
>
> ● 如果是非合理损耗，应该转出进项税额。

（4）采购入库单记账生成入库凭证。

操作指导略。

（5）审核采购发票并确认应付。

操作指导略。

9. 账套备份

全部实验完成后，将数据备份至"采购管理"文件夹。

9.3.2 拓展任务

对于暂估入库业务，如果采用月初回冲暂估方式，只要未收到发票，就总要重复月底暂估、月初回冲。如果采用单到回冲，只需要等发票到了进行一次性回冲处理。

【拓展】引入"供应链初始化"账套数据，采用单到回冲方式处理第 4 笔业务，暂估入库报销。

（1）选项设置。操作指导如下。

① 在存货核算系统中，执行"初始设置"|"期初数据"|"期初余额"命令，进入"期初余额"窗口。单击【恢复】按钮，系统弹出"恢复期初记账成功"信息提示框，单击【确定】按钮返回。

② 在存货核算系统中，执行"初始设置"|"选项"|"选项录入"命令，打开"选项录入"对话框。选择暂估方式为"单到回冲"，如图 9-26 所示，单击【确定】按钮，保存设置。

③ 在存货核算系统中，执行"初始设置"|"期初数据"|"期初余额"命令，进入"期初余额"窗口。单击【记账】按钮，系统弹出"期初记账成功"信息提示框，单击【确定】按钮返回。

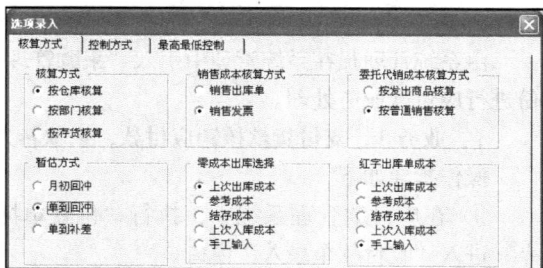

图 9-26 选择暂估方式

（2）单到回冲处理。简要描述操作流程，具体操作可参见采购业务 4。

① 在采购管理系统中填制采购发票并进行采购结算。

② 在存货核算系统中执行结算成本处理。

③ 在存货核算系统中对红字回冲单、蓝字回冲单制单。

④ 在应付款管理系统中进行发票审核及制单处理。

9.4 应付款管理实务

9.4.1 基本任务

应付款业务资料

2022 年 1 月发生以下经济业务。

（1）18 日，开出转账支票一张，金额 50 000 元，票号 Z1710，用以支付本月 10 日新锐货款 34 578 元，余款转为预付款。

（2）18 日，将新锐蓝字发票和红字发票进行对冲，金额 452 元。

（3）20 日，将期初应付给美安的 17 515 元货款转给新锐。

（4）21 日，用支付给新锐的预付款冲抵其部分应付款。

（5）21 日，向新锐签发银行承兑汇票一张（票号 17521），面值为 2 000 元，到期日为 2022 年 1 月 30 日。

（6）30 日，将 2022 年 1 月 21 日向新锐签发并承兑的银行承兑汇票（票号 17121）进行结算。

（7）查询供应商"美安"的对账单。

（8）设置账龄区间并进行付款账龄分析。

账期内账龄区间及逾期账龄区间如表 9-2 所示。

表 9-2 账龄区间

序号	起止天数	总天数
01	1～30	30
02	31～60	60
03	61～90	90
04	91 以上	

应付款管理指导

由系统管理员在系统管理中引入"采购管理"账套作为基础数据。以账套主管"401 王莉"身份进行应付款业务处理。

1. 业务 1，支付货款核销应付款，余款转为预付款

操作指导如下。

① 在应付款管理系统中，执行"付款单据处理"|"付款单据录入"命令，进入"收付款单录入"窗口。

② 单击【增加】按钮，选择供应商"新锐"，结算方式"转账支票"，金额"50 000 元"，票号"Z1710"。

③ 在表体中，修改第 1 行应付款金额为"34 578，将第 2 行款项类型选为"预付款"，单击【保存】按钮，如图 9-27 所示。

应付款业务1-支付货款核销应付款，余款转为预付款

④ 单击【审核】按钮，系统弹出"是否立即制单"信息提示框，单击【是】按钮，生成凭证，如图 9-28 所示，单击【保存】按钮。

⑤ 关闭填制凭证界面。在收付款单录入界面，单击【核销】按钮，打开"核销条件"对话框，单击【确定】按钮，进入"单据核销"窗口。在 1 月 10 日采购专用发票本次结算栏输入

"34 578"，如图 9-29 所示。

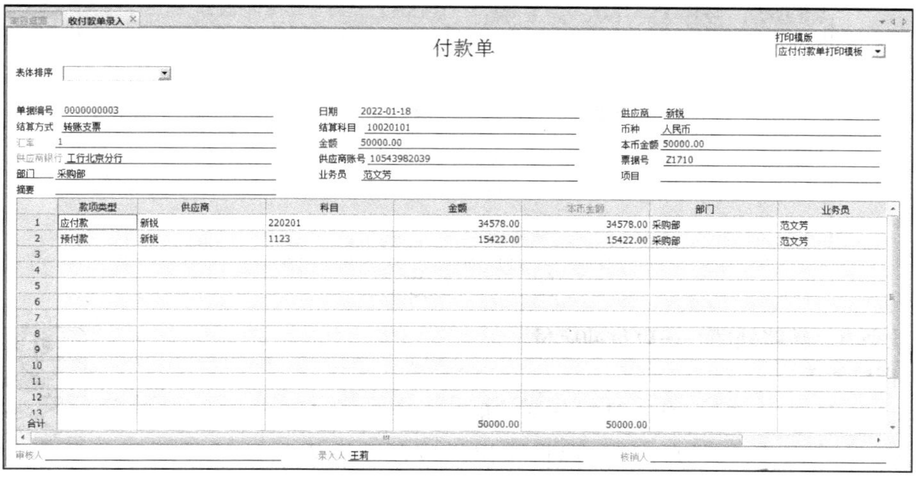

图 9-27　付款单余款转为预付款

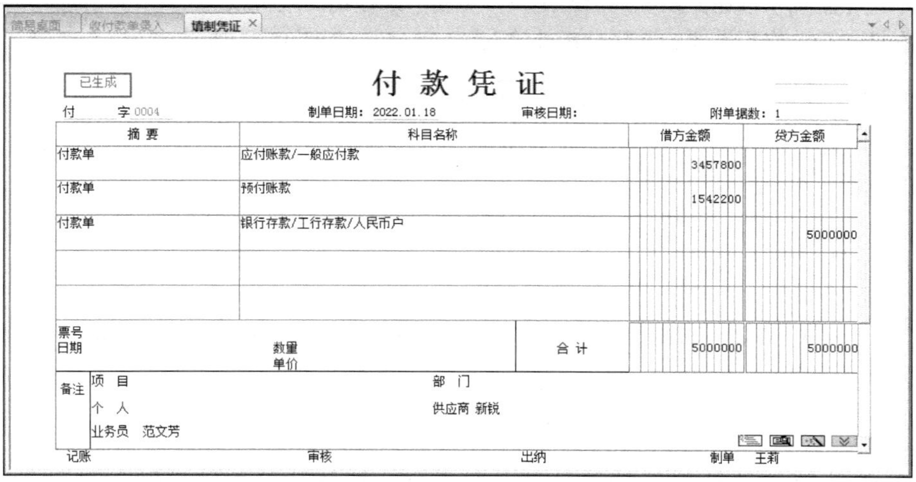

图 9-28　付款单部分应付、部分预付生成凭证

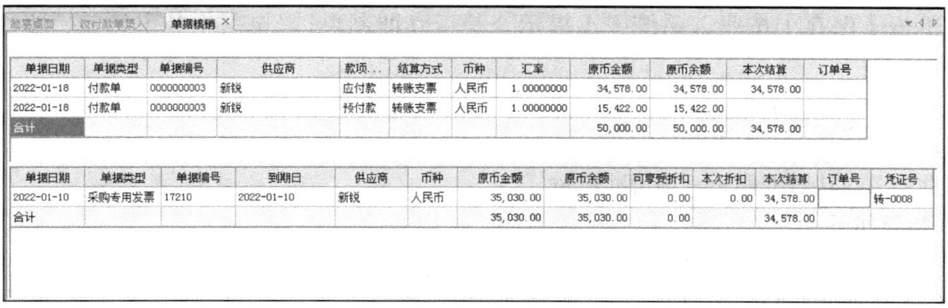

图 9-29　核销应付款

⑥ 单击【保存】按钮，核销完成的付款单和发票不在单据核销界面出现。

2．业务 2，红票对冲。操作指导如下。

① 执行"转账"|"红票对冲"|"手工对冲"命令，打开"红票对冲条件"对话框。

② 选择供应商"新锐"，单击【确定】按钮，进入"红票对冲"窗口。"

③ 在窗口下方 1 月 10 日采购专用发票对冲金额栏输入"452"，如图 9-30 所示。

④ 单击【保存】按钮。关闭返回。

图 9-30　红票对冲

3．业务 3，转账处理——应付冲应付

操作指导如下。

① 执行"转账"|"应付冲应付"命令，进入"应付冲应付"窗口。

② 输入日期"2022-01-20"；选择转出供应商"美安"，转入供应商"新锐"。

③ 单击【查询】按钮。系统列出转出户"美安"未核销的应付款。

④ 在期初采购专用发票的并账金额处输入"17 515"，如图 9-31 所示。

图 9-31　应付冲应付

⑤ 单击【保存】按钮。系统弹出提示"是否立即制单"。单击【是】按钮，生成应付冲应付凭证。

贷：应付账款/一般应付款　　　　　　　　　　　　　　17 515（红字）

贷：应付账款/一般应付款　　　　　　　　　　　　　　17 515

4．业务 4，转账处理——预付冲应付

操作指导如下。

① 执行"转账"|"预付冲应付"命令，进入"预付冲应付"窗口。

② 输入日期"2022-01-21"。

③ 单击"预付款"选项卡，选择供应商"新锐"。单击【过滤】按钮。系统列出该供应商的预付款，输入转账金额"1542"，如图 9-32 所示。

④ 单击"应付款"选项卡，单击【过滤】按钮。系统列出该供应商的应付款，输入转账金额"14 970"。

⑤ 单击【确定】按钮，立即制单，生成凭证。

借：预付账款　　　　　　　　　　　　　　　　　　　-14 970

借：应付账款/一般应付款　　　　　　　　　　　　　14 970

应付款业务 3-转账处理-应付冲应付

应付款业务 4-转账处理-预付冲应付

每一笔应付款的转账金额不能大于其余额。

应付款的转账金额合计应该等于预付款的转账金额合计。

在初始设置时，如将应付科目和预付科目设置为同一科目，将无法通过预付冲应付功能生成凭证。

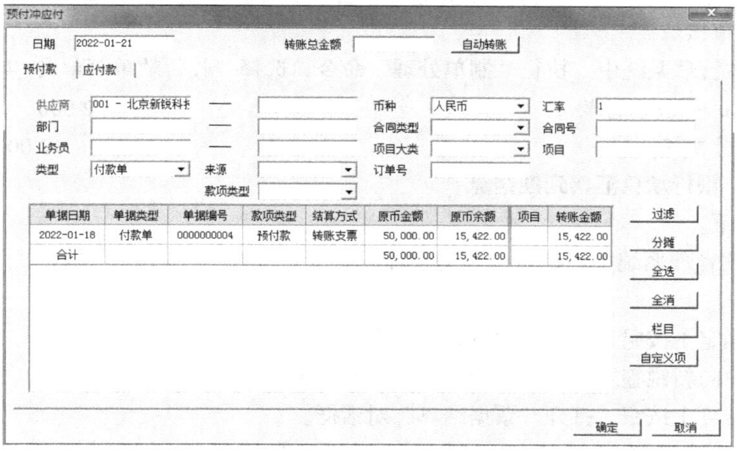

提示

图 9-32　预付冲应付

5．业务 5，签发银行承兑汇票

操作指导如下。

① 在应付款管理系统中，执行"票据管理"命令，打开"查询条件选择"对话框，单击【确定】按钮，进入"票据管理"窗口。

② 单击【增加】按钮，进入"应付票据"窗口。

应付款业务 5-
签发银行承兑汇票

③ 单击"票据类型"与"结算方式"栏的下三角按钮，选择"银行承兑汇票"；在"票据编号"栏录入"17521"；在"收款人"栏录入"001"，或单击参照按钮，选择"新锐"；在"金额"栏录入"2 000"；在"收到日期"与"出票日期"栏录入"2022-01-21"；选择"出票人账号"；在"到期日"栏录入"2022-01-30"；如图 9-33 所示。

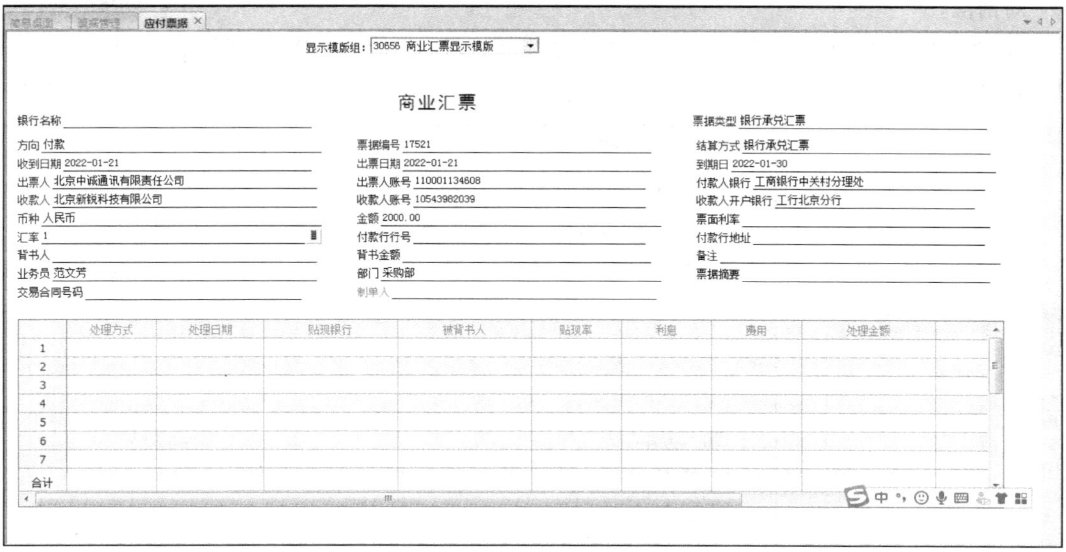

图 9-33　填制商业汇票

④ 单击【保存】按钮，保存信息。

提示 保存一张商业承兑汇票后，系统会自动生成一张付款单。这张付款单还需经过审核之后才能生成记账凭证。

由票据生成的付款单不能修改。

⑤ 在应付款管理系统中，执行"付款单据处理"|"付款单据审核"命令，对银行承兑汇票生成的付款单进行审核。

⑥ 在应付款管理系统中，执行"制单处理"命令，选择"收付款单制单"，生成凭证。

  借：应付账款/一般应付款   2 000

    贷：应付票据   2 000

6．业务6，银行承兑汇票到期结算

操作指导如下。

① 在应付款管理系统中，执行"票据管理"命令，打开"查询条件选择"对话框。

② 单击【确定】按钮，进入"票据管理"窗口。

③ 单击选中向新锐签发并承兑的银行承兑汇票（票号 17521）。

④ 单击【结算】按钮，打开"票据结算"对话框。

⑤ 修改结算日期为"2022-01-30"，录入结算金额"2 000"；在"结算科目"栏录入"10020101"，或单击"结算科目"栏的参照按钮，选择"10020101 人民币户"，如图 9-34 所示。

> 应付款业务6-银行承兑汇票到期结算

提示 进行票据结算时，结算金额应是通过结算实际支付的金额。

票据结算后，不能再进行其他与票据相关的处理。

⑥ 单击【确定】按钮，出现"是否立即制单"提示。单击【是】按钮，生成付款凭证，如图 9-35 所示。

7．业务7，查询供应商"美安"的对账单

操作指导如下。

① 执行"账表管理"|"业务账表"|"对账单"命令，打开"查询条件选择"对话框。

② 选择供应商"002 美安"，单击【确定】按钮，进入"应付对账单"窗口，如图 9-36 所示。

> 应付款业务7-查询供应商"美安"的对账单

图 9-34 票据结算

图 9-35 票据结算生成凭证

图 9-36　应付对账单

8．业务 8，账龄分析

操作指导如下。

① 执行"设置"|"初始设置"命令，进行账期内账龄区间设置和逾期账龄区间设置。

② 执行"账表管理"|"统计分析"|"付款账龄分析"命令，打开"付款账龄分析"对话框。

③ 单击【确定】按钮，进入"付款账龄分析"窗口。

9．账套备份

以上操作完成后，备份"应付款管理"账套数据。

9.4.2　拓展任务

在基本任务中，我们学习了付款、核销、票据管理、转账等处理。那么一旦某个处理有误，是否能够更正呢？用友 U8 应付款管理系统提供了取消操作，可以对核销、票据处理、转账业务进行撤销。

【拓展】如果发现 1 月 30 日票据结算有误，如何取消该项业务操作的影响呢？

由于票据结算的结果已经生成凭证传给总账，因此需要先删除票据结算业务凭证。

操作指导如下。

① 在应付款管理系统中，执行"单据查询"|"凭证查询"命令，打开"凭证查询条件"对话框。单击【确定】按钮，进入"凭证查询"窗口。

② 单击"2022-01-30"业务类型为"票据结算"的记录行，单击【删除】按钮，系统弹出"确定要删除此凭证吗"信息提示框。单击【是】按钮，凭证行不再显示。

提示　目前仅仅是作废了该凭证，若想彻底删除，需要在总账中进行凭证整理。

③ 在应付款管理系统中，执行"其他处理"|"取消操作"命令，打开"取消操作条件"对话框。选择操作类型"票据处理"，如图 9-37 所示。

④ 单击【确定】按钮，进入"取消操作"窗口。

⑤ 选中要取消操作的记录行，单击【确认】按钮，该操作即被取消。

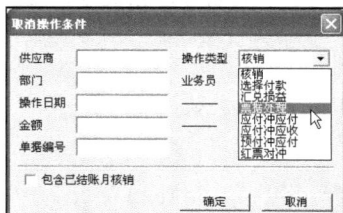

图 9-37　取消操作条件

9.5 单元测试

判断题

1. 没有采购期初数据也必须执行采购期初记账，否则无法进行日常业务处理。（ ）
2. 采购结算一旦完成不能撤销。（ ）
3. 采购入库单上可以不填写单价。（ ）
4. 无单价的入库单据不能记账。（ ）
5. 如果不与采购系统集成应用，那么就可以在应付款管理系统中录入采购发票。（ ）
6. 因采购退货收到的退款需要在应收款管理系统中录入收款单。（ ）

选择题

1. 与采购管理存在数据关联的模块是（ ）。
   A. 总账管理　　　　　B. 销售管理　　　　　C. 库存管理
   D. 存货核算　　　　　E. 应收款管理　　　　F. 应付款管理
2. 存货暂估的几种方式中，不生成蓝字、红字回冲单的是（ ）。
   A. 月初回冲　　　　　B. 单到回冲　　　　　C. 单到补差
3. 采购业务流程中，非必需的环节是（ ）。
   A. 采购请购　　　　　B. 采购订货　　　　　C. 采购到货
   D. 采购入库　　　　　E. 采购开票　　　　　F. 采购结算
4. 在应付款管理系统中，新增一张商业汇票后生成（ ）。
   A. 应付单　　　　　　B. 预付单　　　　　　C. 付款单　　　　　　D. 发票
5. 在应付款管理系统中，转账业务包括（ ）。
   A. 应付冲应付　　　　B. 预付冲应付　　　　C. 应付冲应收　　　　D. 红票对冲
6. 在应付款管理系统中，对应付款管理系统生成的凭证可以进行（ ）。
   A. 修改　　　　　　　B. 删除　　　　　　　C. 审核
   D. 记账　　　　　　　E. 冲销

问答题

1. 采购管理系统的功能有哪些？
2. 简述普通采购业务的处理流程。
3. 账套中默认的采购暂估方式是哪一种？如何得知？
4. 采购现付与普通采购有何区别？
5. 应付款管理系统的功能有哪些？
6. 应付单据和付款单据各指什么？
7. 核销的含义是什么？
8. 应付款管理系统可以生成哪几种凭证传递给总账？

第 10 章　销售管理与应收款管理

10.1　工作情景

⁇ 由前期介绍已知，销售管理和应收款管理是两个不同的系统，那么这两个系统都是销售部门要使用的吗？

把销售管理系统和应收款管理系统合并到一章来介绍是因为企业销售业务形成对客户的应收，并向客户收取货款是企业完整的一套销售流程。在企业信息化部署时，销售部客户端安装销售管理系统，负责销售业务流程中的报价、发货、开票处理；仓储部客户端安装库存管理系统，负责销售出库业务的办理，登记库存台账；财务部客户端安装应收款管理系统和存货核算系统，应收款管理系统负责销售发票及其他应收单据的审核、收取货款、核销应收等工作，存货核算系统负责登记存货明细账，生成出库凭证。

⁇ 一个完整的销售业务涉及企业销售、仓储、财务等多个部门，在整个业务过程中，各部门需要如何相互协作呢？

财务业务一体化系统的复杂性就在于突破了单一部门应用的局限，把财务和业务整合应用，由业务发生驱动信息流动，我们用图 10-1 来描述销售业务完整流程与部门（岗位）之间的关系。

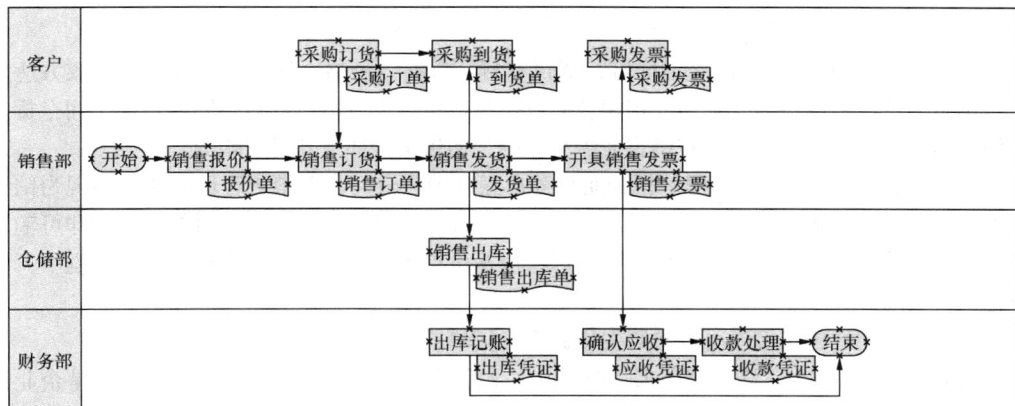

图 10-1　销售业务流程与部门（岗位）之间的关系

10.2　销售管理系统与应收款管理系统基本认知

10.2.1　销售管理系统基本认知

1. 销售管理系统的主要功能

（1）销售管理系统初始设置。销售管理系统初始设置，包括设置销售管理系统业务处理所需要的各种业务选项及销售期初数据。

（2）销售业务管理。销售业务管理主要处理销售报价、销售订货、销售发货、销售开票、销售调拨、销售退回、委托代销、零售等业务，根据审核后的发票或发货单自动生成销售出库单，处理随同货物销售所发生的各种代垫费用，以及在货物销售过程中发生的各种销售支出。

在销售管理系统中，可以处理普通销售、委托代销、直运销售、分期收款销售、销售调拨及零售业务等业务类型。

（3）提供销售账簿及销售分析。销售管理系统可以提供各种销售明细账、销售明细表及各种统计表，还可以提供各种销售分析及综合查询统计分析。

2. 普通销售业务处理

普通销售业务适用于大多数企业的日常销售业务。销售管理与其他系统集成应用，提供对销售报价、销售订货、销售发货、销售开票、销售出库、出库成本确定、应收款确定及收款处理。

（1）先发货后开票的普通销售业务。普通销售业务支持两种业务模式：先发货后开票业务模式和开票直接发货业务模式。

以先发货后开票为例，业务流程如图 10-2 所示。

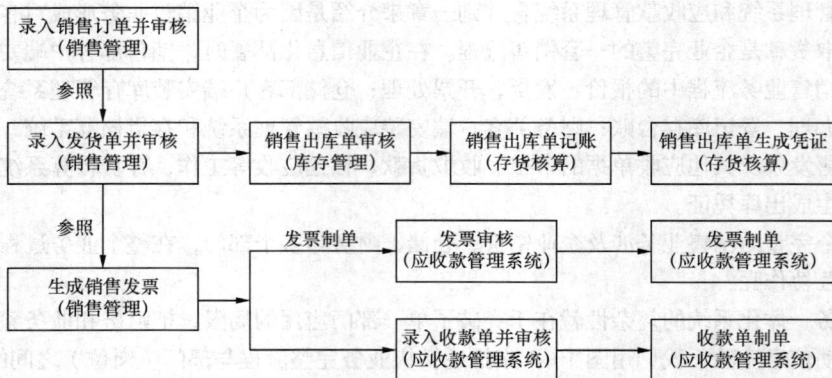

图 10-2　先发货后开票业务模式的业务流程示意图

① 销售报价。销售报价即企业向客户提供存货、规格、价格、结算方式等信息，双方达成协议后，销售报价单可以转为有效力的销售合同或销售订单。企业可以针对不同客户、不同存货、不同批量提出不同的报价、扣率。在销售业务流程中，销售报价环节是可省略的。

② 销售订货。销售订货处理是指企业与客户签订销售合同，在销售管理系统中体现为销售订单。若客户经常采购某产品，或客户是本企业的经销商，则销售部门无须经过报价环节即可输入销售订单。如果前面已有对客户的报价，也可以参照报价单生成销售订单。在销售业务流程中，订货环节也是可选的。

已审核未关闭的销售订单可以参照生成销售发货单或销售发票。

③ 销售发货。当客户订单交期来临时，相关人员应根据订单进行发货。销售发货是企业执行与客户签订的销售合同或销售订单，将货物发往客户的行为，是销售业务的执行阶段。除了根据销售订单发货外，销售管理系统也有直接发货的功能，即无须事先录入销售订单，随时可以将产品发给客户。在销售业务流程中，销售发货处理是必须的。

先发货后开票模式中发货单由销售部门根据销售订单填制或手工输入，客户通过发货单取得货物所有权。发货单审核后，可以生成销售发票和销售出库单。开票直接发货模式中发货单由销售发票自动生成，发货单只做浏览，不能进行修改、删除、弃审等操作，但可以关闭、打开；销售出库单根据自动生成的发货单生成。

参照订单发货时，一张订单可多次发货，多张订单也可一次发货。如果不设置"超订量发货控制"，可以超销售订单数量发货。

④ 销售开票。销售开票是在销售过程中，企业给客户开具销售发票及其所附清单的过程。它是确定销售收入、计算销售成本、确定销项税和应收账款确定的依据，是销售业务的必要环节。

销售发票既可以直接填制，也可以参照销售订单或销售发货单生成。参照发货单开票时，多张发货单可以汇总开票，一张发货单也可拆单生成多张销售发票。

⑤ 销售出库。销售出库是销售业务处理的必要环节。在库存管理系统中用于存货出库数量核算，在存货核算系统中用于存货出库成本核算（如果存货核算系统中销售成本的核算选择依据销售出库单）。

根据参数设置的不同，销售出库单可在销售管理系统生成，也可在库存管理系统生成。如果由销售管理系统生成出库单，只能一次销售全部出库；而由库存管理系统生成销售出库单，可实现一次销售分次出库。

⑥ 出库成本确定。销售出库（开票）之后，要进行出库成本的确定。对于用先进先出、移动平均、个别计价这 3 种计价方式计价的存货，在存货核算系统进行单据记账时进行出库成本核算；而用全月平均、计划价/售价法计价的存货在期末处理时进行出库成本核算。

⑦ 应收账款确定及收款处理。及时进行应收账款确定及收款处理是财务核算工作的基本要求，由应收款管理系统完成。应收款管理系统主要完成对由经营业务转入的应收款项的处理，提供各项应收款项的相关信息，以明确应收账款款项来源，有效掌握收款核销情况，提供适时的催款依据，提高资金周转率。

（2）以订单为中心的销售业务。销售订单是反映由购销双方确定的客户购货需求的单据，它可以是企业销售合同中关于货物的明细内容，也可以是一种订货的口头协议。以订单为中心的销售业务是标准、规范的销售管理模式，订单是整个销售业务的核心。整个业务流程的执行都会回写到销售订单，通过销售订单可以跟踪销售的整个业务流程。

如果企业选择使用以订单为中心的销售业务模式，则需要在销售管理系统中设置"必有订单"业务模式的相关参数。企业可以选择的模式有普通销售必有订单、委托代销必有订单、分期收款必有订单、直运销售必有订单。

如果设置了"普通销售必有订单"，则其业务流程如图 10-3 所示。

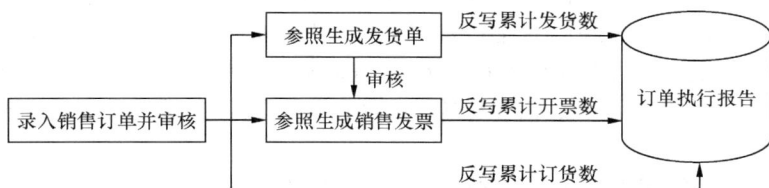

图 10-3　"普通销售必有订单"销售业务的业务流程示意图

（3）现结业务。现结业务是指在销售货物的同时向客户收取货币资金的行为。在销售发票、销售调拨单和零售日报等销售结算单据中可以直接处理现结业务。其业务流程如图 10-4 所示。

图 10-4　现结业务的业务流程

（4）销售退货业务。销售退货是指客户因质量、品种、数量不符合规定要求而将已购货物退回。先发货后开票销售业务模式下的退货处理流程如图 10-5 所示。

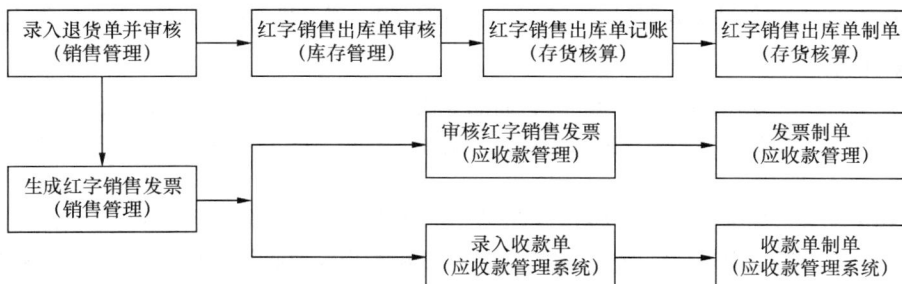

图 10-5　先发货后开票销售业务模式下的退货处理流程示意图

开票直接发货销售业务模式下的退货处理流程为：填制并审核红字销售发票，审核后的红字销售发票自动生成相应的退货单、红字销售出库单及红字应收账款，并传递到库存管理系统和应收款管理系统。

（5）代垫费用。代垫费用是指在销售业务中，随货物销售所发生的（如运杂费、保险费等）暂时代垫、将来需向对方单位收取的费用项目。代垫费用实际上形成了用户对客户的应收款，代垫费用的收款核销由应收款管理系统来处理，本系统仅对代垫费用的发生情况进行登记。

代垫费用处理的业务流程如图 10-6 所示。

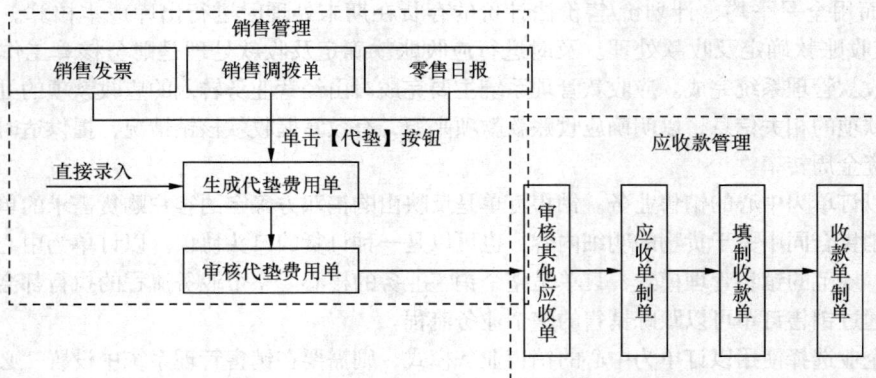

图 10-6　代垫费用处理的业务流程示意图

3．直运业务

（1）业务说明。直运业务是指产品无须入库即可完成的购销业务，由供应商直接将商品发给企业的客户；结算时，由购销双方分别与企业结算，企业赚取购销间差价。直运业务流程如图 10-7 所示。

直运业务包括直运销售业务和直运采购业务。直运业务没有实物的出入库，货物流向是直接从供应商到客户，财务结算通过直运销售发票、直运采购发票解决。直运业务适用于大型电器、汽车、设备等产品的销售。

（2）选项设置。直运销售业务分为两种模式：一种是只开发票，不开订单；另一种是先有订单再开发票。它们分别称为普通直运销售业务（非必有订单）和必有订单直运销售业务。无论采用哪种模式，直运业务选项均在销售管理系统设置。

（3）业务流程。必有订单直运业务的数据流程如图 10-8 所示。

如果是非必有订单直运业务，直运采购发票和直运销售发票可以相互参照。

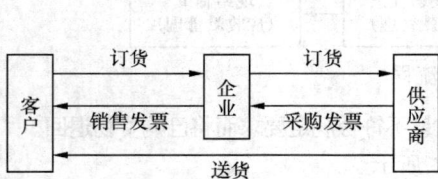

图 10-7　直运业务流程示意图

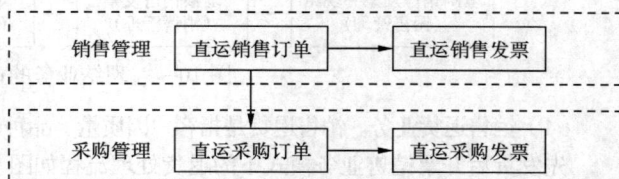

图 10-8　必有订单直运业务的数据流程示意图

4．委托代销业务

（1）业务说明。委托代销业务指企业将商品委托他人进行销售但商品所有权仍归本企业的销售方式。委托代销商品销售后，受托方与企业进行结算，并开具正式的销售发票，形成销售收入，商品所有权转移。

（2）相关设置。如果企业存在委托代销业务，需要分别在销售管理系统和库存管理系统中进行参数设置。只有设置了委托代销业务参数后，才能处理委托代销业务，账表查询中才会增加相应的委托代销账表。为了便于系统根据委托代销业务类型自动生成凭证，企业需要在存货核算系统中进行委托代销相关科目的设置。

（3）业务流程。委托代销业务流程和单据流程如图 10-9 所示。

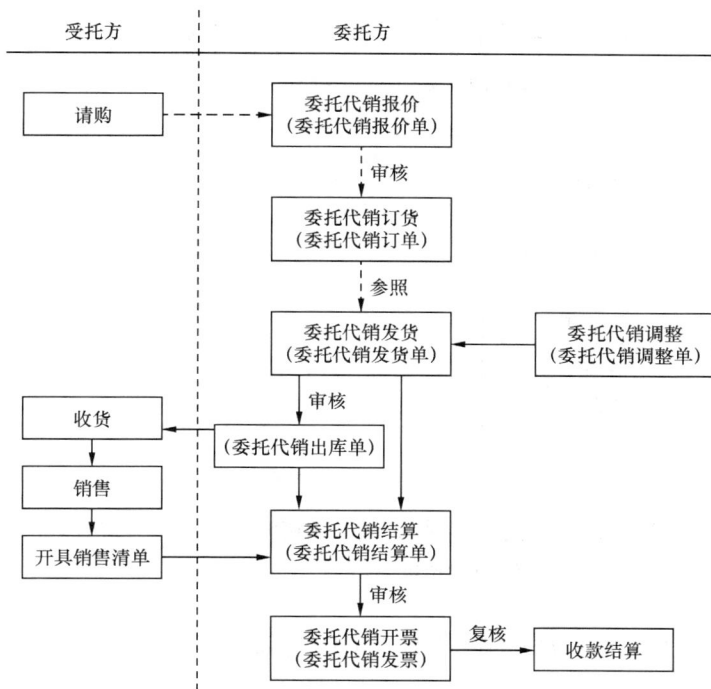

图 10-9　委托代销业务流程及单据流程示意图

5．分期收款业务

（1）业务说明。分期收款销售业务类似于委托代销业务，货物提前发给客户，分期收回货款，收入与成本按照收款情况分期确定。分期收款销售的特点是一次发货，当时不确定收入，分次确定收入，在确定收入的同时配比性地结转成本。

（2）相关设置。在销售管理系统中进行分期收款销售业务的选项设置，在存货核算系统中进行分期收款销售业务的科目设置。

（3）业务流程。分期收款销售业务处理流程及单据流程如图 10-10 所示。

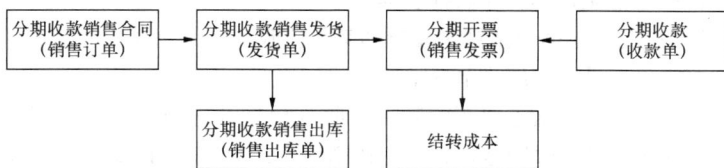

图 10-10　分期收款销售业务处理流程及单据流程示意图

6．零售业务

（1）业务类型。零售业务是处理商业企业将商品销售给零售客户的销售业务。如果用户有零售业务，相应的销售票据应按日汇总数据，然后通过零售日报进行处理。这种业务常见于商场、超市及企业的各零售店。

（2）业务流程。零售业务的业务处理流程如图 10-11 所示。

7．综合查询

灵活运用销售管理系统提供的各种查询功能，可以有效提高信息利用效率和销售管理水平。

（1）单据查询。通过"销售订单列表""发货单列表""委托代销发货单列表""发票列表""销售调拨单列表""零售日报列表"，可以分别对销售订单、发货单、委托代销发货单、销售发票、销售调拨单、零售日报进行查询。

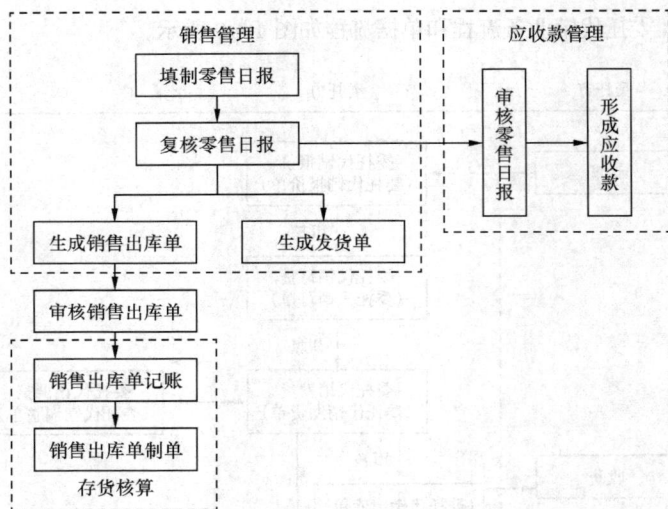

图 10-11　零售业务处理流程示意图

（2）账表查询。通过查询销售管理系统提供的销售明细表、销售统计表、余额表及销售分析表，实现对销售业务的事中控制、事后分析的管理。

8．月末处理

月末结账是将当月的单据数据封存，结账后不允许再对该会计期的销售单据进行增加、修改和删除处理。

10.2.2　应收款管理系统基本认知

1．应收款管理系统的主要功能

应收款管理系统主要实现对企业与客户的往来账款进行核算与管理。应收款管理系统以销售发票、其他应收单等原始单据为依据，记录销售业务及其他业务形成的应收款项，处理应收款项的收款、核销等情况；提供票据处理的功能。

（1）初始化设置。系统初始化包括系统参数设置、初始设置和期初数据录入。

（2）日常业务处理。日常业务处理是对应收款项业务的处理工作，主要包括应收单据处理、收款单据处理、票据管理、转账处理和坏账处理等内容。

① 应收单据处理：应收单据包括销售发票和其他应收单，是确认应收账款的主要依据。应收单据处理主要包括应收单据录入和应收单据审核。

② 收款单据处理：收款单据主要指收款单，收款单据处理包括收款单据的录入、审核和核销。单据核销的主要作用是解决收回客户款项；核销该客户应收款的处理；建立收款与应收款的核销记录；监督应收款及时核销；加强往来款项的管理。

③ 票据管理：票据管理主要是对银行承兑汇票和商业承兑汇票进行管理。票据管理可以提供票据登记簿，记录票据的利息、贴现、背书、结算和转出等信息。

④ 转账处理：转账处理是在日常业务处理中经常发生的应收冲应付、应收冲应收、预收冲应收及红票对冲的业务处理。

⑤ 坏账处理：坏账处理包括计提坏账准备、坏账发生、坏账收回等处理，其主要作用是自动计提应收款的坏账准备，当坏账发生时即可进行坏账核销；或当被核销坏账又收回时，即可进行相应处理。

（3）信息查询和系统分析。信息查询和系统分析，是指用户对信息的查询以及在各种查询结果的基础上所进行的各项分析。一般查询包括单据查询、凭证查询及账款查询等。统计分析包括欠款分析、账龄分析、综合分析及收款预测分析等，便于用户及时发现问题，加强对往来款项动态的监督管理。

（4）期末处理。期末处理指用户在月末进行的结算汇兑损益以及月末结账工作。如果企业有外币往来，在月末需要计算外币单据的汇兑损益并对其进行相应的处理。如果当月业务已全部处理完毕，就需要执行月末结账处理。只有月末结账后，才可以开始下月工作。月末处理主要包括汇兑损益结算和月末结账。

2．应收款管理系统初始化

系统初始化包括选项设置、初始设置和期初数据录入 3 个部分。

在正式启用应收款管理系统之前，应该对核算企业现有的数据资料进行整理，以便能够及时、顺利、准确地运用应收款管理系统。

（1）应收款管理系统的选项设置。会计信息化软件为了提高适用范围，各系统都会提供相应的系统参数，企业在会计信息系统初始化过程中，必须对各系统提供的系统参数做出选择，以适应自身核算和控制管理的特点和要求。应收款管理系统提供的主要参数通常有以下几个。

① 确定应收账款核销方式。在选择确定应收账款核销方式时，可按余额、单据或存货 3 种方式进行账款核销。其具体含义如下。

如果采用余额核销方式，系统将对选定的单据按单据的到期日从前向后排序，然后从时间最早的单据开始核销。

如果采用单据核销方式，系统会将满足条件的未结算单据全部列出，由用户选择要结算的单据，根据所选择的单据进行核销。

如果采用存货核销方式，系统会将满足条件的未结算单据按存货列出，由用户选择要结算的存货，根据所选择的存货进行核销。

选择不同的核销方式，将影响账龄分析的精确性。一般而言，选择按单据核销或按存货核销能够进行更精确的账龄分析。

② 选择设置控制科目的依据。控制科目是指在应收款管理系统中所有带有客户往来辅助核算的科目，如应收账款、预收账款等。有 3 种设置控制科目的依据，分别是按客户分类设置、按客户设置、按地区分类设置。

③ 选择设置存货销售科目的依据。存货销售科目设置一般有按存货分类设置和按存货设置两种方式。

④ 选择制单的方式。制单方式有 3 种，分别是明细到客户、明细到单据和汇总制单。

⑤ 选择预收款的核销方式。预收款核销方式有两种，分别是按单据核销和按余额核销。

如果按单据核销，应根据所选择的单据，对预收款一笔一笔地进行核销。

如果按余额核销，即按预收款收到的时间从前往后进行核销。

选择不同的核销方式，将影响账龄分析的精确性。一般而言，选择按单据核销能够进行更精确的账龄分析。

⑥ 选择计算汇兑损益的方式。有两种计算汇兑损益的方式，分别是采用外币余额结清时计算和月末计算。

采用外币余额结清时计算，是指只有当某种外币余额结清时才计算汇兑损益，否则不计算汇兑损益。在计算汇兑损益时，可显示外币余额为零且本币余额不为零的外币单据。

采用月末计算，是指在每个月末计算汇兑损益。在计算汇兑损益时，可显示所有外币余额不为零或者本币余额不为零的外币单据。

⑦ 选择坏账处理方式。坏账处理方式主要有两种，分别是备抵法和直接转销法。

备抵法包括应收账款余额百分比法、销售余额百分比法和账龄分析法 3 种方法。

直接转销法由于不符合会计的权责发生制及收入与费用相配比原则，因而容易造成会计信息的失真。

⑧ 选择核算代垫费用的单据类型。在初始设置的"单据类型设置"中，若应收单的类型分为多种，可进行选择核算代垫费用单的单据类型的设置；若应收单不进行分类，则无须设置。

⑨ 选择是否显示现金折扣或输入发票的提示信息。企业为了鼓励客户在信用期内提前付款，

通常采用现金折扣政策。选择显示现金折扣及输入发票的提示信息时，系统会在"单据结算"中显示"可享受折扣"和"本次折扣"，并计算可享受的折扣，显示发票提示信息，如该客户的信用额度余额和最后的交易情况。如果选择不显示现金折扣及输入发票提示信息，则系统既不会计算折扣，也不会显示现金折扣和发票提示信息。

（2）应收款管理系统的业务处理核算规则设置（初始设置）。

① 凭证科目的设置。如果企业应收款业务类型比较固定，生成的凭证类型也较固定，为了简化凭证生成操作，可将各业务类型凭证中的常用科目预先设置好。凭证科目设置一般包括以下几个方面的内容。

a. 基本科目设置。基本科目是指在核算应收款项时经常用到的科目，可以作为常用科目设置，而且所设置的科目必须是末级科目。核算应收款项时经常用到的科目包括应收账款、预收账款、销售收入、应交税费——销项税额、销售退回等。除上述基本科目外，银行承兑科目、商业承兑科目、现金折扣科目、票据利息科目、票据费用科目、汇兑损益科目、币种兑换差异科目和坏账准备科目等都可以作为企业核算某类业务的基本科目。

b. 控制科目的设置。在核算客户的赊销欠款时，如果针对不同的客户（客户分类、地区分类）分别设置不同的应收账款科目和预收账款科目，可以先在账套参数中选择设置的依据，即选择是针对不同的客户设置、针对不同的客户分类设置，还是按不同的地区分类设置。然后再依次将往来单位按客户、客户分类或地区分类的编码、名称、应收科目和预收科目等内容进行设置。

如果某个往来单位核算应收账款或预收账款的科目与常用科目设置中的一样，则可以不设置，否则应进行设置。科目必须是有客户往来辅助核算的末级最明细科目。

c. 产品科目的设置。如果针对不同的存货（存货分类）分别设置不同的销售收入科目、应交增值税销项税额科目和销售退回科目，则也应先在账套参数中选择设置的依据，即选择是针对不同的存货设置，还是针对不同的存货分类设置。然后再按存货的分类编码、名称、销售收入科目、应交增值税销项税额科目和销售退回科目进行存货销售科目的设置。

如果某个存货（存货分类）的科目与常用科目设置中的一样，则可以不设置，否则应进行设置。

d. 结算方式科目的设置。结算方式不仅可以设置常用的科目，还可以为每种结算方式设置一个默认的科目，以便在应收账款核销时，直接按不同的结算方式生成相应的账务处理中所对应的会计科目。

② 坏账准备设置。坏账准备设置是指对坏账准备期初余额、坏账准备科目、对方科目及提取比率进行设置。

在第一次使用系统时，应直接输入期初余额。在以后年度使用系统时，坏账准备的期初余额由系统自动生成且不能进行修改。坏账提取比率可分别按销售收入百分比法和应收账款余额百分比法，直接输入计提的百分比。若按账龄百分比法提取，可直接输入各账龄期间计提的百分比。

③ 账龄区间的设置。为了对应收账款进行账龄分析，需设置账龄区间。在进行账龄区间的设置时，直接输入账龄区间的总天数和起始天数，系统会根据输入的总天数自动生成相应的区间。

④ 报警级别的设置。通过对报警级别的设置，系统会将往来单位按欠款余额与其授信额度的比例分为不同的类型，以便于掌握各个往来单位的信用情况。

如果企业要对应收账款的还款期限做出相应的规定，则可使用超期报警功能。在运行此功能时，系统将自动列出到当天为止超过规定期限的应收账款清单，从而使企业可以及时催款，避免不必要的经济损失。这一信息可按往来单位分类，也可按分管人员进行分类。

在进行报警级别设置时，直接输入级别名称和各区间的比率。其中，级别名称可以采用编号或者其他形式，但名称最好能够上下对应。

⑤ 单据类型设置。单据可分为发票和应收单两种类型。如果同时使用销售管理系统，则发票的类型包括增值税专用发票、普通发票、销售调拨单和销售日报等。如果单独使用应收款管理系

统，则发票的类型不包括后面两种。

应收单是记录销售业务之外的应收款情况的单据。它可划分为不同的类型，以与应收货款之外的其他应收款进行区分。例如，可以将应收单分为应收代垫费用款、应收利息款、应收罚款、其他应收款等。应收单的对应科目可自由定义。

（3）应收款管理系统的期初数据录入。第一次使用系统时，在建立往来客户档案后，为了能使计算机顺利完成清理核销工作，必须把手工方式下尚未结清的客户往来款项输入计算机中。只有当往来期初数据准确输入后，才能正确地进行往来账的各种统计和分析。当进入第二年度时，系统会自动将上年度未全部结清的单据转成下一年度的期初余额。

在应收款管理系统中，往来款余额是按单据形式录入的。例如，应收账款余额通过发票录入、预收账款余额通过收款单录入。输入完成后，要与总账系统中相应的客户往来账户余额核对，以检查输入的往来未达账与相应往来科目余额是否相等。

3．应收单据处理

应收单据处理包括单据输入和单据管理工作。应收单据处理是应收款管理系统处理的起点，在应收单据处理中可以输入销售业务中的各类发票以及销售业务之外的应收单据。在单据输入后，单据管理可查阅各种应收业务单据，完成应收业务管理的日常工作。其基本操作流程是单据输入——单据审核——单据制证——单据查询。

（1）单据输入。单据输入是对未收款项的单据进行输入，输入时先输入客户名称代码（与客户相关内容由系统自动显示）。然后进行货物名称、数量和金额等内容的输入。

在进行单据输入前，首先应确定单据名称、单据类型及方向，然后根据业务内容输入有关信息。

（2）单据审核。单据审核是在单据保存后对单据的正确性进行审核确认。单据输入后必须经过审核才能参与结算。审核人和制单人可以是同一个人。单据被审核后，将从单据处理功能中消失，但可以通过单据查询功能查看此单据的详细资料。

（3）单据制证。单据制证可在单据审核后由系统自动编制凭证，也可以集中处理。在应收款管理系统中生成的凭证将由系统自动传送到账务系统，并由有关人员进行审核和记账等账务处理工作。

（4）单据查询。单据查询是对未审核单据的查询。通过"单据查询"功能可以查看全部单据。

4．收款单据处理

收款单据处理是对已收到款项的单据进行输入，并进一步核销的过程。单据结算功能包括输入收款单、付款单，并对发票及应收单进行核销，形成预收款并核销预收款，处理代付款。

应收款管理系统的收款单用来记录企业所收到的客户款项，款项性质包括应收款、预收款、其他费用等。其中，应收款、预收款性质的收款单将与发票、应收单、付款单进行核销处理。

应收款管理系统的付款单用来记录发生销售退货时，由企业开具的退付给客户的款项。该付款单可与应收、预收性质的收款单、红字应收、红字发票进行核销处理。

（1）输入结算单据。输入结算单据即对已交来的应收款项的单据进行输入，由系统自动进行结算。在根据已收到的应收款项的单据进行输入时，必须先输入客户的名称。在进行相应操作时，系统会自动显示相关客户的信息。此外必须输入结算科目、金额和相关部门、业务员名称等内容。

单据输入完毕后，系统自动生成相关内容。如果输入的是新的结算方式，则应先在"结算方式"中增加新的结算方式。如果要输入另一客户的收款单，则需重新选择客户的名称。

（2）单据核销。单据核销是对往来已达账做删除处理的过程，即在确定收款单与原始发票之间的对应关系后，进行机内自动冲销的过程。单据核销表示本业务已经结清。单据核销的作用是解决收回客商款项，核销该客商应收款的处理，建立收款与应收款的核销记录，监督应收款及时核销，加强往来款项的管理。明确核销关系后，用户可以进行精确的账龄分析，更好地管理应收账款。

如果结算金额与上期余额相等，则销账后余额为零；如果结算金额比上期余额小，则其余额为销账后的余额。单据核销可以由计算机自动进行，也可以手工进行。

由于计算机系统采用建立往来辅助账的方式进行往来业务的管理，为了避免辅助账过于庞大而影响计算机运行速度，对于已核销的业务应进行删除。删除工作通常在年底结账时进行。

核销往来账时，在确认往来已达账后，才能进行核销处理，删除已达账。为了防止发生因操作不当而误删记录的问题，会计信息系统软件中一般都会设计放弃核销或核销前做两清标记功能。如有的财务软件中设置有往来账两清功能，即在已达账项上打上已结清标记，待核实后才执行核销功能。经删除后的数据不能恢复；有的财务软件则设置了放弃核销功能。一旦发现操作失误，用户可通过此功能把被删除的数据恢复。

5．票据管理

用户可以在票据管理中对银行承兑汇票和商业承兑汇票进行管理，其主要功能包括记录票据详细信息和记录票据处理情况。如果要进行票据登记簿管理，必须将应收票据科目设置成为带有客户往来辅助核算的科目。

当用户收到银行承兑汇票或商业承兑汇票时，应将该汇票在应收款管理系统的票据管理中录入。系统会自动根据票据生成一张收款单，用户可以对收款单进行查询，并可以与应收单据进行核销勾对，冲减客户应收账款。在票据管理中，还可以对该票据进行计息、贴现、转出、结算、背书等处理。

6．转账处理

转账处理是在日常业务处理中经常发生的应收冲应付、应收冲应收、预收冲应收及红票对冲的业务处理。

（1）应收冲应付。应收冲应付是指用某客户的应收账款冲抵某供应商的应付款项。系统通过应收冲应付功能将应收款业务在客户和供应商之间进行转账，实现应收、应付业务的调整，解决应收债权与应付债务的冲抵。

（2）应收冲应收。应收冲应收是指将一个客户的应收款转到另一个客户中。通过应收冲应收功能可将应收款业务在客商之间进行转入、转出，实现应收业务的调整，解决应收款业务在不同客商之间入错户或合并户的问题。

（3）预收冲应收。预收冲应收是指处理客户的预收款和该客户应收欠款的转账核销业务。即当某一个客户有预收款时，可用该客户的一笔预收款冲其一笔应收款。

（4）红票对冲。红票对冲可实现某客户的红字应收单与其蓝字应收单、收款单与付款单之间的冲抵。如当发生退票时，用红字发票对冲蓝字发票。红票对冲通常可以分为系统自动冲销和手工冲销两种处理方式。自动冲销可同时对多个客户依据红票对冲规则进行红票对冲，提高红票对冲的效率。手工冲销可对一个客户进行红票对冲，并自行选择红票对冲的单据，提高红票对冲的灵活性。

7．坏账处理

所谓"坏账"，是指购货方因某种原因不能付款，造成货款不能收回的信用风险。坏账处理就是对"坏账"采取的措施，主要包括计提坏账准备、坏账发生、坏账收回、生成输出催款单等。

（1）计提坏账准备。计提坏账准备的方法主要有销售收入百分比法、应收账款余额百分比法和账龄分析法。

① 销售收入百分比法。由系统自动算出当年销售收入总额，并根据计提比率计算出本次计提金额。

初次计提时，如果没有预先的设置，则应先进行初始设置。设置的内容包括提取比率和坏账准备期初余额。销售总额的默认值为本会计年度发票总额，企业可以根据实际情况进行修改，但计提比率不能在此修改，只能在初始设置中修改。

② 应收账款余额百分比法。由系统自动算出当年应收账款余额，并根据计提比率计算出本次计提金额。

初次计提时，如果没有预先的设置，应先进行初始设置。设置的内容包括提取比率和坏账准备期初余额。应收账款的余额默认值为本会计年度最后一天的所有未结算完的发票和应收单据余额之和减去预收款数额的差值。有外币账户时，用其本位币余额。企业可以根据实际情况对默认值进行修改。计提比率在此不能修改，只能在初始设置中修改。

③ 账龄分析法。账龄分析法是根据应收账款入账时间的长短来估计坏账损失的方法。它是企业加强应收账款回收与管理的重要方法之一。一般来说，账款拖欠的时间越长，发生坏账的可能性就越大。

系统自动算出各区间应收账款余额，并根据计提比率计算出本次计提金额。

初次计提时，如果没有预先的设置，应先进行初始设置。各区间余额由系统自动生成（由本会计年度最后一天的所有未结算完的发票和应收单据余额之和减去预收款数额的差值），企业也可以根据实际情况对其进行修改。但计提比率在此不能修改，只能在初始设置中修改。

（2）坏账发生。发生坏账损失业务时，一般需输入客户名称、日期（指发生坏账日期，该日期应大于已经记账的日期，小于当前业务日期）、业务员（指业务员编号或业务员名称）及部门（指部门编号或部门名称，如果不输入部门，表示选择所有的部门）等。

（3）坏账收回。处理坏账收回业务时，一般需输入客户名称、收回坏账日期（如果不输入日期，系统默认为当前业务日期，输入的日期应大于已经记账日期，小于当前业务日期）、收回的金额、业务员编号或名称、部门编号或名称、所需币种、结算单号（系统将调出该客户所有未经过处理的并且金额等于收回金额的收款单，可选择该次收回业务所形成的收款单）。

（4）生成输出催款单。催款单是对客户或本单位职工的欠款进行催还的单据。催款单用于设置有辅助核算的应收账款和其他应收款的科目中。

不同的行业催款单预置的格式不同，其内容主要包括两个部分，即系统预置的文字性的叙述和由系统自动取数生成的应收账款或其他应收款对账单。通常，用户可以对其内容进行修改编辑，系统会自动保存本月所做的最后一次修改。

催款单打印输出时，可以打印所有客户的应收账款或所有职员的其他应收款（备用金）情况，也可以有选择地打印某一个客户或某一位职员的催款单。催款单中还可以按条件显示所有的账款和未核销的账款金额。

8．制单处理

使用制单功能批量处理制单，可以快速地、成批地生成凭证。制单类型包括应收单据制单、结算单制单、坏账制单、转账制单、汇兑损益制单等。企业可根据实际情况选取需要制单的类型。

9．信息查询和统计分析

应收款管理系统的信息查询主要包括单据查询、凭证查询及账款查询等。用户在各种查询结果的基础上可以进行各项统计分析。统计分析包括欠款分析、账龄分析、综合分析及收款预测分析等。通过统计分析，用户可以按定义的账龄区间，进行一定期间内应收款账龄分析、收款账龄分析、往来账龄分析，了解各个客户应收款的周转天数、周转率和各个账龄区间内应收款、收款及往来情况，以便及时发现问题，加强对往来款项的动态管理。

（1）凭证查询。通过凭证查询可以查看、修改、删除、冲销应收款管理系统传递到账务系统中的凭证；同时还可查询凭证对应的原始单据。

（2）单据查询。单据查询包括对发票、应收单及结算单的查询。用户可以查询已经审核的各类型应收单据的收款情况、结余情况，也可以查询结算单的使用情况。

（3）业务账表查询。业务账表查询可以进行业务总账、业务明细账、业务余额表和对账单的查询，并可以实现总账、明细账、单据之间的联查。

通过业务账表查询，用户可以查看客户、客户分类、地区分类、部门、业务员、客户总公司、主管业务员、主管部门在一定期间所发生的应收、收款及余额情况。

（4）业务账表分析。业务账表分析是应收款管理系统的一项重要功能。对于资金往来比较频繁、业务量和业务金额比较大的企业，业务账表分析功能可以更好地满足企业的需要。业务账表分析功能主要包括应收账款的账龄分析、收款账龄分析、欠款分析、收款预测等。

① 应收账款的账龄分析。应收账款的账龄分析主要是分析客户、存货、业务员、部门或单据的应收款余额的账龄区间分布，计算出各种账龄应收账款占总应收账款的比例，以帮助财务人员了

解应收账款的资金占用情况，便于企业及时催收款项，同时还可以设置不同的账龄区间进行分析。此外，这项功能既可以进行应收款的账龄分析，也可以进行预收款的账龄分析。

② 收款账龄分析。收款账龄分析主要分析客户、产品、单据的收款账龄。

③ 欠款分析。欠款分析提供多对象分析，可以分析截至某一日期，客户、部门或业务员的欠款构成、欠款数额、信用额度的使用情况、报警级别和最后业务信息。

④ 收款预测。收款预测可以预测将来的某一段日期范围内，客户、部门或业务员等对象的收款情况，而且能提供比较全面的预测对象、显示格式。

10．应收款管理系统期末处理

企业在期末主要应完成计算汇兑损益和月末结账两项业务处理工作。

（1）汇兑损益。如果客户往来有外币核算，且在应收款管理系统中核算客户往来款项，则在月末需要计算外币单据的汇兑损益并进行相应的处理。在计算汇兑损益之前，应首先在系统初始设置中选择汇兑损益的处理方法。通常系统会提供两种汇兑损益的处理方法，即月末计算汇兑损益和单据结清时计算汇兑损益。

（2）月末结账。如果确认本月的各项业务处理已经结束，可以选择执行月末结账功能。结账后本月不能再进行单据、票据、转账等任何业务的增加、删除、修改等处理。另外，如果上个月没有结账，则本月不能结账，并且一次只能选择一个月进行结账。

如果用户觉得某月的月末结账有错误，可以取消月末结账。但取消结账操作只有在该月账务系统未结账时才能进行。如果启用了销售管理系统，销售管理系统结账后，应收款管理系统才能结账。

结账时还应注意本月的单据（发票和应收单）在结账前应该全部审核；若本月的结算单还有未核销的，不能结账。如果结账期间是本年度最后一个期间，则本年度进行的所有核销、坏账、转账等处理必须制单，否则不能向下一个年度结转，而且对于本年度外币余额为零的单据，必须将本币余额结转为零，即必须执行汇兑损益。

10.3　销售管理实务

10.3.1　基本任务

销售业务资料

2022 年 1 月，中诚通讯发生以下销售业务。

1．普通销售业务

（1）1 月 4 日，苏华电商（简称"苏华"）想购买 50 部云米手机，向销售二部了解价格。销售二部报价为 1 800 元/部。填制并审核报价单。

（2）1 月 4 日，该客户了解情况后，同意订购 50 部，商定发货日期为 2022-01-06。填制并审核销售订单。

（3）1 月 6 日，销售二部从成品库向苏华电商发出其所订货物，并据此开具专用销售发票一张，发票号为 17934。

（4）1 月 6 日，业务部门将销售发票交给财务部门，财务部门结转此业务的收入及成本。

（5）1 月 8 日，收到苏华电商转账支票一张，金额 101 700 元。据此填制收款单并核销应收。

2．现结业务

（1）1 月 8 日，销售一部向蓝享科技（简称"蓝享"）出售云易手机 30 部，无税单价每部 1 400 元，货物从成品库发出。

（2）1 月 8 日，根据上述发货单开具专用发票一张，发票号为 17312，同时收到客户以转账支票所支付的全部货款，票据号为 Z1778。

3．代垫费用处理

1 月 8 日，销售一部在向蓝享科技销售商品过程中发生了一笔代垫的邮寄费 60 元，以现金支付。客户尚未偿还该笔款项。

4．开票直接发货

1 月 10 日，销售一部向慧童养老院（简称"慧童"）出售 12 部云易手机，报价为每台 1 380 元，由成品库发出，并据此开具销售普通发票一张，发票号为 17734。结转成本并确认应收。

5．超发货单出库

（1）1 月 12 日，销售一部向蓝享科技出售云易手机 100 部，由成品库发货，报价为每部 1 300 元。开具发票时，客户要求再多买 3 部，根据客户要求开具了 103 部的专用发票一张，发票号为 17826。

（2）1 月 12 日，客户从成品仓库领出 103 部云易手机。确认应收，结转销售成本。

6．委托代销业务

（1）1 月 12 日，销售二部委托苏华电商代为销售云易手机 50 部，售价为每部 1 380 元，货物从成品库发出。

（2）1 月 15 日，收到苏华电商的委托代销清单一张，结算 15 部，立即开具销售专用发票给苏华电商。

（3）1 月 15 日，业务部门将该业务所涉及的出库单及销售发票交给财务部门，财务部门据此结转收入及成本。

7．分期收款业务

（1）1 月 16 日，销售一部向蓝享科技出售云米手机 200 部，单价 1 800 元/部，合同约定，客户要求分 2 次付款，首次付款 120 部。

（2）同日，开具销售专用发票，发票号 17299；云米手机 120 部。结转收入及成本。

销售管理指导

由系统管理员在系统管理模块中引入"供应链初始化"账套作为基础数据。以账套主管"401 王莉"身份进行销售业务处理。

1．业务 1，普通销售业务（涉及销售业务全流程）

（1）在销售管理系统中设置销售选项。操作指导如下。

① 执行"设置"|"销售选项"命令，打开"销售选项"对话框。

② 在"业务控制"选项卡中去掉"报价含税"复选框中的选中标记，如图 10-12 所示。

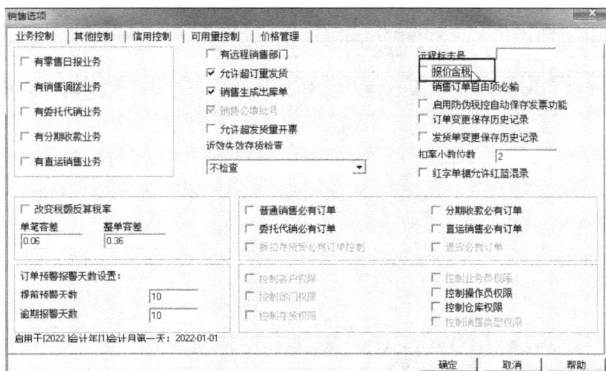

业务 1-设置销售选项

图 10-12　销售选项设置

③ 在"其他控制"选项卡中选择新增发票默认"参照发货"，单击【确定】按钮返回。

（2）在销售管理系统中填制报价单并审核。操作指导如下。

① 执行"销售报价"|"销售报价单"命令，进入"销售报价单"窗口。

② 单击【增加】按钮，输入报价日期"2022-01-04"，销售类型"普通销售"，客户名称"苏华"。

③ 选择货物名称"2001 云米手机"，输入数量"50"，报价"1 800"。

④ 单击【保存】按钮，单击【审核】按钮，保存并审核报价单，如图 10-13 所示。

业务 1-填制报价单并审核

图 10-13　销售报价单

（3）在销售管理系统中填制销售订单并审核。操作指导如下。

① 执行"销售订货"|"销售订单"命令，进入"销售订单"窗口。

② 单击【增加】按钮，单击【生单】按钮旁的下三角按钮，从列表中选择"报价"，打开"查询条件选择——订单参照报价单"对话框。

③ 单击【确定】按钮，进入"参照生单"窗口，选择步骤（1）中录入的报价单，单击【OK 确定】按钮，将报价单信息带入销售订单。

④ 修改销售订单表体中第 1 行末"预发货日期"为"2022-01-06"。

⑤ 单击【保存】按钮，单击【审核】按钮，保存并审核销售订单，如图 10-14 所示。

业务 1-填制销售订单并审核

图 10-14　根据报价单生成销售订单

（4）在销售管理系统中填制销售发货单并审核。操作指导如下。

① 执行"销售发货"|"发货单"命令，进入"发货单"窗口。

② 单击【增加】按钮，打开"查询条件选择——参照订单"对话框，单击【确定】按钮，进入"参照生单"窗口。选择步骤（2）中生成的销售订单，单击【OK 确定】按钮，将销售订单信息带回发货单。

③ 输入发货日期"2022-01-06"，选择仓库"成品库"。

④ 单击【保存】按钮，单击【审核】按钮，保存并审核发货单，如图 10-15 所示。

业务 1-填制销售发货单并审核

（5）在销售管理系统中根据发货单填制并复核销售发票。操作指导如下。

① 执行"销售开票"|"销售专用发票"命令，进入"销售专用发票"窗口。

② 单击【增加】按钮，打开"查询条件选择——发票参照发货单"对话框，单击【确定】按钮，进入"参照生单"窗口。

业务 1-填制销售专用发票并复核

图 10-15　参照销售订单生成销售发货单

③ 选择要参照的发货单，单击【OK 确定】按钮，将发货单信息带入销售专用发票。

> **提示**
>
> 可选择多张发货单开具一张销售发票。
>
> 也可以一张发货单分次开票。分次开票时，注意参照发货单生成发票时要修改发票上的数量。

④ 修改发票号为"17934"，单击【保存】按钮。

⑤ 单击【复核】按钮，复核销售专用发票，如图 10-16 所示。

图 10-16　根据销售发货单生成销售专用发票

（6）在应收款管理系统中，审核销售专用发票确认收入。操作指导如下。

① 在应收款管理系统中，执行"应收单据处理"|"应收单据审核"命令，打开"应收单查询条件"对话框，单击【确定】按钮，进入"应收单据列表"窗口。

② 选择要审核的单据，单击【审核】按钮。

③ 执行"制单处理"命令，打开"制单查询"对话框。

④ 选中"发票制单"复选框，单击【确定】按钮，进入"销售发票制单"窗口。

⑤ 选择凭证类别为"转账凭证"，在工具栏中单击【全选】按钮，选择窗口中的所有单据。单击【制单】按钮，屏幕上出现根据发票生成的转账凭证。

⑥ 单击【保存】按钮，凭证左上角显示"已生成"红字标记，表示已将凭证传递到总账系统。

业务 1-审核销售专用发票确认收入

提示

因为主营业务收入科目设置了项目辅助核算，因此保存凭证前应补充录入主营业务收入的核算项目"云米手机"。方法是，将鼠标光标定位在主营业务收入分录行，将鼠标光标下移至凭证下方的备注区，待鼠标光标变形为笔状时双击，出现"辅助项"选择框后，选择对应项目即可，如图 10-17 所示。

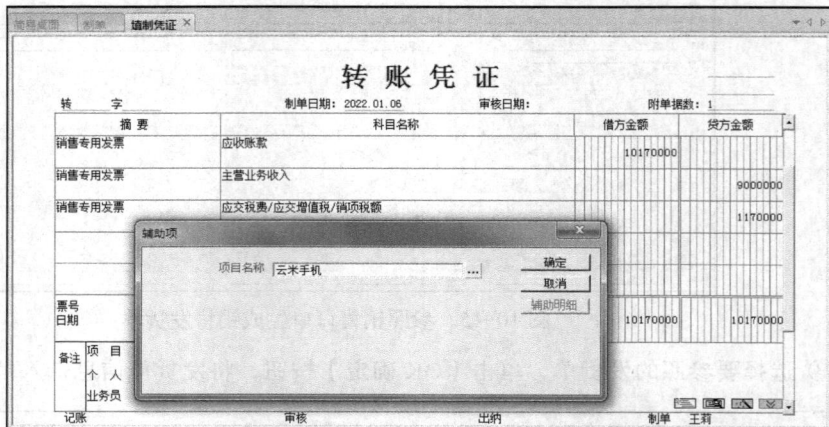

图 10-17　生成销售收入凭证

（7）在库存管理系统中审核销售出库单。操作指导如下。

① 在库存管理系统中，执行"出库业务"|"销售出库单"命令，进入"销售出库单"窗口。

② 单击 【末张】按钮，找到要审核的销售出库单，单击【审核】按钮，系统弹出提示"该单据审核成功"，单击【确定】按钮返回。

业务 1-审核销售出库单

（8）在存货核算系统中对销售出库单记账并生成凭证。操作指导如下。

① 进入存货核算系统，执行"初始设置"|"选项"|"选项录入"命令，选择销售成本核算方式"销售出库单"，单击【确定】按钮，保存设置。

② 执行"业务核算"|"正常单据记账"命令，打开"查询条件选择"对话框。

③ 选择仓库"成品库"，选择"销售出库单"单据类型，单击【确定】按钮，进入"正常单据记账列表"窗口。

业务 1-销售出库单记账并生成凭证

④ 单击需要记账的单据前的"选择"栏，出现"Y"标记，或单击工具栏的【全选】按钮，选择所有单据，然后单击【记账】按钮。

⑤　系统开始进行单据记账，记账完成后，弹出"记账成功"信息提示框，单击【确定】按钮，记完账的单据不在窗口中显示。

⑥　执行"财务核算"|"生成凭证"命令，进入"生成凭证"窗口。

⑦　单击【选择】按钮，打开"查询条件"对话框。选择"销售出库单"，单击【确定】按钮，进入"选择单据"窗口。

⑧　选择需要生成凭证的单据或单击【全选】按钮，然后单击【确定】按钮，进入"生成凭证"窗口。

⑨　选择凭证类别为"转账凭证"，单击【生成】按钮，系统显示生成的转账凭证。

⑩　补充录入主营业务成本和库存商品的核算项目为云米手机。单击【保存】按钮，凭证左上角显示"已生成"红字标记，表示已将凭证传递到总账系统，生成凭证如下。

借：主营业务成本（项目：云米手机）　　　　　　　　　　　　　　70 000
　　贷：库存商品（项目：云米手机）　　　　　　　　　　　　　　70 000

（9）在应收款管理系统中输入收款单并核销应收。操作指导如下。

①　进入应收款管理系统，执行"收款单据处理"|"收款单据录入"命令，进入收款单录入窗口。

②　单击【增加】按钮，输入收款单信息，单击【保存】按钮。

③　单击【审核】按钮，系统弹出提示"是否立即制单"，单击【是】按钮，进入"填制凭证"窗口。

业务1-录入收款单并核销应收

④　单击【保存】按钮，如图 10-18 所示。单击【退出】按钮。

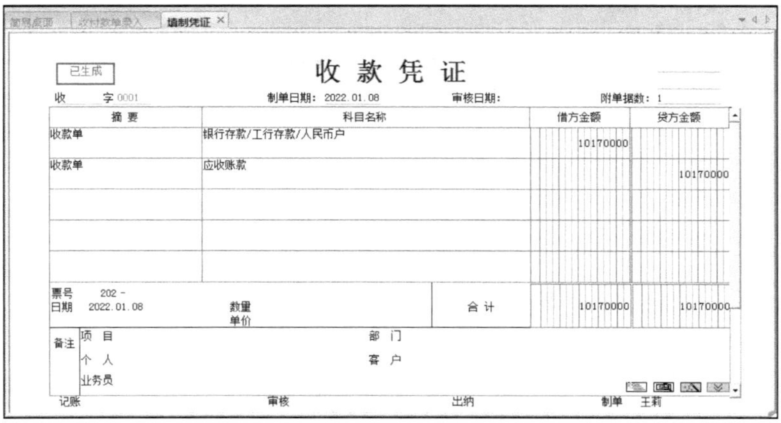

图 10-18　生成收款凭证

⑤　关闭填制凭证窗口。在收付款单录入窗口中，单击【核销】按钮，打开"核销条件"对话框，单击【确定】按钮返回。在 2022-01-06 销售专用发票的"本次结算"栏中输入"101 700"，如图 10-19 所示，单击【保存】按钮。

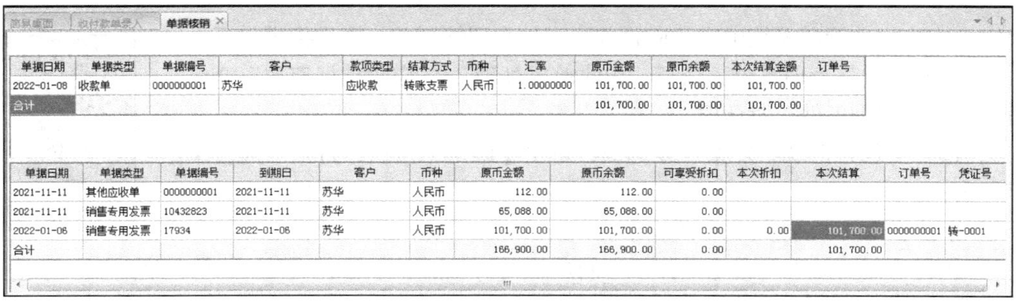

图 10-19　收款核销

2．业务 2，现结销售

（1）在销售管理系统中填制发货单并审核。操作指导如下。

① 执行"销售发货"|"发货单"命令，进入"发货单"窗口。

② 单击【增加】按钮，打开"参照订单"对话框，单击【取消】按钮，进入"发货单"窗口。

③ 输入发货日期"2022-01-08；客户"蓝享"。

④ 选择仓库"成品库"；输入存货名称"2002 云易手机"，数量"30"，无税单价"1 400"。

⑤ 单击【保存】按钮，单击【审核】按钮，保存并审核发货单。

业务2--填制发货单并审核

（2）在销售管理系统中根据发货单生成销售专用发票，并执行现结。操作指导如下。

① 在销售管理系统中，根据发货单生成销售专用发票，补充输入发票号 17312，单击【保存】按钮。

② 在销售专用发票界面，单击【现结】按钮，打开"现结"对话框。选择结算方式为"转账支票"，输入原币金额为"47 460"，票据号为"Z1778"，项目大类"产品"，项目编码"02 云易手机"，如图 10-20 所示。单击【确定】按钮返回，销售发票左上角显示"现结"标志。

业务2-填制销售专用发票并现结

结算方式	原币金额	票据号	银行账号	项目大类编码	项目大类名称	项目编码	项目名称	订单号
202-转账...	47460.00	Z1778	11010498888	00	产品	02	云易手机	

客户名称：蓝享　币种：人民币　汇率：1
应收金额：47460.00
结算金额：47460.00
部门：销售一部　业务员：高文庆

图 10-20　销售发票现结

③ 单击【复核】按钮，对现结发票进行复核。

提示

应在销售发票复核前进行现结处理。
只有销售发票复核后才能在应收款管理系统中进行审核和"现结"制单。

（3）在应收款管理系统中进行应收单据审核和现结制单。操作指导如下。

① 进入应收款管理系统，执行"应收单据处理"|"应收单据审核"命令，打开"应收单查询条件"对话框。

② 选中"包含已现结发票"复选框，单击【确定】按钮，进入"应收单据列表"窗口。

③ 审核步骤（2）的销售专用发票。

④ 执行"制单处理"命令，打开"制单查询"对话框。选中"现结制单"复选框，单击【确定】按钮，进入"现结制单"窗口。

业务2-应收单据审核及现结制单

⑤ 单击需要制单的单据行的"选择标志"栏，输入任意一标志，选择凭证类别为"收款凭证"，输入制单日期，单击【制单】按钮，生成收款凭证。

⑥ 修改相关信息，确定修改无误后，单击【保存】按钮，凭证左上角出现"已生成"红色标记，表示凭证已传递到总账，如图 10-21 所示。

图 10-21　现结制单

（4）在库存管理系统中对销售出库单进行审核。

（5）在存货核算系统中对销售出库单记账并生成凭证。

3．业务 3，代垫费用处理

（1）在企业应用平台中设置费用项目。操作指导如下。

① 在企业应用平台的"基础设置"选项卡中，执行"基础档案"|"业务"|"费用项目分类"命令，进入"费用项目分类"窗口。增加项目分类"1代垫费用"。

② 执行"业务"|"费用项目"命令，进入"费用项目"窗口。增加"01邮寄费"并保存。

（2）在销售管理系统中填制代垫费用单并审核。操作指导如下。

① 在销售管理系统中，执行"代垫费用"|"代垫费用单"命令，进入"代垫费用单"窗口。

② 单击【增加】按钮，输入代垫日期"2022-01-08"；客户"蓝享"；费用项目"邮寄费"；代垫金额"60"，保存并审核。

（3）在应收款管理系统中对代垫费用单进行审核并确定应收。操作指导如下。

① 在应收款管理系统中，执行"应收单据处理"|"应收单据审核"命令，打开"应收单查询条件"对话框，单击【确定】按钮，进入单据处理窗口，选中需要审核的单据，单击【审核】按钮对代垫费用单形成的其他应收单进行审核。

② 执行"制单处理"命令，打开"制单查询"对话框。选择"应收单制单"，单击【确定】按钮，进入"制单"窗口。

③ 选择要制单的单据，选择凭证类型为"付款凭证"，单击【制单】按钮，生成一张付款凭证，输入贷方科目"1001"，单击【保存】按钮，如图 10-22 所示。

4．业务 4，开票直接发货业务

（1）在销售管理系统中，填制并复核销售普通发票。操作指导如下。

① 在销售管理系统中，执行"销售开票"|"销售普通发票"命令，进入"销售普通发票"窗口。

图 10-22　代垫费用制单

② 单击【增加】按钮，打开"选择发货单"对话框。单击【取消】按钮，返回"销售普通发票"窗口。

③ 按实验要求输入销售普通发票内容并复核。

（2）在销售管理系统中，查询销售发货单。执行"销售发货"|"发货单"命令，进入"发货单"窗口，可以查看到根据销售普通发票自动生成的发货单。

（3）在库存管理系统中，审核销售出库单。在库存管理系统中，执行"出库业务"|"销售出库单"命令，进入"销售出库单"窗口，找到根据销售发票自动生成的销售出库单，单击"审核"按钮。

（4）在存货核算系统对销售出库单记账并生成出库凭证。

（5）在应收款管理系统中对销售普通发票进行审核并制单。

生成如下应收凭证。

借：应收账款　　　　　　　　　　　　　　　　　18 712.8

　　贷：主营业务收入　　　　　　　　　　　　　　16 560.00

　　　　应交税费/应交增值税/销项税额　　　　　　2 152.8

5．业务 5，超发货单出库、开票

（1）在库存管理系统和销售管理系统中修改相关选项设置。操作指导如下。

① 在库存管理系统中，执行"初始设置"|"选项"命令，打开"库存选项设置"对话框。单击"专用设置"选项卡，选择"允许超发货单出库"，单击【确定】按钮返回。

② 在销售管理系统中，执行"设置"|"销售选项"命令，打开"销售选项"对话框。在"业务控制"中选择"允许超发货量开票"，去掉"销售生成出库单"选中标记，单击【确定】按钮返回。

难点　　　　销售生成出库单还是库存生成出库单

对外销售时除了一次发货全部出库，还有可能一次发货分次出库或超发货单数量出库。如果选中"销售生成出库单"，那么销售管理的发货单、销售发票、零售日报在审核时，自动生成销售出库单；在库存管理系统中只能对销售出库单进行审核，不能修改出库数量，即只能一次发货全部出库。取消该选项，销售出库单在库存管理系统中参照销售发货单生成，可以修改本次

业务 4-开票直接发货

业务 5-修改相关选项设置

业务 5-修改存货档案

业务 5-填制销售专用发票并复核

出库数量，可以实现一次发货多次出库。

（2）在企业应用平台中修改存货档案，设置超额出库上限为 20%。操作指导如下。

① 在企业应用平台中的"基础设置"选项卡中，执行"基础档案"|"存货"|"存货档案"命令，进入"存货档案"窗口。

② 找到"2002 云易手机"记录行，单击【修改】按钮，打开"修改存货档案"对话框。

③ 单击"控制"选项卡，在"出库超额上限"一栏输入"0.2"，单击【保存】按钮。

业务 5-生成销售出库单并审核

（3）在销售管理系统中，填制并审核发货单，发货数量为 100 部。

（4）在销售管理系统中，填制销售专用发票并复核。注意修改开票数量为"103"。

（5）在库存管理系统中，根据发货单生成销售出库单。

① 在库存管理系统中，执行"出库业务"|"销售出库单"命令，进入"销售出库单"窗口。

② 单击【生单】按钮，打开"查询条件选择"对话框。单击【确定】按钮，进入"销售生单"窗口。

业务 5-销售出库记账并生成凭证

③ 选择要参照的发货单，单击【OK 确定】按钮返回。修改销售出库单上的数量为"103"，单击【保存】按钮，单击【审核】按钮。

（6）在存货核算系统中对销售出库单记账，生成出库凭证。

（7）在应收款管理系统中审核销售专用发票，生成应收凭证。

业务 5-审核销售专用发票生成应收凭证

6．业务 6，委托代销业务处理

（1）相关调整。操作指导如下。

① 在销售管理系统中，执行"设置"|"销售选项"命令，打开"销售选项"对话框。单击"业务控制"选项卡，选中"有委托代销业务"复选框，单击【确定】按钮。

② 在存货核算系统中，执行"初始设置"|"选项"|"选项录入"命令，将"委托代销成本核算方式"设置为"按发出商品核算"，单击【确定】按钮。

业务 6-委托代销相关设置

③ 在存货核算系统中进行委托代销业务相关科目设置。

在存货核算系统中，执行"初始设置"|"科目设置"|"存货科目"命令，进入"存货科目"窗口，设置成品库"委托代销发出商品科目"为"1406 发出商品"。

（2）委托代销发货处理。操作指导如下。

① 在销售管理系统中，执行"委托代销"|"委托代销发货单"命令，填制并审核委托代销发货单。

业务 6-委托代销发货

② 在库存管理系统中，执行"出库业务"|"销售出库单"命令，进入销售出库单窗口，单击"生单"按钮，根据委托代销发货单生成销售出库单，单击"审核"按钮。

③ 在存货核算系统中，执行"业务核算"|"发出商品记账"命令，打开"查询条件选择"对话框。单击【确定】按钮，进入"发出商品记账"窗口。对委托代销发货单进行记账。执行"财务核算"|"生成凭证"命令，选择对"委托代销商品发货单"生成凭证。

借：发出商品		50 000
贷：库存商品		50 000

业务 6-委托代销结算

（3）委托代销结算处理。操作指导如下。

① 在销售管理系统中，执行"委托代销"|"委托代销结算单"命令，进入"委托代销结算单"窗口。参照委托代销发货单生成委托代销结算单。修改

代销结算数量为"15"，单击【保存】按钮保存。

② 单击【审核】按钮，打开"请选择发票类型"对话框。选择"专用发票"，如图 10-23 所示，单击【确定】按钮。

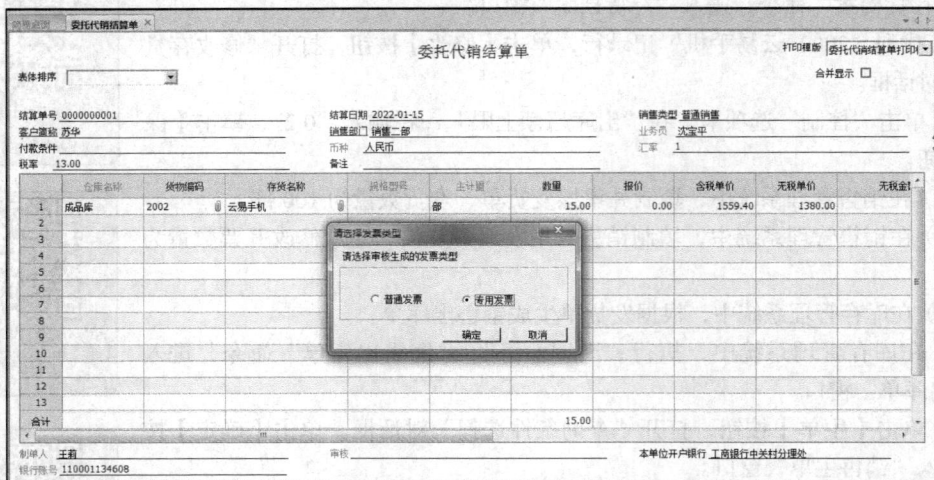

图 10-23　委托代销结算单

③ 在销售管理系统中，查看根据委托代销结算单生成的销售专用发票并复核。

> **提示**
>
> 委托代销结算单审核后，系统自动生成相应的销售发票。
>
> 系统可根据委托代销结算单生成"普通发票"或"专用发票"两种类型的发票。
>
> 委托代销结算单审核后，系统自动生成相应的销售出库单，并将其传递到库存管理系统。

④ 在应收款管理系统中，审核销售发票生成销售凭证。

借：应收账款	23 391
贷：主营业务收入	20 700
应交税费/应交增值税/销项税额	2 691

⑤ 在存货核算系统中，结转销售成本。

在存货核算系统中，执行"发出商品记账"命令，对委托代销销售专用发票进行记账。然后在"生成凭证"窗口中，对委托代销发出商品专用发票生成凭证。

借：主营业务成本（云易手机）	15 000
贷：发出商品	15 000

⑥ 委托代销相关账表查询。

在销售管理系统中，查询委托代销统计表。

在库存管理系统中，查询委托代销备查簿。

7．业务 7，分期收款业务

（1）修改相关设置。

① 在销售管理系统中，执行"设置"|"销售选项"命令，打开"销售选项"对话框。在"业务控制"选项卡，选中"有分期收款业务"复选框。单击【确定】按钮返回。

② 在存货核算系统中，执行"初始设置"|"科目设置"|"存货科目"命令，进入"存货科目"窗口，设置成品库"分期收款发出商品科目"为"1406 发出商品"。

（2）分期收款发货处理

① 在销售管理系统中填制并审核发货单。

注意填制发货单时选择业务类型为"分期收款"。

② 在库存管理系统中根据分期收款发货单生成销售出库单并审核。

③ 在存货核算系统中，执行"业务核算"|"发出商品记账"命令，打开"查询条件选择"对话框。选择"业务类型"为"分期收款"、单击【确定】按钮，进入"未记账单据一览表"窗口。选择要记账的单据，单击【记账】按钮。

④ 在存货核算系统中，执行"财务核算"|"生成凭证"命令，进入"生成凭证"窗口。选择"分期收款发出商品发货单"生成凭证：

借：发出商品 　　　　　　　　　　　　　　　　　　280 000
　　贷：库存商品（云米手机）　　　　　　　　　　　　　280 000

（3）分期收款开票，确认应收

① 在销售管理系统中根据发货单填制并复核销售发票。

参照发货单时，选择业务类型为"分期收款"。修改开票数量为 120。

② 在应收款管理系统中审核销售发票，确认应收。

③ 在应收款管理系统中执行"制单处理"，选择"发票制单"，生成凭证。

借：应收账款 　　　　　　　　　　　　　　　　　　244 080
　　贷：主营业务收入（云米手机）　　　　　　　　　　　216 000
　　　　应交税费/应交增值税/销项税额　　　　　　　　　 28 080

（4）在存货核算系统中对销售发票记账，结转销售成本

① 在存货核算系统中，执行"业务核算"|"发出商品记账"命令，打开"查询条件选择"对话框。

② 选择"业务类型"为"分期收款"，单击【确定】按钮，进入"未记账单据一览表"窗口。选择要记账的单据，单击【记账】按钮。

③ 执行"财务核算"|"生成凭证"命令，进入"生成凭证"窗口。单击【选择】按钮，打开"查询条件"对话框。

④ 在单据列表中，选择"分期收款发出商品专用发票"选项，单击【确定】按钮，进入"未生成凭证单据一览表"窗口。

⑤ 选择要生成凭证的单据，单击【确定】按钮，进入"生成凭证"窗口。选择"凭证类型"为"转账凭证"，单击"生成"按钮，生成出库凭证。

借：主营业务成本（云米手机）　　　　　　　　　　　168 000
　　贷：发出商品 　　　　　　　　　　　　　　　　　　168 000

（5）查询分期收款相关账表

① 在存货核算系统中，查询发出商品明细账。

② 在销售管理系统中，查询销售统计表。

8．账套备份

全部完成后，将当前账套备份为"销售管理"。

10.3.2　拓展任务

1．按批发价销售

企业对外销售时，商品的价格不是一成不变的，有时需要根据客户的级别采取不同的价格，如一级代理商价格、二级代理商价格；有时需要为不同类别的客户或每一个单独的客户单独制定不同的存货销售价格。这就要求企业的价格管理要相对灵活，以适用于不同情境下的销售。

【拓展 1】设置 123 账套中可使用的价类为"批发价 1"和"批发价 2"，设置"云易手机"订购数量达到 20 部以上执行批发价，批发价 1 为 1 300 元，批发价 2 为 1 360 元。针对客户"苏华"销售云易手机自动带出批发价 2。

操作指引如下。

① 在销售管理系统中，执行"价格管理"|"价类设置"命令，打开"价类设置"对话框，将批发价 2 设置为"使用"，如图 10-24 所示。确定返回。

② 执行"价格管理"|"存货价格"|"存货调价单"命令，进入"存货调价单"窗口。单击【增加】按钮，增加"云易手机"，数量"20"，批发价 1 为"1 300"，批发价 2 为"1 360"，单击【保存】按钮，如图 10-25 所示。单击【审核】按钮。

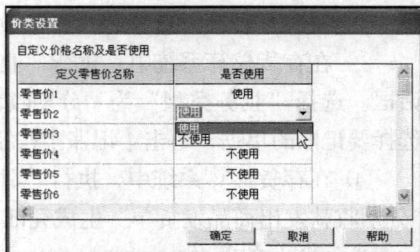

图 10-24　价类设置

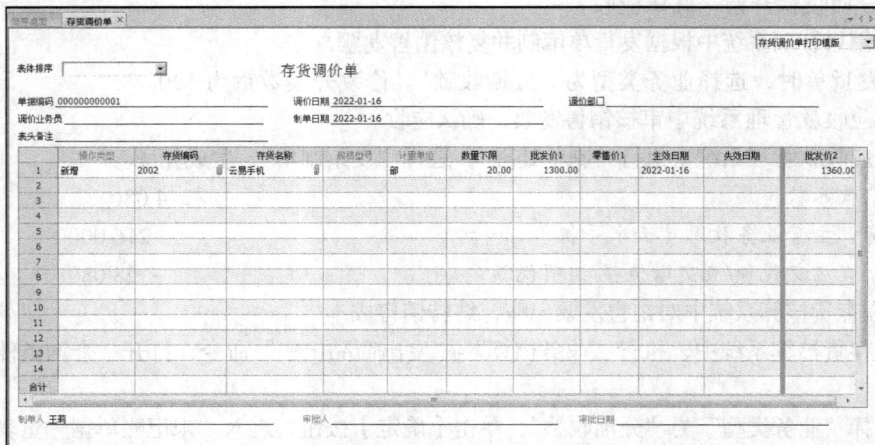

图 10-25　存货调价单

③ 在基础设置中，执行"基础档案"|"客商信息"|"客户档案"命令，找到"苏华"，在"信用"选项卡中修改其价格级别为"批发价 2"，如图 10-26 所示保存。

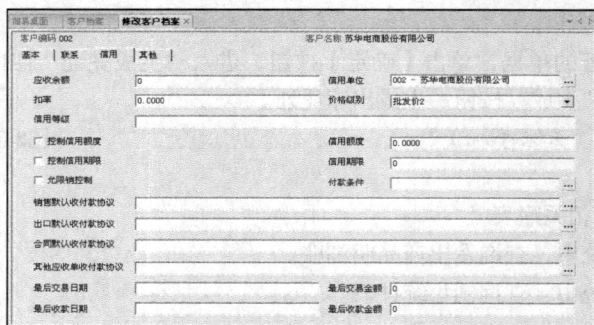

图 10-26　修改客户档案设置价格级别

④ 进入销售管理系统，新增一张销售订单，选择客户"苏华"，存货"云易手机"，系统自动将该客户该存货的单价取到当前单据上。

2．销售折扣

在销售价格管理中，销售折扣是一种非常常见的销售策略。如根据客户购买的数量不同给予不同的折扣，买得越多折扣越高；或者根据客户重要性不同给予不同的折扣；或者根据不同客户所购不同存货给予不同的折扣等多种情况。

【拓展 2】设置 123 账套中对讲机销售 100 台折扣率为 1%，销售 200 台扣率为 2%。

操作指引如下。

① 在销售管理系统中，执行"价格管理"|"批量折扣"命令，进入"批量折扣列表"窗口。

② 单击【增行】按钮，设置对讲机的扣率，如图 10-27 所示，单击【保存】按钮。

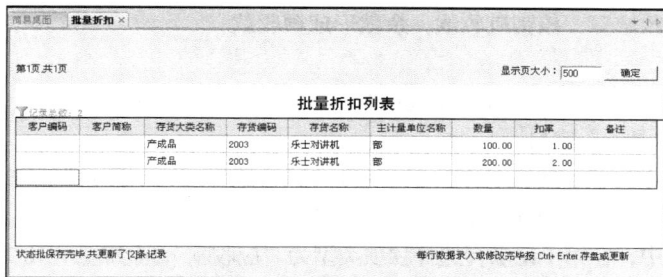

图 10-27　批量折扣设置

在价格管理下的"大类折扣"下，可以按照客户+存货类、客户大类+存货大类、客户 3 种组合定义扣率。从存货价格取价时，根据单据上的客户、存货，取当前客户（类）、存货类对应的扣率带入单据，与原来该客户所能拿到该存货的价格级别的价格相乘，计算得出成交价格。

10.4　应收款管理实务

10.4.1　基本任务

应收款业务资料

2022 年 1 月发生以下经济业务。

（1）22 日，收到慧童养老院交来转账支票一张，金额 20 000 元，票号为 Z0701，用以付清本月 10 日货款，余款转为预收款。

（2）25 日，收到蓝享科技签发的银行承兑汇票一张，用于支付本月云易手机部分货款，金额为 150 000 元，票号为 121212，到期日为"2022-03-25"。

（3）25 日，将苏华电商本月 15 日 23 391 元应收转给蓝享科技。

（4）27 日，用慧童养老院目前结余预收款 1 287.2 元冲抵其部分期初应收款。

（5）27 日，确认苏华电商期初应收欠款 65 088 无法收回，作为坏账处理（中诚通讯坏账处理方式为"应收账款余额百分比法"。坏账准备相关设置如表 10-1 所示）。

表 10-1　坏账准备设置

控制参数	参数设置
提取比例	0.5%
坏账准备期初余额/元	9 780
坏账准备科目	1231 坏账准备
对方科目	6701 资产减值损失

（6）31 日，将蓝享科技 2022 年 3 月 25 日到期的应收票据贴现，贴现率为 6%。

（7）31 日，计提坏账准备。

（8）查询客户"苏华"应收明细账。

应收款管理指导

由系统管理员在系统管理模块中引入"销售管理"账套作为基础数据。以账套主管"401 王莉"身份进行应收款业务处理。

1．业务1，收款结算，核销应收款，余款形成预收款

操作指导如下。

① 在应收款管理系统中，执行"收款单据处理"|"收款单据录入"命令，进入"收付款单录入"窗口。

② 单击【增加】按钮，输入日期"2022-01-22"，选择客户"慧童"，结算方式"转账支票"，金额"20 000"，票号"Z0701"。

③ 在表体记录中，在第1记录行选择款项类型为"应收款"，金额为"18 712.8"；在第2记录行选择款项类型为"预收款"，金额系统自动计算预收款金额，单击【保存】按钮，如图10-28所示。

图10-28　收款单部分为应收，余款形成预收

④ 单击【审核】按钮，系统弹出提示"是否立即制单"。单击【是】按钮，生成凭证。单击【退出】按钮返回。

借：银行存款/工行存款/人民币户　　　　　　　　　　　　　　　　　20 000
　　贷：应收账款　　　　　　　　　　　　　　　　　　　　　　　　　18 712.8
　　　　预收账款　　　　　　　　　　　　　　　　　　　　　　　　　 1 287.2

⑤ 关闭填制凭证窗口。在收付款单录入窗口中，单击【核销】按钮，打开"核销条件"对话框。单击【确定】按钮，进入"单据核销"窗口。

⑥ 在1月10日销售普通发票本次结算栏输入 "18 712.8"，如图10-29所示。单击【保存】按钮。

图10-29　单据核销

2．业务2，收到银行承兑汇票

操作指导如下。

① 在应收款管理系统中，执行"票据管理"命令，打开"查询条件选择"对话框。单击【确定】按钮，进入"票据管理"窗口。

② 单击【增加】按钮，选择票据类型、客户，输入票据编号、出票日期、到期日、金额、收款人账号等信息，单击【保存】按钮，如图10-30所示。

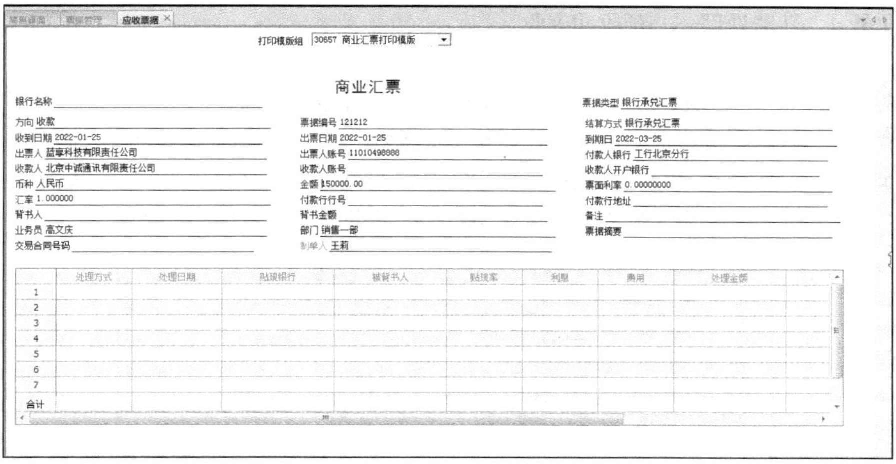

图 10-30　收到银行承兑汇票

提示

商业汇票保存后，系统自动生成一张收款单。

③ 执行"收款单据处理"|"收款单据审核"命令，对商业汇票生成的收款单进行审核。

④ 执行"制单处理"命令，选择"收付款单制单"，对该收款单生成凭证。

借：应收票据　　　　　　　　　　　　　　　　　　　　　150 000

　　贷：应收账款　　　　　　　　　　　　　　　　　　　　150 000

3．业务 3，转账处理——应收冲应收

操作指导如下。

① 执行"转账"|"应收冲应收"命令，进入"应收冲应收"窗口。

② 输入日期"2022-01-25"；选择转出客户"苏华电商股份有限公司"，转入客户"蓝享科技有限责任公司"。

③ 单击【查询】按钮。系统列出转出户"苏华电商"未核销的应收款。

④ 在 2022-01-15 销售专用发票的并账金额处输入"23 391"，如图 10-31 所示。

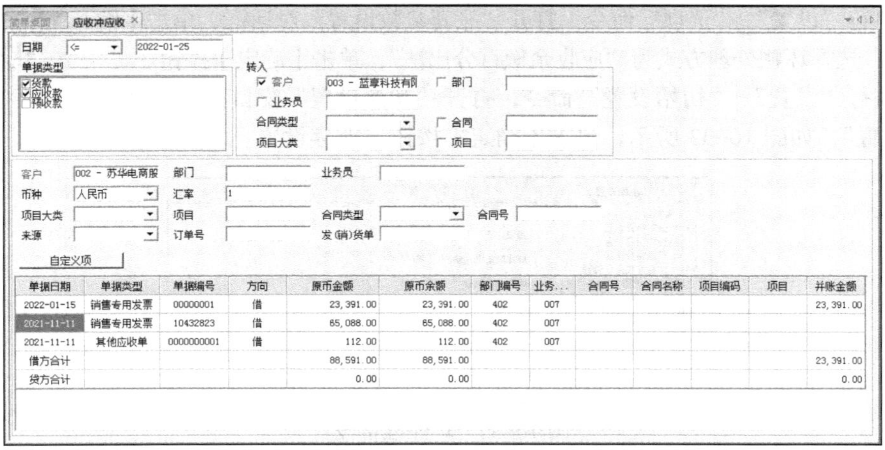

业务 3-转账处理-
应收冲应收

图 10-31　应收冲应收

⑤ 单击【保存】按钮。系统弹出提示"是否立即制单"。单击【是】按钮，生成凭证。

借：应收账款　　　　　　　　　　　　　　　　　　　　　−23 391

借：应收账款　　　　　　　　　　　　　　　　　　　　　23 391

4．业务 4，转账处理——预收冲应收

操作指导如下。

① 执行"转账"|"预收冲应收"命令，进入"预收冲应收"窗口。

② 单击"预收款"选项卡，选择客户"慧童养老院"，单击【过滤】按钮。系统列出该客户的预收款，输入转账金额"1 287.2"，如图 10-32 所示。

图 10-32　预收冲应收

③ 单击"应收款"选项卡，单击【过滤】按钮。系统列出该客户的应收款，输入期初销售普通发票应收转账金额"1 287.2"。

④ 单击【确定】按钮，系统弹出提示"是否立即制单"。单击【是】按钮，生成凭证。

贷：预收账款　　　　　　　　　　　　　　　　　　　　　　　　　　　　　−1 287.2

贷：应收账款　　　　　　　　　　　　　　　　　　　　　　　　　　　　　 1 287.2

> **提示**
>
> 每一笔应收款的转账金额不能大于其余额。
>
> 应收款的转账金额合计应该等于预收款的转账金额合计。

5．业务 5，坏账处理，发生坏账

操作指导如下。

① 执行"设置"|"选项"命令，打开"账套参数设置"对话框。单击【编辑】按钮，选择坏账处理方式为"应收余额百分比法"，单击【确定】按钮。

② 执行"设置"|"初始设置"命令，打开"初始设置"窗口，进行"坏账准备设置"，如图 10-33 所示，单击【确定】按钮，保存设置。

图 10-33　坏账准备设置

③ 重新登录系统执行"坏账处理"|"坏账发生"命令，打开"坏账发生"对话框。选择客户"苏华"；单击【确定】按钮，进入"坏账发生单据明细"窗口，系统列出该客户所有未核销的应收单据。

④ 在 2021-11-11"本次发生坏账金额"处输入"65 088"，如图 10-34 所示，单击【OK 确认】按钮。

单据类型	单据编号	单据日期	合同号	合同名称	到期日	余额	部门	业务员	本次发生坏账金额
				坏账发生单据明细					
销售专用发票	10432823	2021-11-11			2021-11-11	65,088.00	销售二部	沈宝平	65088
其他应收单	0000000001	2021-11-11			2021-11-11	112.00	销售二部	沈宝平	
合 计						65,200.00			65,088.00

图 10-34 发生坏账

⑤ 系统弹出提示"是否立即制单",单击【是】按钮,生成凭证。

借:坏账准备　　　　　　　　　　　　　　　　　　　　65 088

　　贷:应收账款　　　　　　　　　　　　　　　　　　　65 088

6.业务 6,应收票据贴现

操作指导如下。

① 执行"票据管理"命令,进入"票据管理"窗口。

② 选中要贴现的票据,单击【贴现】按钮,打开"票据贴现"对话框。

③ 填写贴现率 6%,结算科目"10020101",如图 10-35 所示。单击【确定】按钮,系统弹出"是否立即制单"对话框。

业务6-应收票据贴现

④ 单击【是】按钮,生成凭证。

借:银行存款/工行存款/人民币户　　　　　　　　　　148 675

　　财务费用/利息　　　　　　　　　　　　　　　　　　1 325

　　贷:应收票据　　　　　　　　　　　　　　　　　　150 000

7.业务 7,计提坏账准备

操作指导如下。

① 执行"坏账处理"|"计提坏账准备"命令,进入"应收账款百分比法"窗口。

② 系统根据应收账款余额、坏账准备余额、坏账准备初始设置情况自动算出本次计提金额,如图 10-36 所示。

业务7-计提坏账准备

③ 单击【OK 确认】按钮,系统弹出提示"是否立即制单"。

④ 单击【是】按钮,生成凭证。

借:资产减值损失　　　　　　　　　　　　　　　　　56856.31

　　贷:坏账准备　　　　　　　　　　　　　　　　　　56856.31

票据贴现

贴现方式
- ⊙ 同城 　　○ 异地 　　3

贴现银行	工商银行中关村分理处
贴现日期	2022-01-31
贴现率	6 %
贴现净额	148,675.00
利息	0.00
费用	1,325.00
结算科目	10020101
汇率	1

确定　　取消

图 10-35 应收票据贴现

应收账款百分比法

应收账款总额	计提比率	坏账准备	坏账准备余额	本次计提
309,662.80	0.500%	1,548.31	-55,308.00	56,856.31

图 10-36 计提坏账准备

> **提示**　如果坏账准备已计提成功，本年度将不能再次计提坏账准备。

8．业务 8，查询客户"苏华"应收明细账

操作指导如下。

① 执行"账表管理"｜"业务账表"｜"业务明细账"命令，打开"查询条件选择"对话框。

② 选择客户"002 苏华"，单击【确定】按钮，进入"应收明细账"窗口。

9．账套备份

全部实验完成后，备份"应收款管理"账套数据。

业务 8–查询客户"苏华"应收明细账

10.4.2　拓展任务

除了在录入收款单界面可以单击【核销】按钮核销应收款之外，也可以定期通过"手工核销"功能，对客户的收款和应收款进行核销，以准确记录账龄。

【拓展】将本月蓝享科技以银行承兑票据形式支付的货款与其应收进行核销。

操作指导如下。

① 在应收款管理系统中，执行"核销处理"｜"手工核销"命令，打开"核销条件"对话框。

② 选择客户"003 蓝享科技"，单击【确定】按钮，进入"单据核销"窗口。

③ 在本月 15 日销售专用发票本次结算金额栏输入"150 000"，如图 10-37 所示。

单据日期	单据类型	单据编号	客户	款项类型	结算方式	币种	汇率	原币金额	原币余额	本次结算金额	订单号
2019-01-25	收款单	0000000005	蓝享	应收款	银行承…	人民币	1.00000000	150,000.00	150,000.00	150,000.00	
合计								150,000.00	150,000.00	150,000.00	

单据日期	单据类型	单据编号	到期日	客户	币种	原币金额	原币余额	可享受折扣	本次折扣	本次结算	订单号	凭证号
2019-01-10	其他应收单	0000000002	2019-01-10	蓝享	人民币	60.00	60.00	0.00				付-0001
2019-01-20	销售专用发票	00000002	2019-01-20	蓝享	人民币	23,391.00	23,391.00	0.00				转-0012
2019-01-15	销售专用发票	17826	2019-01-15	蓝享	人民币	151,307.00	151,307.00	0.00		150,000.00		转-0007
合计						174,758.00	174,758.00	0.00		150,000.00		

图 10-37　手工核销

④ 单击【保存】按钮，本月 15 日销售专用发票原币余额只剩下 1 307 元。

10.5　单元测试

判断题

1．应收票据、应收账款、预收账款科目是应收款管理系统的受控科目。（　　　）

2．应收款管理系统可以设置在销售系统生成出库单或者在库存系统生成出库单。（　　　）

3．销售管理系统可以一次发货分次开票，也可以一次发货多次出库。（　　　）

4．对于随销售过程而发生的各项代垫费用，需要在总账中直接录入凭证。（　　　）

5．如果应收款管理系统和销售管理系统一起启用，则销售发票的输入和审核都在应收款管理系统内完成。（　　　）

6．一张收款单可以核销多笔应收，也可以转为预收。（　　　）

7．应收票据保存后，系统自动生成一张应收单。（　　　）

8. 应收款管理系统提供了自动核销和手工核销两种核销方式。（　　　）

选择题

1. 销售流程中，可选的环节是（　　　）。
   A. 销售报价　　　　　B. 销售订货　　　　C. 销售发货
   D. 销售开票　　　　　E. 销售出库
2. 销售管理支持的业务类型是（　　　）。
   A. 开票直接发货　　　　　　　　　B. 一次销售分次出库
   C. 委托代销　　　　　　　　　　　D. 分期收款
3. 销售过程中为客户代垫的运费的处理方式是（　　　）。
   A. 应收单　　　　　B. 销售发票　　　　C. 代垫费用单　　　　D. 销售支出单
4. 和应收款管理存在数据关联的模块是（　　　）。
   A. 总账管理　　　　B. 销售管理　　　　C. 库存管理
   D. 存货核算　　　　E. 应付款管理
5. 应收单据包括（　　　）。
   A. 应收单　　　　　B. 销售发票　　　　C. 收款单　　　　D. 商业汇票

问答题

1. 销售管理系统的功能有哪些？
2. 简述普通销售业务的处理流程。
3. 委托代销与正常的销售业务有何不同？
4. 先发货后开票和开票直接发货有何不同？
5. 应收款管理系统的主要功能有哪些？
6. 结算单指的是什么？
7. 如何进行坏账处理？
8. 坏账发生后还可以取消吗？

第11章 库存管理与存货核算

11.1 工作情景

❓ 由前期介绍已知，库存管理和存货核算是两个不同的系统，那么都是仓储部门要使用的吗？

库存管理和存货核算管理的对象都是企业的存货。库存管理侧重管理存货的出库、入库及结存的数量；存货核算侧重核算存货的入库成本、出库成本和结存成本。因此，库存管理通常部署在仓储部门，而存货核算部署在财务部门。

❓ 中诚通讯视产品质量如生命，对生产的每一批产品都希望能够追溯到其原料的供货商，这一方面当产品出现质量问题时方便及时溯源并排查后续影响，另一方面也是考察供应商供货质量的佐证。用友 U8 系统能否满足这一需求？

用友 U8 库存管理不仅能管理各类存货的收入、发出和结存，而且还可以对存货进行批次管理、出库跟踪入库等控制。采购入库时可以指定入库原料的批次，材料领用出库时可以对应到领用的是哪批入库的原料，用于生产何种产品，用友 U8 针对上述需求提供了有效的解决方案。

11.2 库存管理系统与存货核算系统基本认知

11.2.1 库存管理系统基本认知

1. 库存管理系统的主要功能

（1）日常收发存业务处理。库存管理系统的主要功能是对采购管理系统、销售管理系统及库存管理系统填制的各种出入库单据进行审核，并对存货的出入库数量进行管理。

除管理采购业务、销售业务形成的入库和出库业务外，库存管理系统还可以处理仓库间的调拨业务、盘点业务、组装拆卸业务、形态转换业务等。

（2）库存控制。库存管理系统支持批次跟踪、保质期管理、委托代销商品管理、不合格品管理、现存量（可用量）管理、安全库存管理，对超储、短缺、呆滞积压、超额领料等情况进行报警。

（3）库存账簿及统计分析。库存管理系统可以提供出入库流水账、库存台账、受托代销商品备查簿、委托代销商品备查簿、呆滞积压存货备查簿供用户查询，同时可以提供各种统计汇总表。

2. 入库业务处理

入库业务处理主要是对各种入库业务进行入库单据的填制和审核。库存管理系统中的审核具有多层含义，既可表示通常意义上的审核，也可用单据是否审核代表实物的出入库行为。

库存管理系统的入库业务主要包括以下几类。

（1）采购入库。采购部门采购的物品到货后，仓库保管员对其所购存货进行验收，填制采购入库单，代表存货已经办理入库。

（2）产成品入库。产成品入库单是管理工业企业的产成品入库业务的单据。

工业企业对原材料及半成品进行一系列的加工后，形成可销售的商品，然后验收入库。只有工业企业才有产成品入库单，商业企业没有此单据。

一般在入库时是无法确定产成品的总成本和单位成本的，因此，在填制产成品入库单时，一般只有数量，没有单价和金额。

产成品入库的业务流程如图 11-1 所示。

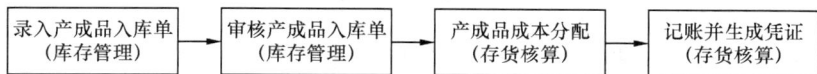

```
┌─────────────┐   ┌─────────────┐   ┌─────────────┐   ┌─────────────┐
│录入产成品入库单│→  │审核产成品入库单│→  │产成品成本分配│→  │记账并生成凭证│
│ （库存管理） │   │ （库存管理） │   │ （存货核算） │   │ （存货核算） │
└─────────────┘   └─────────────┘   └─────────────┘   └─────────────┘
```

图 11-1　产成品入库的业务流程示意图

（3）其他入库。其他入库，指除了采购入库、产成品入库之外的其他入库，如调拨入库、盘盈入库、组装拆卸入库、形态转换入库等业务。

需要注意的是，调拨入库、盘盈入库、组装拆卸入库、形态转换入库等业务可以自动形成相应的入库单，除此之外的其他入库单由用户填制，如收到捐赠物资办理入库。

3．出库业务处理

（1）销售出库。如果没有启用销售管理系统，销售出库单需要手工增加。

如果启用了销售管理系统，则在销售管理系统中填制的销售发票、发货单、销售调拨单、零售日报，经复核后均可以参照生成销售出库单。根据选项设置，销售出库单可以在库存管理系统中、生成，也可以在销售管理系统生成后传递到库存管理系统，再由库存管理系统进行审核。

（2）材料出库。材料出库单是工业企业领用材料时所填制的出库单据，材料出库单也是进行日常业务处理和记账的主要原始单据之一。只有工业企业才有材料出库单，商业企业没有此单据。

（3）其他出库。其他出库指除销售出库、材料出库之外的其他出库业务，如维修、办公耗用、调拨出库、盘亏出库、组装拆卸出库、形态转换出库等。

需要注意的是，调拨出库、盘盈出库、组装出库、拆卸出库、形态转换出库等业务可以自动形成相应的出库单，除此之外的其他出库单由用户填制。

4．其他业务

（1）库存调拨。库存管理系统提供了调拨单，用于处理仓库之间存货的转库业务或部门之间的存货调拨业务。如果调拨单上的转出部门和转入部门不同，就表示是部门之间的调拨业务；如果转出部门和转入部门相同，但转出仓库和转入仓库不同，就表示是仓库之间的转库业务。

（2）盘点。库存管理系统提供了盘点单，用来定期对仓库中的存货进行盘点。存货盘点报告表，是证明企业存货盘盈、盘亏和毁损并据以调整存货实存数的书面凭证，经企业领导批准后，可作为原始凭证入账。

本功能提供两种盘点方法，即按仓库盘点和按批次盘点，还可对各仓库或批次中的全部或部分存货进行盘点，盘盈、盘亏的结果可自动生成其他出入库单。

（3）组装与拆卸。有些企业中的某些存货既可单独出售，又可与其他存货组装在一起销售。如计算机销售公司既可将显示器、主机、键盘等单独出售，又可按客户的要求将显示器、主机、键盘等组装成计算机销售，这时就需要对计算机进行组装；如果企业库存中只存有组装好的计算机，但客户只需要买显示器，此时就需将计算机进行拆卸，然后将显示器卖给客户。

组装指将多个散件组装成一个配套件的过程。组装单相当于两张单据，一个是散件出库单，另一个是配套件入库单。配套件和散件之间是一对多的关系。配套件和散件之间的关系在产品结构中设置。用户应预先进行产品结构定义，否则无法进行组装。

拆卸指将一个配套件拆卸成多个散件的过程。拆卸单相当于两张单据，一个是配套件出库单，另一个是散件入库单。配套件和散件之间是一对多的关系。配套件和散件之间的关系在产品结构中设置。用户在拆卸之前应先进行产品结构定义，否则无法进行拆卸。

（4）形态转换。由于自然条件或其他因素的影响，某些存货会由一种形态转换成另一种形态（如煤块由于风吹、雨淋变成了煤渣，活鱼由于缺氧变成了死鱼等），从而引起存货规格和成本的变化。因此，库管员需根据存货的实际状况填制形态转换单，或叫规格调整单，报请主管部门批准后进行调账处理。

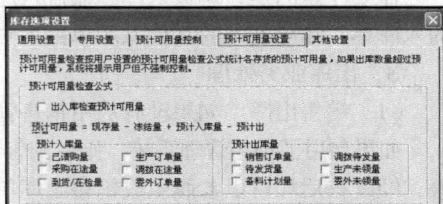

![难点图标] **难点**　　　　　　可用量与现存量

在用友 U8 中，可用量是指企业实际可以使用的存量，现存量是指企业实际的库存量。

$$可用量＝现存量－冻结量＋预计入库量－预计出库量$$

冻结量：指虽然已入库但因各种原因不能办理出入库的存货量。

预计入库量：指采购业务或调拨业务已发生或生产订单已下达，实物还未入库但在可预见的未来将要入库的量，包括已请购量、采购在途量、生产订单量、委外订单量、到货/在检量、调拨在途量等。

预计出库量：指销售或调拨业务已发生，实物还未出库但在可预见的未来将要出库的量，包括销售订单量、备料计划量、生产未领量、委外未领量、待发货量、调拨待发量等。

在"库存选项设置"中，用户可以定义预计入库量和预计出库量的构成，如图 11-2 所示。

图 11-2　库存选项设置——预计可用量设置

5．综合查询

灵活运用库存管理系统提供的各种查询功能，可以有效提高信息利用效率和库存管理水平。

（1）单据查询。通过单据列表可以对"采购入库单列表""产成品入库单列表""其他入库单列表""销售出库单列表""材料出库单列表""其他出库单列表""限额领料单列表""盘点单列表"等进行查询。

（2）账表查询。通过查询库存管理系统提供的库存账、批次账、统计表，实现对库存业务的实时管理，通过储备分析提供存货的超储、短缺、呆滞积压等管理信息。

6．月末处理

月末结账是指将当月的单据数据封存，结账后不允许再对该会计期的库存单据进行增加、修改和删除处理。

11.2.2　存货核算系统基本认知

存货核算系统从资金的角度管理存货的出入库业务，核算企业的入库成本、出库成本和结余成本，反映和监督存货的收发、领退和保管情况，及时准确地把各类存货成本归集到各成本项目和成本对象上，为企业的成本核算提供基础数据，及时掌控存货资金的占用情况，提高资金的使用效率。

1．存货核算系统的主要功能

存货核算系统的主要功能包括初始设置、日常业务处理和期末处理 3 个部分。

（1）初始设置。初始设置主要包括存货核算选项设置、存货系统自动凭证相关的科目设置和期初数据录入。

（2）日常业务处理。日常业务处理主要完成存货核算业务数据的录入和成本核算。与供应链其他系统集成使用情况下，可以针对出入库单据的单价进行调整，对出入库成本进行调整，进行结算成本处理、产成品成本分配、存货跌价准备核算，完成出入库业务相关凭证的生成。

（3）期末处理。计算全月平均法核算的存货的全月平均单价及本月出库成本，计算存货的差异率/差价率，完成月末结账。

2．入库业务处理

入库业务包括采购入库、产成品入库和其他入库。

（1）采购入库单在库存管理系统中录入，在存货核算系统中可以修改采购入库单上的入库金额，采购入库单上"数量"的修改只能在该单据填制的系统进行。

（2）产成品入库单在填制时一般只填写数量，单价与金额既可以通过修改产成品入库单直接填入，也可以由存货核算系统的产成品成本分配功能自动计算填入。

（3）大部分其他入库单都是由相关业务直接生成的，如果与库存管理系统集成使用，可以通过修改其他入库单的操作对盘盈入库业务生成的其他入库单的单价进行输入或修改。

3．出库业务处理

出库单据包括销售出库、材料出库和其他出库。在存货核算系统修改出库单据上的单价或金额。

4．单据记账

单据记账是将所输入的各种出入库单据记入存货明细账、差异明细账、受托代销商品明细账等。单据记账应注意以下几点。

（1）无单价的入库单据不能记账，因此记账前应对暂估入库的成本、产成品入库单的成本进行确认或修改。

（2）各个仓库的单据应该按照时间顺序记账。

（3）已记账单据不能修改和删除。如果发现已记账单据有错误，在本月未结账状态下可以取消记账。如果已记账单据已生成凭证，就不能取消记账，除非先删除相关凭证。

5．调整业务

出入库单据记账后，如果发现单据金额录入错误，通常采用修改方式进行调整。但如果遇到由于暂估入库后发生零出库业务等原因所造成的出库成本不准确或库存数量为零而仍有库存金额的情况，就需要利用调整单据进行调整。

调整单据包括入库调整单和出库调整单。它们都只针对当月存货的出入库成本进行调整，并且只调整存货的金额，不调整存货的数量。

出入库调整单保存即记账，因此已保存的调整单据不可修改、删除。

6．暂估处理

存货核算系统中对采购暂估入库业务提供了月初回冲、单到回冲、单到补差 3 种处理方式，暂估处理方式一旦选择，不可修改。无论采用哪种方式，都要遵循以下步骤，即待采购发票到达后，在采购管理系统填制发票并进行采购结算，然后在存货核算系统中完成暂估入库业务成本处理。

7．财务核算

在存货核算系统中，可以将各种出入库单据中涉及存货增减和价值变动的单据生成凭证传递到总账。

对比较规范的业务，在存货核算系统的初始设置中可以事先设置好凭证上的存货科目和对方科目，系统将自动采用这些科目生成相应的出入库凭证，并传送到总账。

生成凭证操作一般由在总账中有填制凭证权限的操作员来完成。

8．综合查询

（1）单据查询。单据查询功能可以对存货核算系统中各种出入库单据、调整单据进行查询。

（2）存货账簿。存货账簿包括存货总账、存货明细账、出入库流水账、发出商品明细账、个别计价明细账、计价辅助数据。

（3）存货汇总表。存货汇总表包括入库汇总表、出库汇总表、差异分摊表、收发存汇总表、发出商品汇总表和暂估材料/商品余额表。

（4）分析表。存货分析表包括存货周转率分析、ABC 成本分析、入库成本分析、库存资金占用分析、库存资金占用规划。

9．月末处理

（1）期末处理。当存货核算系统日常业务全部完成后，进行期末处理。系统自动计算全月平均单价及本会计月出库成本，自动计算差异率（差价率）及本会计月的分摊差异/差价，并对已完成日常业务的仓库/部门做处理标志。

（2）月末结账。存货核算系统期末处理完成后，就可以进行月末结账。如果是集成应用模式，必须在采购管理、销售管理、库存管理系统全部结账后，存货核算系统才能结账。

（3）与总账系统对账。为保证业务与财务数据的一致性，需要进行对账，即将存货核算系统记录的存货明细账数据与总账系统存货科目、差异科目的结存金额和数量进行核对。

11.3 库存管理实务

11.3.1 基本任务

库存业务资料

2022 年 1 月库存日常业务如下。

1．产成品入库业务

1 月 5 日，生产部制作的 400 部云易手机完工，入成品库。

1 月 8 日，生产部制作的 300 部云易手机完工，入成品库。

随后收到财务部门提供的完工产品成本，其中云易手机的总成本为 980 000 元，立即进行成本分配，记存货明细账并生成入库凭证。

2．材料领用

1 月 10 日，生产部向原料库领用机壳 100 个，用于生产云米手机。记材料明细账，生成领料凭证。

3．调拨业务

1 月 10 日，将原料库中的 220 个"高清摄像头"调拨到成品库中。

4．盘点业务

1 月 12 日，对原料库的存货"1003 主板"进行盘点，盘点数量为 453 个。经确定每个的成本为 320 元。

5．其他出库业务

1 月 15 日，总经办向慧童养老院捐赠乐士对讲机 50 部。

6．组装业务

1 月 15 日，应客户急需，当日组装了 20 部云易手机。每部云易手机由 1 个普通摄像头、1 个主板、1 个机壳组成。云易手机的单价为 1 000 元。

库存管理指导

由系统管理员在系统管理中引入"供应链初始化"账套作为基础数据。以账套主管"401 王莉"身份进行库存业务处理。

1．业务 1，产成品入库

（1）在库存管理系统中录入产成品入库单并审核。操作指导如下。

① 执行"入库业务"|"产成品入库单"命令，进入"产成品入库单"窗口。

② 单击【增加】按钮，输入入库日期"2022-01-05"，选择仓库"成品库"，入库类别"产成品入库"，部门"生产部"。

③ 选择产品编码"2002 云易手机"，输入数量"400"，单击【保存】按钮。

④ 单击【审核】按钮，完成对该单据的审核，如图 11-3 所示。

业务 1-录入产成品
入库单并审核

图 11-3　填制并审核产成品入库单

⑤ 用同样的方法，输入第 2 张产成品入库单。

提示

产成品入库单上无须填写单价，待产成品成本分配后会自动写入。

（2）在存货核算系统中录入生产总成本并进行产成品成本分配。操作指导如下。

① 执行"业务核算"|"产成品成本分配"命令，进入"产成品成本分配表"窗口。

② 单击【查询】按钮，打开"产成品成本分配表查询"对话框。选择"成品库"，单击【确定】按钮，系统将符合条件的记录带回"产成品成本分配表"。

③ 在"2002 云易手机"记录行"金额"栏输入"980 000"。

④ 单击【分配】按钮，系统弹出提示"分配操作顺利完成！"，单击【确定】按钮返回，如图 11-4 所示。

业务 1-产成品成本分配

图 11-4　输入产品成本分配金额并分配产品成本

⑤ 执行"日常业务"|"产成品入库单"命令，进入"产成品入库单"窗口，可查看入库云易手机单价为 1 400 元。

（3）在存货核算系统中对产成品入库单进行记账并生成凭证。操作指导如下。

① 执行"业务核算"|"正常单据记账"命令，对产成品入库单进行记账处理。

② 执行"财务核算"|"生成凭证"命令，选择"产成品入库单"，生成凭证。在生成凭证界面，单击【合成】按钮，可合并生成入库凭证，如图 11-5 所示。

业务 1-产成品入库-记账并生成凭证

图 11-5　产成品入库单生成凭证

2. 业务 2，材料领用出库

（1）在库存管理系统中填制材料出库单。操作指导如下。

① 执行"出库业务"|"材料出库单"命令，进入"材料出库单"窗口。

② 单击【增加】按钮，填写出库日期"2022-01-10"，选择仓库"原料库"，出库类别"材料领用出库"，部门"生产部"。

③ 选择"1004 机壳"，输入数量"100"。

④ 单击【保存】按钮。单击【审核】按钮，如图 11-6 所示。

业务 2-填制
材料出库单并审核

图 11-6　填制材料出库单并审核

（2）在存货核算系统中对材料出库单记账并生成凭证。操作指导如下。

① 执行"业务核算"|"正常单据记账"命令，对材料出库单进行记账。

② 执行"财务核算"|"生成凭证"命令，选择材料出库单生成凭证。

借：生产成本/直接材料（云米手机）　　　　　4 500

　　贷：原材料/机壳　　　　　　　　　　　　　　4 500

业务 2-对材料出库
单记账并生成凭证

3. 业务 3，库存调拨——仓库调拨

（1）在库存管理系统中填制调拨单并审核。操作指导如下。

① 执行"调拨业务"|"调拨单"命令，进入"调拨单"窗口。

② 单击【增加】按钮，输入调拨日期"2022-01-10"；选择转出仓库"原料库"，转入仓库"成品库"，出库类别"其他出库"，入库类别"其他入库"。

③ 选择存货编码"1001 高清摄像头"，数量"220"，单击【保存】按钮。

业务 3-填制
调拨单并审核

④ 单击【审核】按钮，系统弹出"该单据审核成功！"信息提示框，单击【确定】按钮返回，如图 11-7 所示。

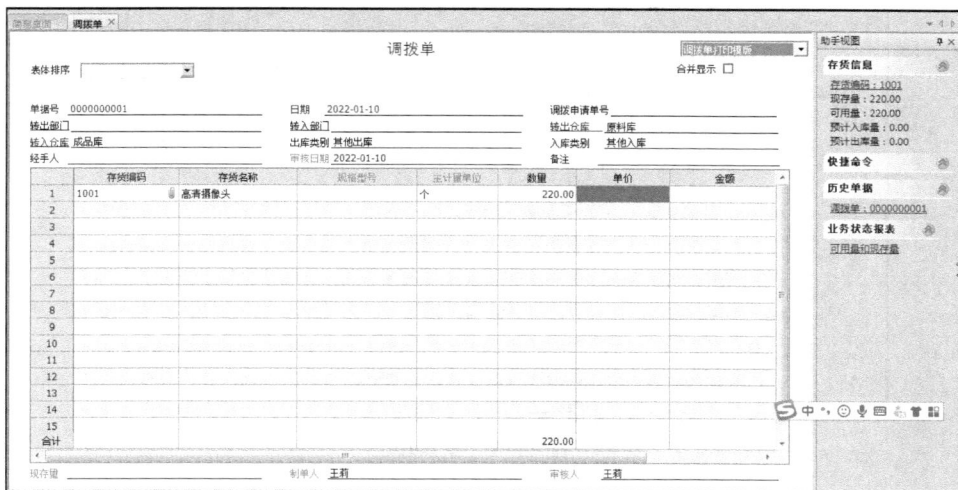

图 11-7　调拨单

提示　　调拨单保存后，系统自动生成其他入库单和其他出库单，且由调拨单生成的其他入库单和其他出库单不得修改和删除。

转出仓库的计价方式是移动平均、先进先出时，调拨单的单价可以为空，系统会根据计价方式自动计算填入。

（2）在库存管理系统中对调拨单生成的其他出入库单进行审核。操作指导如下。

① 执行"入库业务"|"其他入库单"命令，进入"其他入库单"窗口。

② 单击【末张】按钮，找到根据调拨单生成的其他入库单，单击【审核】按钮。

③ 用同样的方法完成对其他出库单的审核。

（3）在存货核算系统中对调拨单记账。操作指导如下。

① 执行"业务核算"|"特殊单据记账"命令，打开"特殊单据记账条件"对话框。

② 选择单据类型"调拨单"，单击【确定】按钮，进入"特殊单据记账"窗口。

③ 选择要记账的调拨单，单击【记账】按钮。

业务 3-审核其他
出入库单

业务 3-对调拨单
记账

提示　　在"库存商品"科目不分明细的情况下，库存调拨业务不会涉及账务处理，因此，对库存调拨业务生成的其他出入库单暂不进行制单。

4．业务 4，盘点业务

（1）在库存管理系统中增加盘点单并审核。操作指导如下。

① 执行"盘点业务"命令，进入"盘点单"窗口。

② 单击【增加】按钮，输入日期"2022-01-12"，选择盘点仓库"原料库"，出库类别"其他出库"，入库类别"其他入库"。

③ 在表体中选择存货"1003 主板"，带出账面数量为"450"。

业务 4-填制盘点单
并审核

④ 输入存货主板的盘点数量 "453"，单击【保存】按钮。

⑤ 单击【审核】按钮，如图 11-8 所示。

图 11-8 盘点单

盘点单审核后，系统自动生成相应的其他入库单和其他出库单。

单击【盘库】按钮，表示选择盘点仓库中所有的存货进行盘点；单击【选择】按钮，表示按存货分类批量选择存货进行盘点。

上次盘点的仓库存货所在的盘点表未记账之前，不应再对此仓库该存货进行盘点，否则账面数不准确。即同一时刻不能有两张相同仓库、相同存货的盘点表未记账。

盘点前应将所有已办理实物出入库但未录入的出入库单或销售发货单、销售发票都录入系统。

盘点前应将所有委托代管或受托代管的存货进行清查，并将这些存货与已记录在账簿上需盘点的存货区分出来。盘点表中的盘点数量不应包括委托代管或受托代管的数量。

盘点开始后至盘点结束前不应再办理出入库业务。即新增盘点表后，不应再录入出入库单、发货单及销售发票等单据，也不应办理实物出入库业务。

盘点表中的账面数，为增加盘点表中的存货的那一时刻该仓库该存货的现存量，它是库存系统中该仓库该存货的账面结存数减去销售系统中已开具发货单或发票但未生成出库单的数量的差。

盘点单中输入的盘点数量是实际库存盘点的结果。

（2）在库存管理系统中对盘点单生成的其他入库单进行审核。

（3）在存货核算系统中对其他入库单进行记账并生成凭证。

① 执行"日常业务"|"其他入库单"命令，进入"其他入库单"窗口。单击【修改】按钮，补充录入主板的单价 "320"，单击【保存】按钮。

② 执行"业务核算"|"正常单据记账"命令，对其他入库单进行记账。

③ 执行"财务核算"|"生成凭证"命令，对其他入库单进行生成凭证。

借：原材料/主板　　　　　　　　　　　　　　　　　　960

　　贷：待处理财产损溢　　　　　　　　　　　　　　　　960

业务 4-审核盘盈生成的其他入库单

入库单必须有单价才能记账。

只有在存货核算系统中可以修改各种出入库单据的单价。

业务 4-对其他入库单记账并生成凭证

5．业务 5，其他出库

（1）在库存管理系统中录入其他出库单并审核。操作指导如下。

① 执行"出库业务"｜"其他出库单"命令，进入"其他出库单"窗口。

② 单击【增加】按钮，输入出库日期"2022-01-15"，选择仓库"成品库"，出库类别"其他出库"，部门"总经办"。

③ 选择存货编码"2003 乐士对讲机"，输入数量"50"。

④ 单击【保存】按钮。

⑤ 单击【审核】按钮，完成对该单据的审核。

（2）在存货核算系统中对其他出库单记账。

（3）在存货核算系统中对其他出库单生成凭证。

借：营业外支出　　　　　　　　4 500

　　贷：库存商品（乐士对讲机）　 4 500

业务5-捐赠出库

6．业务 6，组装业务

（1）在库存管理系统中进行相关选项设置。操作指导如下。

① 在库存管理系统中，执行"初始设置"｜"选项"命令，打开"库存选项设置"对话框。

② 在"通用设置"选项卡中选中"有无组装拆卸业务"复选框，单击【确定】按钮返回。库存管理菜单下出现"组装拆卸"功能菜单。

业务6-相关选项设置

（2）定义产品结构。操作指导如下。

① 执行"基础档案"｜"业务"｜"产品结构"命令，进入"产品结构"窗口，定义散件与组装件之间的关系。

② 单击【增加】按钮，打开"增加产品结构"对话框。选择母件名称"2002 云易手机"；版本说明为"1.0"，子件分别选择"1002 普通摄像头、1003 主板、1004 机壳"，基本用量均为"1"；存放仓库均为"原料库"；单击【保存】按钮，如图 11-9 所示。

业务6-定义产品结构

图 11-9　增加产品结构

（3）在库存管理系统中录入组装单。操作指导如下。

① 执行"组装拆卸"｜"组装单"命令，进入"组装单"窗口。

② 单击【增加】按钮，输入日期"2022-01-15"，选择配套件"2002 云易手机"，单击【展开】按钮，系统弹出提示"是否展到末级"，单击【是】按钮，系统将产品结构信息带到组装单。选择入库类别"其他入库"，出库类别"其他出库"，部门"生产部"。

业务6-组装业务处理

③ 在单据体第一行，选择仓库"成品库"，输入数量"20"。

④ 单击【保存】按钮，单击【审核】按钮，如图 11-10 所示。

图 11-10　组装单

提示

组装单保存后，系统自动生成相应的其他入库单和其他出库单。

（4）在库存管理系统中对组装单生成的其他入库单、其他出库单进行审核。

（5）在存货核算系统中对组装单进行特殊单据记账。

① 在存货核算系统中，执行"业务核算"|"特殊单据记账"命令，打开"特殊单据记账条件"对话框。

② 选择单据类型"组装单"，单击【确定】按钮，进入"特殊单据记账"窗口。

③ 选择要记账的单据，单击【记账】按钮。

组装拆卸业务一般不涉及账务处理，因此，对组装拆卸业务生成的其他出入库单暂不进行制单。

7．账套备份

全部完成后，将数据备份至"库存管理"。

11.3.2　拓展任务

每个企业在业务发生过程中都希望建立物料的合理库存储备，既不能发生因物料短缺而停工待料，也不能因为库存过高而呆滞积压。

用友 U8 中，可以通过设定存货的最高、最低和安全库存为仓库管理人员提供存货管理的基本方法。

最高库存：存货在仓库中存储的最大数量。超过此量就可能形成存货积压。

最低库存：存货在仓库中存储的最小数量。低于此量就可能形成短缺影响正常生产。

安全库存：为了预防需求或供应方面不可预料的波动设置的仓库中应存储的存货数量。

【拓展】设定存货"1003 主板"，最高库存 500 个，最低库存 100 个，安全库存 300 个，进行最低最高库存控制。

操作指引如下。

① 在企业应用平台基础设置中，执行"基础档案"|"存货"|"存货档案"命令，打开"修改存货档案"窗口，修改存货"1003 主板"的控制信息，如图 11-11 所示。

拓展-最低最高库存控制

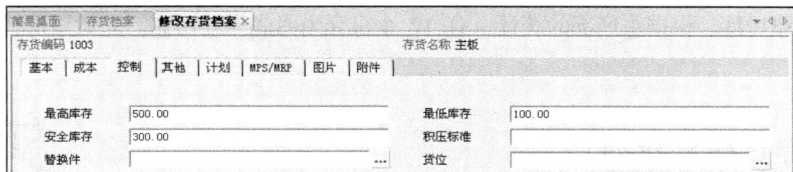

图 11-11　设置存货控制信息

② 进入库存管理系统，执行"初始设置"｜"选项"命令，在专用设置页签中选中"最高最低库存控制"选项，如图 11-12 所示。

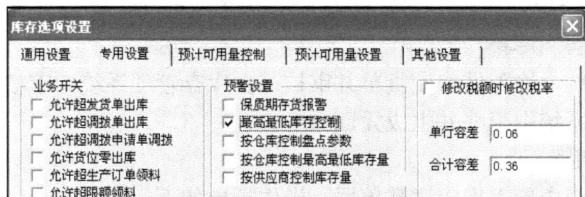

图 11-12　库存选项设置

③ 当发生与主板有关的出入库业务时，系统会自动检测是否超出最高最低库存限制，若超过，则自动报警。现在我们在库存管理系统中增加一张采购入库单，主板的入库数量为 200（输入存货主板后，在入库单底部能看到主板的现存量信息，目前为 433），超过最高库存 133，保存该单据时，系统给出最高最低库存控制信息，如图 11-13 所示。

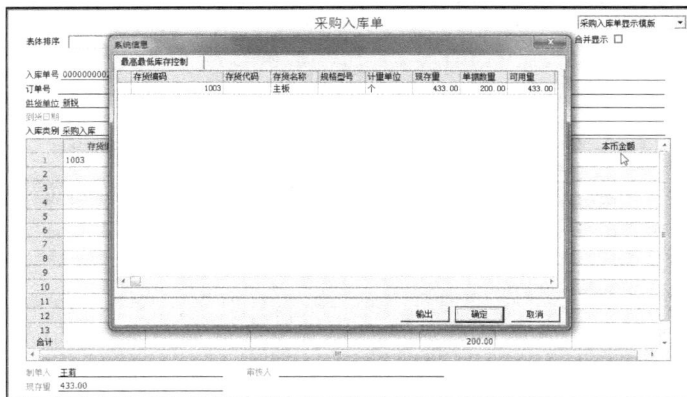

图 11-13　最高最低库存控制信息

11.4　存货核算实务

11.4.1　基本任务

存货核算业务资料

2022 年 1 月发生以下经济业务。

（1）1 月 25 日，销售二部向苏华出售云易手机 30 部，无税单价为 1 350 元，货物从成品库发出。

（2）1 月 31 日，调整 1 月 25 日出售给苏华的云易手机的出库成本，增加 200 元。

（3）1 月 31 日，根据生产部的统计，有 12 个机壳当月尚未耗用完。先做假退料处理，下个月再继续使用。

✎ 存货核算指导

由系统管理员在系统管理中引入"库存管理"账套作为基础数据，以账套主管"401 王莉"身份进行存货业务处理。

1. 业务 1，销售出库

（1）在存货核算系统中，执行"初始设置"|"选项"命令，设置"销售成本核算方式"为"销售出库单"。

（2）在销售管理系统中输入销售发货单并审核，在库存管理系统中审核销售出库单，在存货核算系统中记账并生成凭证。

2. 业务 2，出库调整

（1）在存货核算系统中录入出库调整单据。操作指导如下。

① 执行"日常业务"|"出库调整单"命令，进入"出库调整单"窗口。

② 单击【增加】按钮，选择"成品库"，输入日期"2022-01-31"，选择收发类别"销售出库"，部门"销售二部"，客户"苏华"。

③ 选择存货编码"2002 云易手机"，调整金额 200 元。

④ 单击【保存】按钮，如图 11-14 所示。单击【记账】按钮。

业务 1-选项设置

业务 1-办理销售出库

业务 2-出库调整

图 11-14　出库调整单

> **提示**
>
> 出库调整单是对存货的出库成本进行调整的单据，只能针对存货进行调整。

（2）在存货核算系统中生成出库调整凭证。操作指导如下。

① 执行"财务核算"|"生成凭证"命令，进入"生成凭证"窗口。单击【选择】按钮，打开"查询条件"对话框。

② 选中"出库调整单"选项，单击【确定】按钮，进入"未生成凭证单据一览表"窗口。

③ 单击单据行前的"选择"栏，出现选中标记"1"，单击【确定】按钮，进入"生成凭证"窗口。

④ 选择凭证类别为"转账凭证",单击【生成】按钮,系统显示生成的转账凭证。

借:主营业务成本　　　　　　　　200(项目:云易手机)

　　贷:库存商品　　　　　　　　　200(项目:云易手机)

3.业务3,假退料业务

(1)在存货核算系统中,填制假退料单。操作指导如下。

① 执行"日常业务"|"假退料单"命令,进入"假退料单"窗口。

② 单击【增加】按钮,输入出库日期"2022-01-31",仓库"原料库"。材料"1004 机壳",数量"-12",单击【保存】按钮,如图 11-15 所示。

业务 3-假退料业务

图 11-15　假退料单

(2)在存货核算系统中,对假退料单进行单据记账。

(3)在存货核算系统中,查询机壳的明细账。

执行"账表"|"账簿"|"明细账"命令,查询"机壳",查看假退料对材料明细账的影响。

提示　月末结账后,再次查询该材料明细账,看有什么结果?

4.账套备份

全部实验完成后,备份"存货核算"账套数据。

11.4.2　拓展任务

在财务业务一体化系统集成应用时,期末结账要遵从一定的顺序。按照系统之间的数据传递关系,各子系统结账的先后顺序如图 11-16 所示。

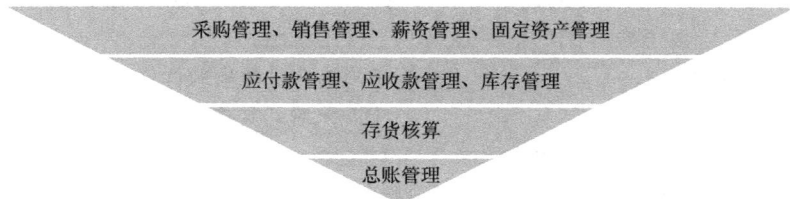

图 11-16　财务业务一体化应用结账次序

【拓展】存货核算月末结账。

操作指导如下。

① 进入采购管理系统，执行"月末结账"命令，打开"结账"对话框。单击【结账】按钮，系统弹出提示，如图 11-17 所示。单击【否】按钮，完成结账。

会计月份	起始日期	结束日期	是否结账
1	2019-01-01	2019-01-31	是
2	2019-02-01	2019-02-28	否
3	2019-03-01	2019-03-31	否
4	2019-04-01	2019-04-30	否
5	2019-05-01	2019-05-31	否
6	2019-06-01	2019-06-30	否
7	2019-07-01	2019-07-31	否
8	2019-08-01	2019-08-31	否
9	2019-09-01	2019-09-30	否
10	2019-10-01	2019-10-31	否
11	2019-11-01	2019-11-30	否
12	2019-12-01	2019-12-31	否

为保证采购系统的暂估余额表和存货核算系统的暂估余额表数据一致，建议在月末结账前将未填单价、金额的采购入库单填上单价、金额

图 11-17 采购管理月末结账

② 进入销售管理系统，执行月末结账。

③ 进入库存管理系统，执行月末结账。

④ 在存货核算系统中，执行月末结账。

11.5 单元测试

判断题

1. 库存管理系统和存货核算系统必须集成使用。（　　　）

2. 产成品入库单上的单价在产成品成本分配后能自动写入。（　　　）

3. 盘盈生成的入库单不能删除。（　　　）

4. 单据记账是指记入存货明细账和存货科目总账。（　　　）

5. 已记账单据在未生成凭证前可以取消记账。（　　　）

6. 存货核算中的出入库调整单既可调整数量，也可以调整单价。（　　　）

选择题

1. 库存选项中选择"允许超发货单出库"，发货单数量为 100 个，存货档案上"出库超额上限"为 1，则根据该发货单生成销售出库单时，最多可以出库（　　　）。

  A. 100 个   B. 101 个

  C. 200 个   D. 300 个

2. 库存管理和采购管理集成使用时，库存管理系统可以参照生成采购入库单的单据是（　　　）。

  A. 采购请购单   B. 未审核的采购订单

  C. 采购发票   D. 采购到货单

3. 关于组装拆卸，以下说法正确的是（　　　）。

  A. 组装是指将多个散件组装成一个配套件的过程

  B. 拆卸是指将一个配套件拆卸成多个散件的过程

C. 配套件是由多个存货组成，但又可以拆开销售的存货

D. 配套件和散件之间是一对多的关系，在产品结构中设置两者的关系

4. 其他入库是指除采购业务、产成品入库之外的其他入库业务，包括（　　　）。

   A. 调拨入库　　　　　　　　　　B. 盘盈入库

   C. 组装拆卸入库　　　　　　　　D. 形态转换入库

5. 关于入库调整单，以下说法正确的有（　　　）。

   A. 只能对存货的入库数量进行调整

   B. 只能对存货的入库金额进行调整

   C. 只能针对当月存货进行调整

   D. 可以针对单据进行调整，也可以针对存货进行调整

问答题

1. 库存管理系统的功能有哪些？

2. 简述产成品入库业务、材料出库业务的处理流程。

3. 哪些业务可自动形成其他入库单，哪些业务可自动形成其他出库单？

4. 盘点的方法有哪几种？需注意什么问题？

5. 存货核算系统的功能有哪些？

6. 什么情况下需用到调整单据？调整单据有哪几种？

7. 什么是假退料？举例说明。

8. 存货核算月末结账有何要求？

后记　新技术对会计信息化的影响

"信息技术驱动行业财务变革"高峰论坛于 2021 年 6 月 6 日在上海举行，2021 年影响中国会计人员的十大信息技术榜单出炉。根据最新出炉的榜单，2021 年影响中国会计人员的十大信息技术包括：财务云、电子发票、会计大数据分析与处理技术、电子会计档案、机器人流程自动化（RPA）、新一代 ERP、移动支付、数据中台、数据挖掘、智能流程自动化（IPA）。

2021年影响中国会计从业人员的十大信息技术

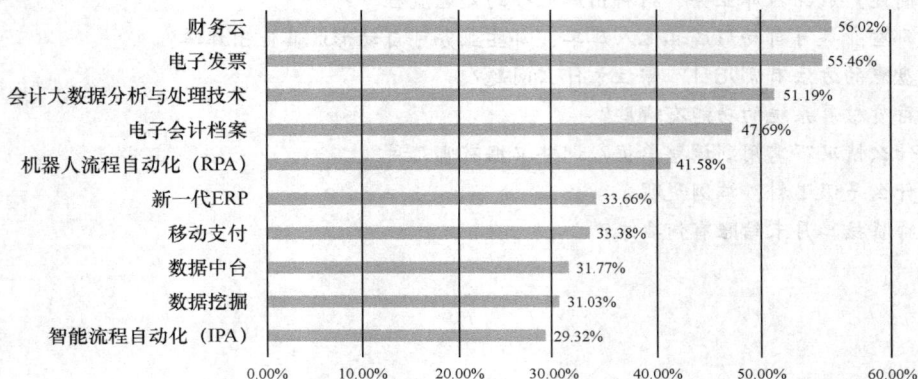

技术	占比
财务云	56.02%
电子发票	55.46%
会计大数据分析与处理技术	51.19%
电子会计档案	47.69%
机器人流程自动化（RPA）	41.58%
新一代ERP	33.66%
移动支付	33.38%
数据中台	31.77%
数据挖掘	31.03%
智能流程自动化（IPA）	29.32%

2021 年影响中国会计人员的十大信息技术

那么这些技术是如何影响到企业会计信息系统建设与应用呢？又对财务人员的职业发展提出了哪些新的要求呢？在我们学习了传统的会计信息系统应用之后，让我们来关注一下新技术对会计信息系统的影响。

一、企业上云

在本书 1.2.3 中讲述了企业会计信息化的建设过程，包括制定总体规划、搭建管理平台、组织系统实施和建立管理体系，其中搭建软硬件管理平台是最重要的一项工作。传统模式下，企业按照自身的管理需求出发，选购适用的商品化软件，再采购与之相配的硬件设备和网络设备，并部署于企业服务器中。企业信息化的资金预算不仅包括选购软硬件及网络设备，还包括软件实施、人员培训、后期的软件维护和升级，对企业来说，不仅是一项长期投入，而且需要配备相应的技术力量，维护数据和系统安全。

（一）风起"云"涌，你了解云吗？

"云"是互联网的一个隐喻，"云计算"就是使用互联网来接入存储或者运行在远程服务器端的应用、数据或者服务。

云计算是分层的，基础设施在最下端，平台在中间，软件在顶端。对应了 IaaS、PaaS 和 SaaS。

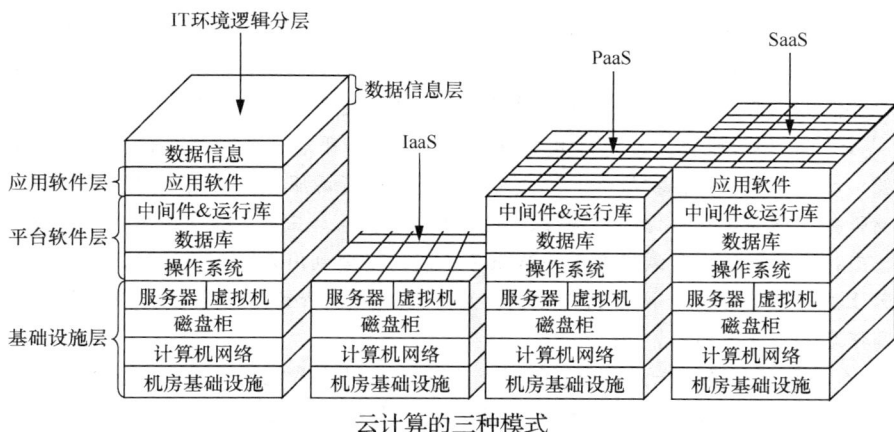

云计算的三种模式

1. IaaS 基础设施即服务（Infrastructure-as-a-Service）

第一层叫作 IaaS，也称为 Hardware-as-a-Service 硬件即服务。之前企业进行信息化建设需要购买服务器及网络设备，才能在本地部署并运行会计信息化系统。现在可以考虑选择 IaaS 服务将硬件外包。IaaS 服务商会提供场外服务器，存储和网络硬件，企业可以按需租用，节省了硬件维护成本、场地和维护人员，企业可以方便地在任何时间利用这些硬件来运行其应用。

2. PaaS 平台即服务（Platform-as-a-Service）

第二层叫作 PaaS，也叫作中间件。运行会计系统系统需要有系统软件的支撑，如操作系统和数据库管理系统，各种插件等。PaaS 服务商提供各种开发和分发应用的解决方案，如操作系统、数据库、网页应用管理，应用设计，安全以及应用开发协作工具等。企业所有的开发都可以基于这一层进行，节省了时间和资源。

3. SaaS 软件即服务（Software-as-a-Service）

第三层叫作 SaaS。简言之，就是将应用软件部署在云端，让用户通过因特网来使用。SaaS 云服务提供商把 IT 系统的应用软件作为服务出租，消费者可以使用任何云终端设备接入计算机网络，然后通过网页浏览器使用云端的软件。对企业来说，采用 SaaS 模式开展会计信息化工作，降低了技术门槛，可以省却一次性软件购置费用以及后续的维护和软件升级费用。

目前，主流的软件公司如用友、金蝶、浪潮都发布了自己的 SaaS 云产品。如用友集团旗下畅捷通公司的好会计、易代账；金蝶精斗云、浪潮云。还有速达、柠檬云等。

（二）四方"云"动，你上云了吗？

云计算是信息技术发展和服务模式创新的集中体现，是信息化发展的重大变革和必然趋势。支持企业上云，有利于推动企业加快数字化、网络化、智能化转型，提高创新能力、业务实力和发展水平；有利于加快软件和信息技术服务业发展，深化供给侧结构性改革，促进互联网、大数据、人工智能与实体经济深度融合，加快现代化经济体系建设。

早在 2015 年，国务院就印发了《关于促进云计算创新发展培育信息产业新业态的意见》。《意见》提出，要加快发展云计算，打造信息产业新业态，推动传统产业升级和新兴产业成长，培育形成新的增长点，促进国民经济提质增效升级。

为了推动企业上云，主管部门工业和信息化部近几年相继印发以下指导性文件：

2017 年《云计算发展三年行动计划（2017—2019 年）》支持软件企业向云计算转型。

2018 年《推动企业上云实施指南（2018—2020 年）》，提出科学制定部署模式，按需合理选择云服务，稳妥有序推进企业上云。指南指出：

（五）大型企业可建立私有云，部署数据安全要求高的关键信息系统；可将连接客户、供应商、员工的信息系统采用公有云部署，并与私有云共同形成混合云架构。对于数据安全要求高且需对外连接提供服务的信息系统，可考虑采用数据存储于私有云、应用部署于公有云的混合云架构。

（六）中小企业和创业型企业可依托公有云平台，按需租用存储、计算、网络等基础设施资源，应用设计、生产、营销、办公、财务等云服务或构建特色云服务，提高经营管理水平和效率，加快形成业务能力，开展业务和服务模式创新，实现个性化服务输出，加速建立现代化经营模式。

（七）基础设施类云服务。一是计算资源服务。使用云平台的各种弹性计算服务，实现计算资源集中管理、动态分配、弹性扩展和运维减负。二是存储资源服务。使用云平台的块存储、对象存储等云存储服务，提高数据存储的经济性、安全性和可靠性。三是网络资源服务。使用云平台的虚拟专有云、虚拟专有网络、负载均衡等网络服务，高效安全利用云平台网络资源。四是安全防护服务。使用云上主机安全防护、网络攻击防护、应用防火墙、密钥/证书管理、数据加密保护等安全服务，提高信息安全保障能力。

（八）平台系统类服务。一是数据库服务。利用云数据库系统，实现各类数据跨平台、跨业务的协同管理。二是大数据分析服务。利用云端大数据平台推动数据资源集聚，进行数据采集、存储、分析、挖掘和协同应用。三是中间件平台服务。利用云上中间件服务，构建分布式系统架构，满足"互联网+"转型的需要。四是物联网平台服务。将海量物联网终端设备接入云平台，实现设备高效可视化在线管理。五是软件开发平台服务。通过云上开发平台进行软件生命周期管理，快速构建开发、测试、运行环境，规范开发流程、降低成本、提高效率。六是人工智能平台服务。利用云平台的计算资源，形成语音识别、图像识别、人脸识别等智能服务能力，提升业务智能化水平。

（九）业务应用服务。一是协同办公服务。使用邮件、会议、通信等云服务，形成维护成本低、服务效率高的办公系统，提高办公效率。二是经营管理应用服务。使用企业人力资源管理、行政管理、财务管理等云服务，提高企业经营管理的科学性和效率。三是运营管理服务。使用采购管理、生产管理、销售管理、供应链管理、客户资源管理等云服务，提升企业运营管理水平。四是研发设计服务。使用计算机辅助设计、产品开发等云服务，在云端部署开发、设计环境，提升研发效率和创新水平。五是生产控制服务。通过 MES（制造执行系统）、生产数据等系统上云，优化生产控制流程，提升生产效率和水平。六是智能应用服务。整合企业全局数据，打造智能研发、智能生产、智能营销、智能服务等智能应用，提升企业智能化水平。

2022 年《工业互联网专项工作组 2022 年工作计划》提出加快工业设备和业务系统上云上平台，推动企业上云用云步入"深水区"。

二、新技术对信息处理的影响

任何一个信息系统，都包括输入-处理-输出三个环节。我们就以此为主线，来剖析各个环节新技术对传统的会计信息系统带来了哪些改观。

（一）输入环节

传统会计信息系统中，由人工审验经济业务发生时取得的纸质原始凭证、审验无误再采用手工方式将原始凭证信息录入会计信息系统，在系统中经审核后按照预先设定的业务规则生成财务核算凭证。

在新技术支持下，从获取数据的广度、深度、便利性上都大大改善。可以利用 OCR（Optical Character Recognition）光学字符识别技术、RFID（Radio Frequency Identification）射频识别技术、摄像头、电子发票等进行现场业务数据采集和转换，也可利用电子发票、RPA 财务机器人等从外部供应商、客户、工商税务、银行等读取信息并自动输入系统。既可以获取结构化数据，也可以获取非结构化数据。发票的真伪也可由机器人登录国家税务总局全国增值税发票查验平台自行查验。

（二）处理环节

传统会计信息系统中，处理环节主要包括对输入业务单据的内部控制审核、记账、生成财务凭证、银企对账、往来核销、月末结转及结账等内容。

在新技术支持下，对于重复发生的有规律的业务如费用报销、银企对账、月末结转均可以由财务机器人自动完成，不仅大大提高了工作效率，也确保了业务处理的规范性。

借助规则引擎、工作流引擎、会计引擎等，利用 RPA 技术实现智能审核与核算，提高处理效率，强化风险控制，实现财务智能化。

在业务处理过程中，可以利用财经大数据随时了解国家新政、行业动态、准则法规等，帮助企业规范业务处理，提高效率和质量。

（三）输出环节

传统会计信息系统中，提供了账证表查询和打印两种输出方式，基本是以结构化二维表格式输出，且输出内容是由会计信息系统应用软件预先设定的，自由度不高。

在新技术加持下，可以利用财务机器人和大数据技术按照不同的管理主题规划输出信息，从会计信息系统企业数据库及外部相关数据源中获取数据，进行比对分析和交互式可视化展现。既拓展了输出的内容，也改变了输出的形式。既直观易读，其交互性更是能使管理者洞察业务深层关联，精准定位管理症结。

三、迎接挑战，你准备好了吗

新技术浪潮滚滚而来，对新时代财务人员也提出了更高的要求。"懂业务、会核算、高素质"已然是常规要求，"擅工具、强逻辑、精分析"是智能化时代对财务人员的新要求。

（一）擅工具

相当长的一段时间，Excel、会计信息系统是财务人员最为常用的案边工具，各大院校也普遍开设了"会计信息系统""Excel 财务应用"课程。大数据时代，新技术层出不穷，Power BI 可视化数据分析、RPA 机器人设计与开发、Python 爬虫技术，财务人员需要拥抱变化，及时更新知识库，才能与时俱进，提升自身价值，助力企业数字化转型。

（二）强逻辑

无论是机器人开发还是对数据针对不同管理主题做多维度展现分析，都需要财务人员具有很强的逻辑思维能力，能够厘清各种业务流程，明确数据关联，理解不同系统之间的数据接口，才能担负机器人设计、开发及后续的维护工作，才能建立有效的可视化分析模型，帮助管理者洞察业务趋势，发现管理问题，获得管理提升。

（三）精分析

新技术加持下，会计已不再仅仅是对发生的经济业务进行反映和记录，不能仅限于事后核算和报账，而应该更多地加强对业务管控和洞察。这就要求财务人员不仅要充分理解企业财务和业务的基础上，还要考虑企业受到的宏观经济环境影响、企业所处的行业竞争等外部条件，才能基于独特视角，构建分析模型并利用分析工具实现数据挖掘，为管理者提供决策信息。财务部门本身从职能部门上升为企业决策支持部门。

总之，随着信息技术的不断发展，会计标准化、专业化、流程化的工作将由机器人取代，更多的财务人员从大量繁杂的机械化事务工作中解脱出来，得以有时间和精力关注会计作为管理活动所需要解决的问题，深度参与到业务管理层面和管理决策活动中，完成更具有增值性、创造性的活动，从会计核算转型成为"数据分析师"。

参考文献

1. 王新玲. 会计信息系统实验教程（用友 U8 V10.1 新税制微课版）. 北京：清华大学出版社，2022.

2. 杨宝刚. 会计信息系统. 第五版. 北京：高等教育出版社，2021.